中国古塔大观

编著◎程　鹏

合肥工业大学出版社
HEFEI UNIVERSITY OF TECHNOLOGY PRESS

图书在版编目(CIP)数据

中国古塔大观/程鹏编著.—合肥:合肥工业大学出版社,2015.5
ISBN 978-7-5650-0479-7

Ⅰ.①中… Ⅱ.①程… Ⅲ.①塔—古建筑—介绍—中国
Ⅳ.①K928.75

中国版本图书馆 CIP 数据核字(2015)第 078729 号

中国古塔大观

程 鹏 编著　　　　责任编辑 孟宪余

出 版	合肥工业大学出版社	版 次	2015 年 5 月第 1 版
地 址	合肥市屯溪路 193 号	印 次	2016 年 1 月第 1 次印刷
邮 编	230009	开 本	710 毫米×1000 毫米 1/16
电 话	总 编 室:0551-62903038	印 张	22
	市场营销部:0551-62903198	字 数	395 千字
网 址	www.hfutpress.com.cn	印 刷	安徽联众印刷有限公司
E-mail	hfutpress@163.com	发 行	全国新华书店

ISBN 978-7-5650-0479-7　　　　定价: 68.00 元

前　言

《中国古塔大观》收录了我国国家及省、市、自治区文物保护单位的名塔，而且发掘出长期鲜为人知的西藏、青海、内蒙古等地佛塔的古迹，如拉萨市布达拉宫五世达赖罗桑嘉措和十三世达赖士登嘉措金包玉饰富丽辉煌的灵塔，哲蚌寺和楚布寺内17座银塔，扎囊县雅鲁藏布江北岸的桑耶寺塔墙、塔群及金塔，中尼边境珠穆朗玛峰北坡的世界最高位置布绒寺塔，青海塔尔寺菩提塔堆、长江源头通天河畔藏娘塔，内蒙古黑水城塔群等。全书介绍名塔260余座，塔墙、塔林、塔堆、塔群大小古塔2000余座。塔龄之苍古，塔式之多样，形状之奇巧，装饰之精美，建材之变化，令人耳目一新。

本书以时空为主线，纵贯古塔的由来、发展、创新和变化，以地域为辅面，横列古塔在神州的分布（见表格），并根据中国佛教诸多派别，择其内地影响最广的禅宗祖师塔，独立栏目，以便阅读清晰。还根据古塔的个性和引导趣味的要求，增设《珍奇形异的古塔》、《中国古塔之最》、《珍宝工艺塔》等栏目，以飨读者。

本书图文并茂，具有历史性、资料性、知识性、趣味性、欣赏性。一书在手，既可知中印、中尼、中泰、中缅、中日佛教文化交流的源远流长，亦可知我国藏、蒙、回、满、汉等各民族文化长期融合的历史；既可发现南北文化相互交流的轨迹，亦可反映生产力发展和社会文明进步的物证。由此可见，中国古塔不仅是研究中国古代建筑艺术的资料，更是中华物质文化遗产之一，中华民族精神和物质文明的标志。

目　录

序言/2

概述/5

1 汉、晋、南北朝时期

齐云塔/17
飞虹塔/17
法云寺塔/18
瑞光塔/19
海宝塔/19
峨眉山万年寺金刚宝座塔/20
大圣寺塔/21
龙华塔/21
法门寺塔/22
鸠摩罗什舍利塔/23
景州塔/24
嵩岳寺塔/24
六榕寺花塔/25
大善塔/26
开元塔/26
大明寺栖灵塔/27
燃灯塔/27
慈云寺塔/28
释加文尼得道塔/29
秦峰塔/30
双林铁塔/30
赤城塔/31
智者大师塔/31
白马塔/32

2 隋、唐、五代时期

栖霞寺舍利塔/34
国清寺隋塔/34
四门塔/35
南五台圣寿寺塔/35
文通塔/36
三江口双塔/36
大雁塔/37
小雁塔/38
龙兴寺石塔/39
玄奘塔/39
莺莺塔/40
善导塔/41
八云塔/41
开元舍利塔/42
净藏禅师塔/42
修定寺塔/43
泛舟禅师塔/43
明惠大师塔/44
虎丘塔/44
龙虎塔/45
九顶塔/46
天封塔/46
咸通塔/47
大理三塔/48
弘圣寺塔/49
宝光寺塔/49
广惠寺花塔/50
凌霄塔/51
灵光塔/52
法王寺塔/52
辟支塔/53
澄灵塔/53
钟祥文风塔/54
法兴寺舍利塔/55
大胜塔/55
光塔/56

大姚白塔/56
神光岭地藏塔/57
白犬塔/58
泉州开元寺双塔/59
延安宝塔/60
飞英塔/60
泖塔/61
光孝寺双铁塔/61
宏觉寺塔/62
甘露寺铁塔/63
绳金塔/63
泗洲塔/64
红塔/64
高邮双塔/65
开元寺须弥塔/66
保俶塔/66
福州乌白双塔/67
安阳天宁塔/69
龙兴寺塔/69
大云寺方塔/70
桑耶寺四塔/71
北响堂山塔/73
麦积山舍利塔/73
宝云塔/74
舍利生生塔/74
张掖木塔/75
大旺寺白塔/76
妙乐寺塔/76
江心屿双塔/77
青龙塔/77
朝阳双塔/78
柏底石塔/79
妙明塔/79

3 宋(辽、金)时期

良乡多宝佛塔/82
六和塔/82
雷峰塔/83
繁塔/83
苏州双塔/84
料敌塔/85
连理塔/86
祐国寺琉璃塔/87
南翔寺双塔/88
三影塔/88
沈阳舍利塔/89
玉泉寺棱金铁塔/89
慈相寺塔/90
承天寺塔/91
天宁寺双塔/91
永福寺塔/92
普慈寺白塔/92
长庆寺塔/93
万佛塔/93
崇觉寺铁塔/94
聊城铁塔/95
庆州白塔/96
罗星塔/96
护珠塔/97
松江方塔/98
涿州双塔/99
应县木塔/100
天宁寺塔/101
湘山五塔/102
崇兴寺双塔/103
云居寺北塔/103
大安寺塔/104
高塔寺塔/104
万部华严经塔/105
庆化寺花塔/105
源影寺塔/106
大明塔/107
辽阳白塔/107
秀道者塔/108
藏娘塔/108

岳阳慈氏塔/110
老君堂慈氏塔/110
武安舍利塔/111
狼山支云塔/111
农安辽塔/112
兴隆塔/112
尊胜寺万藏塔/113
泰塔/113
涌泉寺双陶塔/114
觉山寺塔/114
赣州舍利塔/115
蓟县白塔/115
释迦文佛塔/116
古佛舍利塔/116
无为寺塔/117
旧州塔/117
白塔寺多宝塔/118
灵宝塔/118
三阳寺塔/119
水西双塔/119
崇教兴福寺方塔/120
曼飞龙塔/121
姐勒金塔/122
石塔寺石塔/122
拜寺口双塔/123
北寺塔/124
法华塔/124
姑嫂塔/125
定林寺斜塔/125
镇岗花塔/126
万佛堂花塔/127
荆轲塔/127
临猗双塔/128
太平塔/129
圆觉寺塔/130
龙泉寺令公塔/130
圣寿寺舍利塔/130
仙人塔/131
析木城金塔/132
绥中斜塔/133
绥中双塔/133
修德寺塔/134
海清寺阿育王塔/134
寿圣寺塔/135
兴国寺塔/135
凤台寺塔/136
二灵塔/136
白塔峪塔/137
南安寺塔/137
宝轮寺舍利塔/138
印度阿育王式塔/138
庆善寺塔/139
金堂白塔/139
感应寺塔/140

4 元、明、清时期

妙应寺白塔/142
万松老人塔/143
黑水城白塔/143
阿育王塔/145
柏林寺塔/146
洪山双塔/146
西秀山白塔/147
普陀山多宝塔/148
六胜塔/148
胜象宝塔/149
昭关石塔/150
桂林舍利塔/150
魁星塔/151
白居寺塔/151
日吾其金塔/152
宜宾双塔/152
官渡金刚塔/153
万佛堂圆筒塔/154
广德寺多宝佛塔/154

玄天洞石塔/155
回龙塔/155
振风塔/156
潮州凤凰塔/157
永祚寺双塔/158
扬州文峰塔/159
千佛铁塔/159
崇文塔/162
荆州万寿宝塔/162
桂平东塔/163
三元塔/163
镇海塔/165
瑞云塔/165
峨眉山紫铜华严塔/166
显通寺双铜塔/166
鸡鸣寺塔/167
五台山大白塔/167
漓江三塔/168
真觉寺金刚宝座塔/169
兰州白塔/170
鹿峰塔/171
邵阳北塔/171
慈寿寺塔/172
海会寺琉璃双塔/172
雁塔/173
龙珠塔/173
锁江塔/174
许昌文峰塔/174
渗金多宝塔/175
白塔庵塔/175
圆照寺金刚塔/176
衍福寺双塔/176
北京北海白塔/176
五世达赖灵塔/177
七塔寺七佛塔/178
塔尔寺大银塔/181
塔尔寺如来八塔/182
迎旺塔/182
见龙塔/183
汾阳文峰塔/183
妙相亭佛塔/184
回澜塔/184
苏公塔/185
奎光塔/185
金刚座舍利宝塔/186
金山寺慈寿塔/187
双耳喇嘛塔/187
拉卜楞寺塔/188
颐和园多宝琉璃塔/188
香山多宝琉璃塔/189
莲性寺白塔/190
壕股塔/190
碧云寺金刚宝座塔/191
清净化域塔/192
鸡足山楞严塔/192
寒山寺普明塔/193
宁寿塔/194
大同法华塔/194
文笔塔/195
镇海寺塔/195
玉泉山妙高塔/196
颐和园过街塔/196
阆城八塔/198
普宁寺四塔/199
永佑寺舍利塔/200
剑江文峰塔/200
秦溪白塔/201
绒布寺白塔/201
华 严 塔/202
开元寺三塔/202
普陀宗乘之庙门五塔/203
香格里拉松赞林寺白塔/203
猴子塔/204
镇龙塔/204
建水崇文塔/205
恬淡守一真人塔/205
转轮经藏塔/206

5 中国佛教禅宗祖师塔

中国佛教禅宗祖师塔/208
二祖舍利塔/209
三祖觉寂塔/211
四祖毗卢塔/212
五祖塔/212
六祖发塔/213
七祖塔（禅宗南系正宗）/214
七祖塔（禅宗北系旁宗）/214

6 塔墙

桑耶寺塔墙/216
长青春科尔寺塔墙/216
指云禅寺塔墙/217
塔公寺塔墙/217

7 塔林

一百零八塔/219
少林寺塔林/220
灵岩寺塔林/221
风穴寺塔林/222
潭柘寺塔林/222
银山塔林/223
上方山塔林/225
栖岩寺塔林/226
宏福寺塔林/227
卡玛多塔林/227
千山塔林/228

8 塔堆

塔尔寺菩提塔堆/230
甘孜寺塔堆/231
拉日玛塔堆/231

9 塔群

云居寺塔群/233
拉萨塔群/234
巨石宫外三塔/236
桑耶寺塔群/237
黑水城塔群/238

10 名经幢

地藏寺经幢/240
石灯幢/240
铁经幢/241

11 珍宝工艺塔

珍宝工艺塔/243
银佛塔/246
景泰蓝工艺三塔/246
法门寺三珍塔/247
萨迦寺十九铜塔/248

12 现代仿古塔

千佛铁塔与千佛石塔/250
西冷印社华严经石塔/251
极乐寺塔/251
三藏塔/252
滦州起义纪念塔/252
灵谷塔/253
龙兴舍利宝塔/253
七宝塔/254
博雅塔/255
高雄龙虎塔/256

13 珍奇形异的古塔

珍奇形异的古塔/258
花塔、斜塔、亚字塔、塔叠塔、塔中塔、湖中塔、异形塔、三影塔、连理塔、树包塔、无影塔、蛙音塔、冒烟塔、宝箧印经塔、倒形塔、玲珑石塔、肉身塔、马犬塔、生肖塔、半面塔、猴子塔/262

14 中国古塔之最

历史最早的古塔/264
史载最宏伟高大的木塔
现存最早的木塔
现存最高的古塔/265
现存最高的宋塔
现存最高的密檐古塔
现存最早的石塔
现存最早的完整石塔
现存最早的砖塔
最大的花塔/266
最高海拔位置的古塔
最早的八角形砖塔
现存最早的铁塔
最高的铁塔/267
最早的金刚宝座塔
最早最高的琉璃塔
现存最精致的琉璃塔
最早的陶塔
最高的石塔/268
现存最古的小石塔
最早的喇嘛塔
现存级数最多的古塔
最大的塔墙
最大的塔林 / 269
最大的塔堆
最大的塔台
最年轻的瘗藏佛牙塔
最早的伊斯兰教塔/270
现代新建的最高佛塔
现代新建的最高铜饰佛塔
现代新建东南亚最高的金刚塔
现代新建最灵秀的风水塔

15 中国各地现存古塔简表

中国各地现存古塔简表/272

古塔造型及建材分类索引

密檐式砖塔

河南洛阳市白马寺齐云塔/17
辽宁朝阳市双塔/78
河南登封市嵩山嵩岳寺塔/24
北京通州区燃灯塔/27
陕西西安市小雁塔/38
山西永济县普救寺莺莺塔/40
陕西西安市长安区香积寺善导塔/41
陕西洋县开元舍利塔/42
云南大理市崇圣寺三塔/48
云南大理市大理旧城弘圣寺塔/49
四川成都市新都区宝光寺塔/49
吉林长白朝鲜族自治县灵光塔/52
河南登封市嵩山法王寺塔/52
河北正定县临济寺澄灵塔/53
河北正定县开元寺须弥塔/66
山西新绛县龙兴寺塔/69
辽宁沈阳市皇姑区塔弯街舍利塔/89
北京宣武区天宁寺塔/101
辽宁北镇县崇兴寺双塔/103
湖北黄梅县高塔寺塔/104
河北昌黎县源影寺塔/106
内蒙古宁城县大明塔/107
辽宁辽阳市白塔/107
辽宁绥中县双塔/133
山西灵丘县觉山寺塔/114
吉林农安县农安辽塔/112
天津蓟县天成寺古佛舍利塔/116
重庆大足县白塔寺多宝塔/118
四川乐山市凌云山灵宝塔/118
陕西高陵县三阳寺塔/119
河北易县荆轲塔/127
山西浑源县圆觉寺塔/130
北京西城区万松老人塔/143
河北赵县柏林禅寺塔/146
陕西泾阳县崇文塔/162
北京海淀区慈寿寺塔/172
山西霍县雁塔/173
北京海淀区白塔庵塔/175
黑龙江肇源县衍福寺双塔/176
辽宁海城县析木城金塔/132
四川都江堰市奎光塔/185
云南宾川县鸡足山楞严塔/192
河南汝州市风穴寺七祖塔/214
北京大学未名湖畔博雅塔/255
河南武陟县妙乐寺塔/76
辽宁兴城县白塔峪塔/137
河南三门峡市宝轮寺舍利塔/138
云南建水县崇文塔/205
河北蔚县南安寺塔/137

密檐式石塔

广东新会县龙兴寺石塔/39
四川邛崃市石塔寺石塔/122
浙江杭州市西冷印社华严经石塔/251

密檐式琉璃塔

河南密县陶质琉璃舍利塔/245

密檐式金属塔

北京海淀区万寿寺渗金多宝塔/175

楼阁式木塔

山西应县佛宫寺木塔 / 100
安徽青阳县九华山神光岭肉身殿内地藏塔 / 57
四川平武县报恩寺转轮经藏塔/206
江西吉安市青原山七祖塔/214

北京雍和宫绥成楼内木刻小塔/244
江苏吴江市慈云寺塔/28

楼阁式砖木塔

江苏苏州市瑞光塔/19
上海市区龙华古镇龙华塔/21
广东广州市六榕寺花塔/25
广西全州县妙明塔/79
江苏扬州市大明寺栖灵塔/27
河北正定县天宁寺凌霄塔/51
浙江湖州市飞英塔/60
上海青浦县泖塔/61
江西南昌市绳金塔/63
广东惠州市西山泗洲塔/64
浙江杭州市月轮山六和塔/82
广东南雄市三影塔/88
江西波阳县永福寺塔/92
上海松江区兴圣教寺方塔/98
浙江义乌市大安寺塔/104
内蒙古呼和浩特市万部华严经塔/105
上海松江区秀道者塔/108
江西安远县无为寺塔/117
江苏常熟市崇教兴福寺方塔/120
江苏苏州市老城北寺塔/124
上海嘉定县法华塔/124
江苏南京市江宁区下定林寺斜塔/125
安徽潜山县太平塔/129
江苏扬州市文峰塔/159
江苏南京市鸡鸣寺塔/167
江苏镇江市金山寺慈寿塔/187
浙江嘉兴市壕股塔/190
江苏苏州市寒山寺普明塔/193
江苏昆山市秦峰塔/30
山西太原市舍利生生塔/74
甘肃张掖县木塔/75
上海青浦县青龙塔/77
浙江黄岩市庆善寺塔/139
上海金山县华严塔/202

楼阁式砖塔

安徽岳西县法云寺塔/18
宁夏银川市北塔寺海宝塔/19
江西信丰县大圣寺塔/21
陕西扶风县法门寺塔/22
河北景县开福寺景州塔/24
浙江绍兴市大善塔/26
安徽宣州市开元塔/26
浙江天台山国清寺隋塔/34
陕西西安市终南山南五台圣寿寺塔/35
江苏淮安县文通塔/36
浙江建德县三江口双塔/36
陕西西安市大雁塔/37
陕西西安市长安区兴教寺玄奘塔/39
陕西周至县八云塔/41
江苏苏州阊门外虎丘塔/44
浙江宁波市天封塔/46
浙江宁波市咸通塔/47
山东济南市长清区灵岩寺辟支塔/53
江西九江市能仁寺大胜塔/55
陕西延安市宝塔/60
江苏南京市江宁区宏觉寺塔/62
江西景德镇市浮梁古城红塔/64
江苏高邮县双塔/65
浙江杭州市宝石山保俶塔/66
山西临汾县大云寺方塔/70
河北邯郸市北响堂山塔/73
北京黄山区良乡多宝佛塔/82
浙江杭州市西湖雷峰塔/83
河南开封市繁塔/83
江苏苏州市定慧寺双塔/84
河北定县开元寺料敌塔/85
上海嘉定县南翔寺双塔/88
山西平遥县慈相寺塔/90
宁夏银川市承天寺塔/91

山西平定县天宁寺双塔/91
山西太谷县普慈寺白塔/92
安徽歙县长庆寺塔/93
安徽蒙城县万佛塔/93
内蒙古巴林庆右旗州白塔/96
上海松江区护珠塔/97
河北涿州市双塔/99
贵州遵义市湘山五塔/102
湖南岳阳市慈氏塔/110
河北邯郸市武安舍利塔/111
江苏南通市狼山支云塔/111
山东兖州兴隆塔/112
山西五台县尊胜寺万藏塔/113
江西赣州舍利塔/115
安徽泾县水西双塔/119
山西临猗县双塔/128
山西芮城县圣寿寺舍利塔/130
安徽宁国市仙人塔/131
湖北武汉市武昌区洪山双塔/146
香港新界朗屏山魁星塔/151
四川宜宾市双塔/152
湖南零阳县回龙塔/155
安徽安庆市振风塔/156
广东潮州市凤凰塔/157
山西太原市永祚寺双塔/158
广西桂平县三元塔/163
浙江海宁县镇海塔/165
广西桂林漓江寿佛塔/169
湖南桂阳县鹿峰塔/171
湖南邵阳市北塔/171
江西瑞金县龙珠塔/173
河南许昌市文明寺文峰塔/174
海南三亚市迎旺塔/182
海南安定县见龙塔/183
山西汾阳县文峰塔/183
四川邛崃县回澜塔/184
安徽潜山县三祖寺觉寂塔/211
广东广州市六祖发塔/213
黑龙江哈尔滨市极乐寺塔/251
江苏南京市三藏塔/252
北京海淀区滦州起义纪念塔/252
台湾高雄市龙虎塔/256
上海闵行区七宝塔/254
北京石景山区西山八大处灵光寺佛牙舍利塔/269
江苏常州市天宁宝塔/270
浙江天台县赤城塔/31
甘肃天水市麦积山舍利塔/73
河北衡县宝云塔/74
四川眉山县大旺寺白塔/76
浙江温洲市江心屿双塔/77
江苏连云港市海青寺阿育王塔/134
河南商水县寿圣寺塔/135
河南尉氏县兴国寺塔/135
河南新郑县凤台寺塔/136
辽宁绥中县斜塔/133
四川金堂县白塔/139
山西曲沃县感应寺塔/140
台湾台南市开元寺三塔/202
湖南邵阳市猴子塔/204
贵州黎平县秦溪白塔/201

楼阁式石塔

江苏南京市栖霞寺舍利塔/34
福建泉州市开元寺双塔/59
福建福州市罗星塔/96
福建莆田市释迦文佛塔/116
福建晋江市（古泉州）姑嫂塔/125
福建晋江市泉州湾六胜塔/148
河南鹤壁市玄天洞石塔/155
福建福清县瑞云寺塔/165
贵州都匀市剑江文峰塔/200

广东梅州市东山岭千佛石塔/250
浙江鄞县二灵塔/136
浙江天台县智者大师塔/31

楼阁式砖石塔

福建福州市于山乌白双塔/67
陕西旬邑县泰塔/113
湖北荆州市万寿宝塔/162
江西九江市锁江塔/174
河北承德避暑山庄永佑寺舍利塔/200
新疆乌鲁木齐市镇龙塔/204

楼阁式陶塔

福建福州市鼓山涌泉寺双陶塔/114
北京宣武区法源寺珍宝陶塔/245

楼阁式象牙塔

北京故宫储秀宫象牙塔/244

楼阁式琉璃塔

山西洪洞县广胜上寺飞虹塔/17
河南开封市祐国寺琉璃塔/87
山西阳城县海会寺琉璃双塔/172
北京海淀区颐和园多宝琉璃塔/188
北京海淀区香山多宝琉璃塔/189
江苏南京市中山门外灵谷塔/253

楼阁式金属塔

广东广州市光孝寺双铁塔/61
江苏镇江市甘露寺铁塔/63
湖北当阳县玉泉寺棱金铁塔/89
山东济宁市崇觉寺铁塔/94
山东聊城铁塔/95
陕西咸阳市北杜镇千佛铁塔/159
广东梅州市东山岭千佛铁塔/250
安徽青阳县九华山回香阁芙蓉峰铜饰万佛塔/270
浙江义乌市双林铁塔/30

覆钵式汉白玉塔

北京怀柔区红螺寺连理塔/86

覆钵式石塔

广西桂林市漓江木龙洞石塔/168
浙江宁波市七塔寺七佛塔/178
甘肃省博物馆释迦文尼得道塔/29
内蒙古呼和浩特市双耳喇嘛塔/187
湖北黄梅县东山五祖塔/212

覆钵式砖塔

湖北钟祥市文峰塔/54
西藏扎囊县桑耶寺四塔/71-72
山西五台山台怀镇龙泉寺令公塔/130
北京西城区妙应寺白塔/142
内蒙古额济纳旗黑水城白塔/143
山西代县阿育王塔/145
广西桂林市舍利塔/150
西藏江孜县白居寺塔/151
西藏昂仁县日吾其金塔/152
山西五台山台怀镇大白塔/167
广西桂林市漓江象鼻山普贤塔/168
北京北海白塔/176
青海湟中县塔尔寺大银塔/181
青海湟中县塔尔寺如来八塔/182
甘肃夏河县拉卜楞寺塔/188
江苏扬州市莲性寺白塔/190
青海西宁市宁寿塔/194
山西大同市法华塔/194
河北承德避暑山庄普乐寺阇城八塔/198
西藏定日县绒布寺白塔/201
河北承德市普陀宗乘之庙门五塔/203

覆钵式土塔

甘肃敦煌市西郊敦煌故城南白马塔/32

覆钵式砖石塔
湖北武汉市胜象宝塔/149

覆钵式石铜塔
山西五台山台怀镇镇海寺塔/195
北京市北海白塔/176

覆钵式景泰蓝塔
北京法源寺三只喇嘛塔/246

覆钵式金属塔
西藏拉萨市布达拉宫金皮包五世达赖罗桑嘉措灵塔/177
西藏拉萨市布达拉宫金皮包十三世达赖士登嘉措灵塔/235
西藏扎囊县桑耶寺乌孜大殿内二座小金塔/237
北京故宫博物院金发塔/244
北京故宫博物院大金塔/243
北京故宫博物院金佛塔/243
北京雍和宫绥成楼金凤冠喇嘛塔/244
北京雍和宫绥成楼小金佛塔/243
江苏南京博物馆鎏金喇嘛塔/245
西藏拉萨市哲蚌寺措钦大殿内三座银塔之一/236
西藏堆龙德庆县楚布寺空住佛银塔/236
青海湟中县塔尔寺菩提塔内铜质鎏金塔/246
陕西扶风县法门寺铜舍利塔/247
西藏萨迦县萨迦寺十九只銅喇嘛塔/248

亭阁式玉塔
陕西户县鸠摩罗什舍利塔/23
陕西抚风县法门寺浮雕阿育王塔/247

亭阁式石塔
山东历城县神通寺四门塔/35
北京西城区北海公园妙相亭佛塔/184

亭阁式砖塔
河南登封县会善寺净藏禅师塔/42
河南安阳县修定寺塔/43
山西运城市报国寺泛舟禅师塔/43
山西平顺县海慧院明惠大师塔/44
山西长子县法兴寺舍利塔/55
山西太原市开化寺连理塔/86
湖北黄梅县四祖毗卢塔/212

亭阁式泥木塔
甘肃敦煌县莫高窟老君堂慈氏塔/110

亭阁式铜塔
陕西扶风县法门寺铜浮屠/247

金刚宝座式塔
青海玉树州长江上游通天河畔藏娘塔/108
四川峨眉山万年寺金刚宝座塔/20
云南昆明市官渡金刚塔/153
湖北襄樊市广德寺多宝佛塔/154
北京海淀区真觉寺金刚宝座塔/169
北京海淀区碧云寺金刚宝座塔/191
北京海淀区玉泉山妙高塔/196
山西五台山台怀镇圆照寺金刚塔/176
内蒙古呼和浩特市金刚宝座塔/186

花塔
河北正定县广惠寺花塔/50
河北涞水县庆化寺花塔/105
北京丰台区长辛店镇岗花塔/126
北京房山区万佛堂花塔/127
河北曲阳县修德寺塔/134

傣族式塔

云南景洪市曼飞龙塔/121
云南瑞丽城姐勒寨金塔/122

过街式塔

江苏镇江市昭关石塔/150
北京海淀区颐和园过街塔/196
河北承德避暑山庄普宁寺过街塔/199

异形塔

山东历城县柳埠镇龙虎塔/45
山东历城县柳埠镇九顶塔/46
云南大姚县宝伐山白塔/56
云南建水县文笔塔/195
辽宁义县万佛堂圆筒塔/154
福建泉州市阿育王塔/138

多型组合塔

天津蓟县观音寺白塔/115
北京房山区云居寺北塔/103
河南安阳市天宁寺塔/69
宁夏银川市拜寺口双塔/123
甘肃兰州市白塔寺白塔/170
四川峨眉山报国寺大殿内紫铜华严塔/166
山西五台山台怀镇显通寺双铜塔/166
浙江长兴市水口镇寿圣宝塔/270

朝鲜式塔

安徽青阳县九华山白犬塔/58

印度佛陀迦耶式塔

北京朝阳区西黄寺清净化域塔/192
四川彭州市龙兴寺舍利宝塔/253

伊斯兰教塔

广东广州市怀圣寺光塔/56
新疆吐鲁番市苏公塔/185

道教塔

北京西城区白云观恬淡守一真人塔/205

名经幢

云南昆明市博物馆地藏寺经幢/240
黑龙江宁安县兴隆寺石灯塔/240
湖南常德市铁经幢/241

多宝式石塔

概述插图/11
浙江舟山市普陀山多宝塔/148

印度阿育王式塔

福建泉州市开元寺阿育王塔/138
宝箧印经塔/261

序言、概述

序言

学兄程鹏以《中国古塔大观》书稿寄我，嘱为作序，始欲推辞。因我偏于企业资源优化与管理教学、研究，对市场经济舞台上的主角和生产经营过程中诸多要素的核心——企业及企业家队伍尚可说点行话，但建筑，尤其是古建筑于我则知之甚少，言之难切要领。然而，学兄与我为莫逆之交，皆出身贫寒，幼年比邻而居，少时共读一校，中年亦常交往，友情甚笃，挚意难违，恭敬不如从命，权当第一读者，谈点感受，以代评介。

建筑是人类创造的最值得自豪的文明之一，它既是生活不可少的实用设施，又是巨大的艺术作品。从人类文明之始，建筑就同文化密切关联在一起。地球上有相当多的古代文化，不仅仅是通过文字记载，还以建筑为载体陈述着历史文明的辉煌。埃及金字塔、中国长城、古希腊神庙、古罗马纪功柱、美洲玛雅文化遗存等等举世闻名的建筑，既是民族精神的丰碑，又是思想文化的结晶。

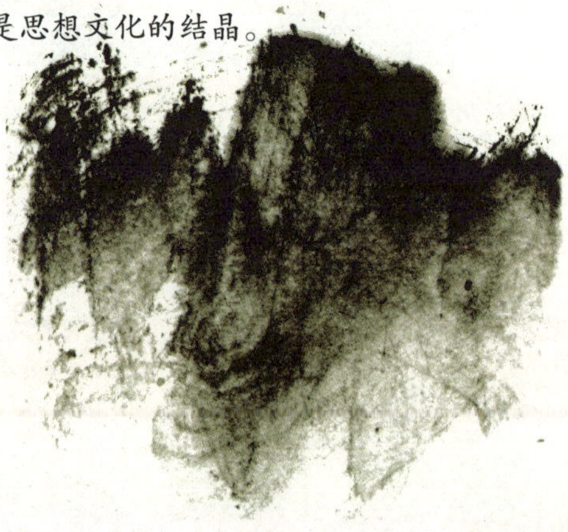

中国古塔，是我们民族用木、石、砖土、金属集艺术与智慧为一体的一部文明史，是中国古代建筑文化的一枝奇葩，它是中国宫殿坛庙、佛寺道观、园林民居、桥梁阙坊等五大系建筑文化之一，是中国文化融合外来文化的典范。知道一点中国古塔的历史和现状，是从历史的一个侧面启迪我们保护物质文化遗产的自觉性，激发我们感叹和热爱伟大祖国的过去和社会主义的现在以及对未来向往的情怀。

学兄故乡安庆市有座明代古塔，名曰“振风”，堪称“万里长江第一塔”。他从儿时起，就憧憬、崇拜此塔，弱冠聆听有关塔的传说故事；而立之年以后，读书阅报，外出公干，时时处处关注古塔靓影，搜寻塔之资料，探索塔之奥秘；花甲退休有了爆发“塔兴”的自由时空，不但身体力行，还要求子女亲朋相帮助兴，并向一些地方邮发征函，广集古塔资料图片，然后对大量资料综合、鉴别、分类，不顾寒暑，呕心沥血，伏案编撰成篇，又幸得合肥工业大学出版社赏识而即将付梓。用释家言，可谓一项功德。

关于古塔资料，据我所知，过去数十年间零零整整曾有一些印行，但由于时代原因和科学技术所限，或他书涉及，或报刊披露，或文字表述，或墨图示影，或论型举例，而缺包罗揽总之作。学兄不甘寂寞，不辞辛劳，敢于以新的视角和思维方式，重新编织中国古塔的由来、历史发展、创新和变化的轨迹，介绍塔的型制、建材、布局和其中的珍奇趣事，点评艺术风格和欣赏角度，链接相关事物，通过对名塔翔实叙述和精心挑选图片进行完美的演绎，给人带来强烈的视觉震撼与享受，把前人的阅历与当今网民广阔的视野融为一体，成为我国目前内容量大，涵盖古塔比较全面的一部力作，其创意推陈出新，可以说是对中国古塔文化宣传的传承与拓展。

《中国古塔大观》不仅有国家及省、市、自治区文物保护单位的名塔，而且有长期鲜为人知的西藏、青海、内蒙古等地佛塔的古迹，如西藏著名的江孜白居寺塔（白科塔）和昂仁日吾其金塔，拉萨市布达拉宫五世达赖罗桑嘉措和十三世达赖士登嘉措的金包玉饰富丽辉煌的灵塔，哲蚌寺和楚布寺内十七座银塔，扎囊县雅鲁藏布江北岸的桑耶寺塔墙、塔群及金塔，中尼边境珠穆朗玛峰北坡的世界最高位置布绒寺塔，青海塔尔寺菩提塔堆，长江源头通天河畔藏娘塔，内蒙古黑水城塔群等。全书所集四百余座名塔，表列一千八百余座分布于江山胜处的古塔和聚集于塔墙、塔林、塔堆、塔群的二千余座喇嘛塔及多种形制的和尚墓塔，无不表现出塔龄之苍古，塔式之多样，形状之奇巧，装饰之精美，建材之变化，布局之气势，令人神往梦游，爽心悦目。

《中国古塔大观》所设栏目有独到之处，图文并茂，具有历史性、资料性、知识性、趣味性、欣赏性之功效，适合列为高校建筑和旅游专业教学以及从事旅游景点规划的参考书籍。开卷此作，既可知中印、中尼、中日佛教文化交流的源远流长，亦可知我国藏、蒙、回、满、汉等各民族文化长期融合的历史投影；既可发现南北文化相互交流的痕迹，亦可折射出生产力发展和社会文明进步的烙印。

但愿读者闲暇之余，一阅此作，也许能从字里行间品味到中国古塔厚重的文化氛围，获得一派醇香的滋味，发现一宗历史演进足迹的愉悦，则当有受益匪浅之感！

白勤虎

合肥工业大学管理学院教授、硕士生导师

2015年2月28日

概述

中国古塔与佛教因缘深邃。佛法东来，在中国文明史上既增添了中国佛教文化灿烂的一页，也使中国建筑艺术得以创新、发展而取得辉煌的成就。所以，中国古塔的内涵不仅是佛塔功能，而是多元化功能。当然，这种功能是随着时空因缘变迁而逐渐形成的。佛塔传入中国之初是出于宗教的要求，以后和世俗生活密切联系在一起而发展出其他一些作用，最常见的是登临览胜，还有作军事观察（河北定州料敌塔、汉唐所建的新疆托克逊县阿拉沟口烽燧石塔）、航海灯标（杭州六和塔、福建泉州六胜塔），后来发展为城市、码头、驿站的标志，风景区景物，僧师墓，以及与佛教无关的出于中国五行家的风水要求而建的风水塔、文峰（文风）塔、文笔塔等等。据资料，中国古塔不下万数，但历经沧桑，所圮甚矣。现存古塔两千余座（不包括塔林墓塔、塔墙、塔堆式的小喇嘛塔以及珍宝工艺塔和殿脊装饰塔），它们分布在神州各地，已成为中国风光、文明的一种标志。

塔，原非我国的国粹，而是佛教礼拜的建筑物。公元一世纪随着佛教的传入，中国才出现塔。据《魏书·释老志》载："帝遣郎中蔡愔、博士弟子秦景等使于天竺，写浮屠遗范……"此为中国佛塔起源的普遍说法。传说汉明帝夜梦金人，头顶放白光，翌日得知所梦为佛，因而派遣蔡愔等出使印度观摩佛塔的建筑，后愔与印僧沙摄摩腾、竺法兰役白马负佛经四十二章及释迦立像东还洛阳，明帝敕令建白马寺于洛阳城西雍门，寺中按印度形式建塔，世人相承谓之浮图。从此，由三国至魏晋，随佛教传布兴建寺塔风起，至南北朝佛教盛极，形成造塔的全盛时期，隋、唐、五代是中国佛教的大成时期，各种文化出现综合新形式，南北艺术体系得以交流融汇，建塔艺术型制得以综合发展，形成了统一时期的特色，宋（辽、金）、元、明、清塔的建筑艺术又得以传承与渐臻完美。这种新的建筑类型，是外来文化在中国传统文化基础上的创造，成为中华民族建筑艺术的成功范例。

一、塔的起源

塔，在古印度称"STUPA"，音译浮屠，意译为方坟、圆冢等。它是印度佛教中埋葬佛骨和圣徒骨骸的坟冢。印度是宗教之国，从古代阿利安文化时代起便对宗教上的圣者、导师、理想人格（如来）特别尊重，僧侣的地位尤在国王之上。

传说佛祖释迦牟尼的弟子从毗舍曾问佛陀，怎样才能表示对他的忠心和虔诚。佛陀听罢，将身披的方袍平铺于地，再将化缘钵倒扣在袍上，然后把锡杖竖立在覆钵上，这便是最早的浮屠的雏形。释迦牟尼圆寂后，弟子阿难等将其遗体火化，焚后留下许多晶莹明亮、五光十色、击之不碎的粒子，梵语称为"舍利子"，被认为是法力无边的神物。弟子按佛祖的暗示，建浮屠以藏之。

公元前建塔风气已盛，流风所及，不管有无舍利，只要建塔便是功德，以致佛灭后数百年间，佛塔越造越多，形成佛塔崇拜。当时最为轰动的便是在佛陀圆寂百年后，阿育王将佛的舍利子分为8.4万份，送往世界各地，并立佛教为国教，这便是佛教史上盛赞不已的"阿育王八万四千宝塔"。这样印度的浮屠便从印度传到各佛教国家。后来佛教高僧、大法师圆寂后，也造塔埋葬灵骨，于是形成一种风气。

位于印度中央邦首府博帕尔市郊的桑奇大塔（或音译三齐、山慈），是印度早期的佛教塔式建筑的典范之作，始建于公元前三世纪，是印度现存的最大佛塔。它的半球体直径为32米，高12.8米，立在4.3米高的圆形台基上。台基的直径为36.6米，塔顶有呈正方形的一圈石栏杆，中央有一座三层相轮的塔刹。塔的底部是石造围栏，围栏的四面各有一个牌坊状塔门，其上布满释迦牟尼的求道故事与本生传说的雕刻。据佛典记载，塔亦称支提（灵庙）。可见佛塔是供巡礼者礼拜纪念之用。

大乘佛教兴起后，建塔不埋舍利，改藏经典以代替佛身，于是有“法身舍利”之说，使佛塔的功能得以维持。

桑奇佛塔的覆钵造型直到公元一、二世纪贵霜王朝才有所改变，在圆形或方形的基座上加高，叠为多层，相轮亦向上延伸，成尖形叠起。整个构造似在强调佛陀的崇高伟大。这一原则为后世建塔者所接受，佛塔遂不断地向高空发展。

“塔”字，在中国早期的甲骨文、钟鼎文、早期隶书和古文献里均查无此字，因为本来就没有这种建筑。随着佛教传入中国，经过文字学家和翻译家不断努力创造才出现塔的名称，流传至今已一千七百多年，而且将它扩展引用到了所有挺拔高耸的建筑物。

塔在佛教中居特殊地位，所以印度的寺院建筑整体布局皆以塔为主。佛教传入中国之初这一布局沿用未变，如中国最早建造的洛阳白马寺，便是以一方形木塔为中心。为什么佛塔传入中国后改变了印度的覆钵形而变为楼阁式呢？主要原因：塔是埋藏佛舍利的神圣地方，按中国的风俗习惯应该用高贵的形式。中国在秦汉时期迎候仙人修建的是高台楼阁，使人在引颈望高时易产生一种心理变化，

印度桑奇大塔

从而增加了许多神秘与敬畏。所以供奉佛的时候也用这种高级别的建筑，至唐代以后，佛寺布局逐渐以殿堂为主，塔退居于寺后或寺旁。其因：一是佛教文化自身的发展，佛像制作的出现，佛像崇拜逐渐取代了佛塔崇拜；二是中国文化的影响使外来文化中国化。在中国，一切重要的礼仪均在殿堂进行，因此佛教中国化后，宗教活动方式便与中国传统配合，势必使佛塔地位逐渐减退，使之不仅代表佛教精神的象征，而且按照中国化的要求逐渐变为登临游赏的性质。随着历史条件的变化和文化的发展，中国佛塔慢慢淡其宗教性，脱离寺院而安置于山川或园林，成为装点江山、布置景物的一个组成部分。像明代大量建造的一些塔，名称大都叫文峰、文星、风水、镇妖、镇风、镇海等等，这些塔与佛教无直接联系，而是迷信和风水的需求。这便是中国塔的特色。

二、古塔的形式

随着塔的性质改变，其造型也相应改变。在中国文化影响下，中国的建筑师运用本民族传统的建筑技术和风格改变了塔的外貌，创造出多种形式，既丰富了寺院建筑内容，又使中国建筑艺术开拓了新的领域。这是中国建筑史上的一大成就。

在千姿百态的中国古塔中，塔的层数皆为奇数，而塔的平面均为偶数边形，除了构造上的原因外，其构思乃出于中国阴阳对立统一的宇宙观。在佛教界，塔的四边，象征四圣谛，四圣谛——即四谛：苦谛、集谛、灭谛、道谛。六边象征六道轮回，六道轮回——佛教主张人只有学佛，才能摆脱人生八苦，八苦为小苦，大苦则是六道轮回。其中三善道为：天道、人道、阿修罗道；三恶道为：地狱道、饿鬼道、畜生道。人要了生死，出轮回，成佛道，才能彻底摆脱痛苦。八边即八相成道，十二边指十二因缘等。而塔的奇数层在佛教中则表示清白与崇高。

中国古塔按造型分类有楼阁式、密檐式、覆钵式(喇嘛塔)、亭阁式(单层塔)、金刚宝座式、花塔式、过街式等等。

楼阁式塔 是将中国的楼阁建筑技术应用於建塔。这种建筑体积大，层数多，一般为四面四角柱形、六面六角柱形或八面八角柱形，斗拱飞檐或砖叠涩挑檐，都设有门窗及外栏，大都可以登临，具有游赏价值。如陕西扶风县法门寺塔、安徽安庆市振风塔、广西桂平县浔江东塔、江西南昌市绳金塔、台湾新竹县狮头山灵塔和江苏高邮县镇国寺方形塔等。

密檐式塔 最初出现于南北朝时期，它的特色，除塔身下部第一层特别高大外，上面各层距高很短，塔檐密接，虽设小窗却不透光，内置楼梯亦非供人游赏。但塔身外观优美，具有巍峨挺拔之雄和婉转柔和之秀，一般为平面八边形、十三层；亦有平面十二边形、七至九层。现存最古老的是北魏时代建造的河南登封县嵩岳寺塔。其次有辽时所建的北京市天宁寺塔、辽宁义县嘉福寺塔、内蒙古宁城县大明塔等。唐代以后密檐塔多作方形，如西安小雁塔、云南大理千寻塔、四川乐山凌云寺白塔(又名灵宝塔、文峰塔)、河南嵩山永泰寺塔和法王寺塔等。

覆钵式塔，又名喇嘛塔 “喇嘛”为藏语音译，意为“上师”。喇嘛教是佛教的一支，主要传播于藏族、蒙古族地区。公元八世纪从尼泊尔传入，九世纪被赞普朗达玛禁止，延至十世纪后期在吐蕃新兴封建领主松赞干布迎请印度、尼泊尔等国僧人翻译密宗经典，也同时将原始窣堵波带入藏地，使佛教与西藏原有本教长期相互影响而以喇嘛教的形式得到复兴，到十三世纪后期，由于元朝统治者的重视，喇嘛教传入内地，于是修建起许多保留了西藏风格的覆钵式塔。明、清时又续有修建。覆钵式塔由双层塔座、瓶形塔身和塔刹组成，全塔白色。由于其常用来供奉修行较高的活佛和藏传佛教僧人的舍利，故又被称为喇嘛塔、藏式塔、五轮塔。藏地覆钵式塔通常有三种形式：菩提塔、天降塔、胜利塔。三种塔取材于象征释迦牟尼佛一生八个阶段的八大灵塔。如北京妙应寺白塔元代始建，塔基为三层方形折角须弥座，其上承托硕大的瓶形塔身，正面辟“眼光门”，置佛像；塔身上部为细长的“十三天”，再上为两层铜质伞盖，边缘分别悬36个或14个铜质流苏和风铃，最上为鎏金火焰宝珠塔刹。

亭阁式塔 亦称单层塔。这是印度窣堵波的中国化，以中国传统的四角、六角、八角亭阁形式加上塔刹组成，只有一层塔檐，多数是僧人的墓塔。早期为石造，平面呈四方形，仅有基台，不筑基座。唐代开始有八角或六角形平面的，用条砖叠涩砌双层须弥座基座，束腰部分做壶门。宋、金时多用枭混砖，明代开始减为单层须弥座，底边用圭角。唐代的塔身中空，以后多为实心砌体。典型实例在山东历城县柳埠村青龙山神通寺遗址东侧，隋大业七年(611年)所建的四门塔，是我国现存最早的一座石筑亭阁式塔。北魏时，建于山西五台县佛光寺内的初祖禅师塔和唐时佛光寺外的解脱禅师、志远和尚、大德方便和尚塔以及北京房山区南75千米处云居寺石塔群、河南登封市嵩山会善寺净藏禅师塔等均为墓塔。

金刚宝座塔 是印度佛陀迦耶成道塔的模仿，但内容则与密宗有关。它的建筑形式是在一个高起的台座上置五塔，中心一座较高大。五塔分别供奉金刚界五佛，宝座上编刻狮、象、马等动物装饰，塔身有雕刻，大多为明、清时修建。如内蒙古呼和浩特的金刚宝座舍利塔，北京真觉寺、西黄寺、碧云寺的金刚宝座塔等。

花塔式塔 又名华塔，现存有辽代所建的北京房山区孔水洞附近的花塔和武汉龟山南麓宋代所建的石榴花塔等。

过街式塔 建于门墩之上，下有门洞可通行。如元代所建北京昌平区居庸关过街塔（现仅存基座）和元代所建镇江市云台山北麓五十三坡上的昭关石塔，属喇嘛式过街塔。

傣族佛塔 实例为云南潞西风平大佛殿塔，有亚字形基座，塔身修长，周围衬以小塔和怪兽雕塑；云南景洪县大勐笼的曼飞龙后山上的曼飞龙白塔，由大小九塔组成，建于傣历五六五年(1204年)，砖石结构，正八边形须弥座，洁白塔身，金色塔尖，主塔居中，八个小塔分列八角，宛如玉笋破土而出，因此又称笋塔，系小乘佛教建筑，塔上有各种雕塑、浮雕、彩绘，造型优美、秀丽和谐。

三、古塔建筑材料种类

古塔如按建筑材料分类，有木结构、砖结构、砖木结构、石结构、铁结构、铜结构、陶质结构和土结构，以及金、银、琉璃装饰的古塔。

木结构古塔因岁月侵蚀与火患频发大多倾圮，我国现存仅四座。其中最古老最高大的木塔为山西应县佛宫寺的释迦塔，建于辽代，楼阁式，高69.13米，八角九层。由于采取双层套筒式结构，使塔身十分坚稳，迄今九百余年，经历多次地震仍安然无恙。还有始建于北宋的上海龙华寺塔，亦为木构佛塔的代表。

砖结构塔最早出现于西晋，是我国古代建筑技术发展的一个重要里程碑，它是我国古塔建筑的主体，在塔中所占比例最大。闻名遐尔的嵩岳寺塔则是我国现存最古老的密檐式砖塔，高40余米，周长30余米，平面为等边十二边形，外部以叠涩檐分作15层，使外廓呈现出轻快秀丽的抛物线造型，塔身全用青砖摩沿对缝以黄泥白灰黏合而成。

砖木结构古塔为数不多。上海市松江、嘉定、青浦、金山等县共10座；江苏的苏州2座，南通、扬州、镇江各1座；江西南昌，广东广州、惠州、肇庆各1座。最早的建于三国时期，其次建于唐、五代，多数建于宋、元、明、清。

石结构古塔在我国现存最早的是北魏献文帝天安元年(466年)在山西大同市东北古县平城所建的平城石塔。平面呈正方形，九层，楼阁式。原珍藏在山西朔县崇福寺，抗日战争时期，日本侵略者将塔劫往日本，在装箱起运时，一位爱国的工人冒着生命危险将高49厘米的塔顶藏了起来，该塔顶现完好地保存在朔县文管单位。抗日战争胜利后，被劫至日本的塔身归还中国，后被国民党运往台北，现存于台北历史博物馆。现存最早最完整的石塔是山东历城县柳埠村的四门塔，全部用大块青石砌成。石塔主要分布在闽、浙、粤、琼等省。但另类石塔以多宝塔、印度窣堵波形式为多，大部分是塔林中的墓塔，或寺庙内的设置。

铁结构古塔现存最早的是广东省广州市光孝寺内大殿东西两侧的两座铁塔。东铁塔铸于五代南汉大宝十年(967年)；西铁塔铸于南汉大宝六年(963年)，东西铁塔形制相同。山东济宁市铁塔寺内的铁塔，建于宋崇宁四年(1105年)，仿木结构特点浓厚，造型美观，是我国珍贵的范铁艺术遗产。还有湖北当阳县玉泉铁塔、陕西咸阳市北杜镇千佛铁塔、府谷县孤山堡南屏山的铁塔和江苏镇江市北固山甘露寺内的铁塔等都是我国有名的铁塔。

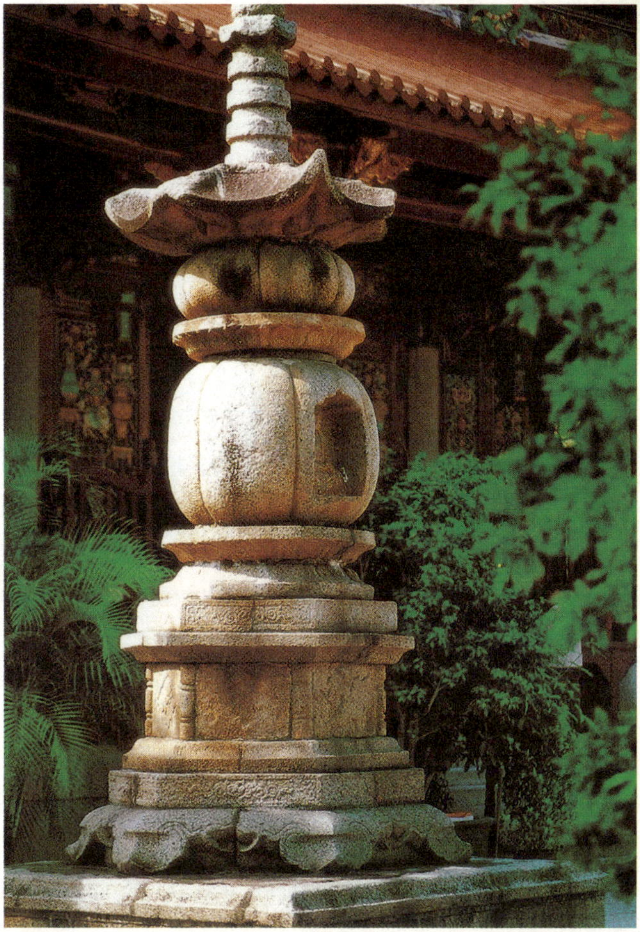

多宝形式石塔，小巧玲珑，多见于塔林中的墓塔、寺院大殿或寺门前后，东南沿海地区也作桥头的设置

玉结构古塔我国尚存一座，名为姚秦三藏鸠摩罗什舍利塔，坐落于陕西户县东南20千米圭峰山下草堂寺内，是用玉白、砖青、墨黑、乳黄、淡红、浅蓝、赭紫及灰色等八种颜色的玉石雕刻镶并而成，故俗称八宝玉石塔，从佛像衣着、仰莲、覆莲及其他雕造艺术风格看，属唐代作品。

铜结构古塔全国尚存的屈指可数，实属珍贵。山西五台山台怀镇显通寺大殿内铜铸双塔，高8米；四川峨眉山报国寺内明代铸造的紫铜华严塔，高7米；西藏扎囊县桑耶寺内两座，一是从印度迎来的9.4米高的铜塔，一是8米高的铜铸释迦佛塔。

陶结构古塔更是凤毛麟角。福建福州市鼓山涌泉寺天王殿前的两座陶塔，东名“庄严劫千佛宝塔”，西名“贤劫千佛宝塔”，均为陶质，上施釉，作紫铜色，仿木构八角形楼阁式，计九层，高6.83米，座径1.2米，自下而上宽度逐层缩小，系分层烧造然后拼合而成。塔壁共贴塑佛像一千零七十八尊，檐角悬风铎，顶压宝葫芦，塔座塑有狮子、力士和各种花卉图案。以陶烧造的大型宝塔国内罕见，是研究北宋建筑艺术的珍贵文物。

土结构古塔主要分布在我国西北干旱少雨的甘肃、新疆古丝绸之路和戈壁地带，如甘肃敦煌县城子湾双花土塔、安西县锁阳城堡遗址的塔儿寺八座土塔。新疆维吾尔自治区哈密市卡尕吐热双塔；库车县克孜尔尕哈双连体塔，据说是汉代边防报警的烽燧，为我国现存古西域丝绸之路北道上时代最早、保存最好的古建筑；吐鲁番县阿斯塔那(意为汉语“三堡”)村，公元六至七世纪高昌时代始建的台藏塔；巴音郭楞蒙古族自治州若羌县罗布泊西岸楼兰古城遗址东隅的佛塔，虽已剥蚀残破，但仍有10.4米高，系土、木、柳条合筑。

黄金装饰塔，最具代表性的是西藏拉萨市布达拉宫内的五世达赖罗桑嘉措灵塔和十三世达赖士登嘉措灵塔，前者使用黄金119082两，后者使用18870两。

白银装饰塔，多在西藏拉萨市周边的寺庙内：哲蚌寺的达赖喇嘛和第巴陈烈嘉措的法身银包灵塔三座，释迦牟尼佛像两旁侍列银塔十三座；楚布寺大殿空住佛银塔一座，高10米，覆钵式。

琉璃装饰塔，著称于世的有山西洪洞县广胜寺飞虹塔、河南开封市祐国寺塔（俗称铁塔）、北京颐和园万寿山多宝琉璃塔和香山多宝琉璃塔以及山西五台山台怀镇狮子窝琉璃塔等。

四、古塔的布局

中国古塔的艺术性，还表现在布局的精心、外形的变化和装饰的臻美。

在建筑布局上，中国注重“形”论，凡城池、宫观、陵庙、明堂……之方位，莫不讲究星宿与地势的最佳组合。立塔，不仅为激昂苍龙(东方)，匡济风水，还在于精神崇拜和美的追求。所以塔的位置一般都在山之巅或川之口，如果地形复杂一塔不足以变其貌，则立双塔、三塔或群塔，以造气势。

我国古塔海拔位置最高的是西藏定日县中尼边境喜马拉雅山主峰珠穆朗玛峰下北坡的绒布寺外白塔，海拔4980余米，是世界上位置最高的古塔。

双塔，最早出现于东晋初期，南北朝至唐代数量渐多。我国现存有山西8对，辽宁、福建、浙江各4对，安徽5对，陕、甘、冀、苏、新疆各2对，内蒙、宁、川、黑、吉、粤、滇、鄂、赣、豫、沪各1对。如福州市2对双塔，一是市区于山的白塔和乌石山的乌塔，两塔东西相对，构成榕城双塔胜景；二是东郊闽江北岸鼓山涌泉寺天王殿前的一对陶塔。泉州市西街开元寺双塔，在紫云大殿前东西对峙，相距约200米。东塔名镇国塔，唐咸通六年始建木塔，南宋宝庆年间易为砖建，后又改为花岗石塔；西塔名仁寿塔，五代梁贞明二年始建木塔，北宋政和年间易为砖建，南宋时改为石塔。双塔为楼阁式，呈平面八角状，五层五檐，高40余米。值得一提的是石塔上有幅猴行者雕画，早于《西游记》的出书年代。更有趣的是山西临猗县城北隋唐时的双塔，东西相距50余米，一名许仙塔，一名白蛇塔，传说每年七夕之夜弦月西坠之时，双塔之影交融，人们视其是夫妻团圆的象征。其他如太原市郝庄永祚寺双塔、安徽池州东至县东流镇的双塔、海南澄迈县美郎双塔、辽宁北镇市和绥中县的辽代双塔等，都是当地的著名景观。

三塔，现存10多处。内蒙古、新疆、西藏、辽、陕、鲁、豫、苏、皖、粤、滇各1处。如云南大理县崇圣寺三塔，鼎足矗立于苍山之麓洱海之滨，大塔名为千寻塔，建于公元824—839年之间；南北两小塔，建于五代。山东青岛崂山法海寺外的圆通、广通、玉住三塔鼎立于石门山西麓，装点了江山景色。

四塔，西藏扎囊县雅鲁藏布江北岸的桑耶寺，亦译桑鸢寺、桑伊寺。是西藏第一座剃度僧人出家寺院。寺乌孜大殿四角各立一塔成直线位置，塔与殿相距10米，是个特殊的布局，它是依据佛教“天圆地方”说而设计，大殿象征须弥山，四塔代表四大天王。传说在公元八世纪赤松德赞王朝时，由文武四大臣所建。红塔、白塔文臣建，黑塔、绿塔武臣建。河北承德普宁寺大乘阁上的四角红、绿、黑、白四座喇嘛塔则是清乾隆二十年所建，其布局仿西藏桑耶寺。广东肇庆市西江，北南两岸的崇禧、元魁、巽峰、文明四塔，先后建于明万历、天启年间，南北双塔遥遥相对，景观壮美。

五塔，甘肃永清县西50千米，黄河北岸积石山炳灵(藏语意为“千佛”或“十万佛”)寺石窟峭壁上一处，石雕方塔一座，泥塔四座，其中三座为唐代作品，艺术造诣精湛，造型丰满潇洒，富有朝气和生命力，为183个窟龛增添了庄严气势。贵州遵义市城区湘山风景区湘山寺山门前两侧矗立不同时代各具特色的七级宝塔五座，宏伟壮观。

七塔，浙江宁波市江东区百丈路的七塔报恩寺山门前，清康熙二十年立石塔七座，形制相同，高约2.5米，七塔代表七尊佛，从东到西一排分别为：毗婆尸佛塔、尸弃佛塔、毗舍浮佛塔、拘留逊佛塔、拘那舍牟尼佛塔、迦弃佛塔、释迦牟尼佛塔。为唐代古寺渲染了浓厚的佛地氛围。

八塔，是纪念佛祖释迦牟尼八件大事。青海湟中县鲁沙尔镇西南的塔尔寺(藏语称“衮本”，意为“十万佛像”)内的如意宝塔，并排八座，象征释迦牟尼降生、证悟得道、初转法轮、降伏外道、从十三天重返娑婆世界、劝说比丘众平息争端、战胜一切妖魔、涅槃入正八件事，清乾隆四十一年的建筑物。河北承德避暑山庄普乐寺后一座高大的阇城主建筑通高35.5米，分三层，石砌方台，上列八座五色形制相同的喇嘛塔，四角为四座白塔，正南为黄塔，正北为蓝塔，正西为紫塔，正东为黑塔，是清乾隆三十一年为接受蒙古、维吾尔、哈萨克、布鲁特等西北各族贵族朝觐而建。

群塔有两种布置方式，排列成行的称为“塔墙”，成群布置的称为“塔林”。

塔墙，全国多处，浙江天台山国清寺内有两处塔墙，一为四座并列，一为七座并列；青海玉树州长江上游通天河畔藏娘塔第一基台上除东南方建一巨大的佛祖塑像外，其西南方排列8座喇嘛塔塔墙；西藏林周县北邦多镇热振寺外一排并列七座喇嘛塔和青海湟中县塔尔寺的如来八塔亦属塔墙。四川甘孜藏族自治州两处壮观的塔墙：一是理塘县城北长青春科尔寺依山势而筑的阶坡式围墙顶上，一坡一座或数座白塔，共260余座；二是康定县北113千米塔公草原中心的塔公寺，其四周台阶状围墙上排筑双道500余座东、南、西、北方向分别为白、黄、红、绿喇嘛塔，独具一格。中国最大的塔墙在西藏扎囊县雅鲁藏布江北岸桑耶寺，寺周围有1008米长的院墙环护，高4米，厚1.2米，墙顶间距1米就有方座砖构白色小喇嘛塔一座，总共1024座。

塔林，有两种形式，一种是排列工整的如宁夏青铜峡县牛首山，黄河西岸一个向东的陡峭山坡上，依山势从上而下按一、三、五、七、七、九、九、十一、十三、十三、十五、十五奇数横排纵列成十二行，形成总体为三角形的巨大塔群，共108座，俗称“百八塔”。位于塔群最上端的是一座形制特大、实心、覆钵式的喇嘛塔。其余各塔形体较小，形制相同，是为尊仰毗卢遮那一百零八尊法身契印而建造的，始建时间可能属元代，它是我国古塔建筑中现存的大型塔群之一。

另一种是自由散点排列，又称墓塔林，大多为名寺历代主持僧人墓。我国现存主要墓塔林共15处，有墓塔800余座。其中8处闻名墓塔林：一是河南登封市西北15千米的少室山北麓五乳峰下少林寺处，是我国最大的墓塔林，有自唐至清千余年间少林寺主持和尚砖石墓塔248座，其形状有八角、六角、正方、圆、锥体等，造型各异，是综合研究我国古代砖石建筑和雕刻艺术的宝库；二是山东长清县灵岩寺塔林，现存自唐至清的各种墓塔167座，形制迥异造形优美，为国内罕见；三是河南汝州风穴寺塔林，有元、明、清代和尚墓塔115座；四是北京门头沟区潭柘寺塔林，现存唐、宋（金）、元、明、清代僧师墓塔和元世祖忽必烈的女儿妙严公主墓塔共81座；五是北京昌平区银山塔林，现存18座唐、辽、金、元、明时期的佛塔，其中金、元代居多；六是北京房山区上方山塔林，有历代僧人墓塔50余座；七是山东历城县柳埠镇白虎山塔林，有宋、元时期和尚墓塔41座；八是始建于北周（公元六世纪）时期的山西永济县城西20千米中条山顶的栖岩寺塔林，有墓塔26座，各具风彩，反映了不同时代的艺术风格。

塔堆，国内罕见。现有3座，最大的一座在青海湟中县鲁沙镇西南莲花山塔尔寺内的菩提塔堆，其四级基台共有大小喇嘛塔159座，加上菩提塔总计160塔；另两座分别在四川甘孜藏族自治州甘孜县甘孜寺和新龙县拉日玛乡扎宗村俗称石板藏寨扎宗寺附近。这种形式，近似印度尼西亚爪哇岛中部城市日惹西北约41千米克杜山谷的婆罗浮屠，它建于公元九世纪，是世界上最大的佛塔建筑。

塔群，指某一地域古塔较多。我国主要有北京房山区水头村云居寺塔群；西藏拉萨塔群；内蒙古黑水城塔群；西藏日喀则市拉当寺塔群；四川甘孜藏族自治州辖区笨波、宁玛、萨迦、噶举、格鲁五大教派齐全的藏传佛教，在这圣洁的高原上，建有四十三座风格独特的古刹名寺和数千座大大小小的覆钵式塔，形成一片地域性的塔群。

在建筑结构外形上，我国古塔以平面等边多边形为主；其次有平面方形和圆切面流线型结构（主要为覆钵式）；个别的为平面圆形，如新疆吐鲁番市城东南郊的额敏塔（又称苏公塔）、湖北钟祥市龙山的文峰塔和广州市内的光塔皆为圆柱形砖塔。云南建水县（古称步头或巴甸）有座清代建的文笔塔，平面为方形八棱尖锥体；宁夏银川市北郊的海宝塔，平面十字形十二折角立柱体，两塔都是特殊的形体。

在建筑装饰上，我国古塔异彩纷呈。举世闻名的山西洪县广胜上寺飞虹塔，是我国现存创建最早的琉璃塔；河南开封“铁”塔，塔墙用铁青釉砖镶嵌，黑色森森，蔚为壮观。更多的古塔墙体敷以白灰，蓝天绿树衬白塔，巍巍之态引人神往。还有江西景德镇市浮梁旧城内的西塔、鄱阳县永福寺塔和信丰县天圣寺塔，浙江宁波市的天封塔，其外墙均为红色装饰，可谓别具一格。

汉、晋、南北朝时期

1

齐云塔

河南洛阳市东10千米有一座被尊称为中国佛教“释源”或“祖庭”的白马寺，据史载为东汉永平十一年（68年）明帝刘庄敕令在洛阳城西雍门外创建，同时按“天竺，写浮屠遗范”在寺中心建一座平面四角九层木结构密檐塔，号曰“齐云”，又称释迦舍利塔、金方塔、白马寺塔，后毁于一场大火。

白马寺至今尚存，现寺中砖筑的齐云塔是在原塔旧址上依木塔形制而建，时为金大定十五年（1175年）。因为白马寺被称为“中国第一古刹”，所以齐云塔就沾了“中国最早古塔”的名份。

塔高25米，方形十三层砖筑密檐式，巍峨屹立，览邙山洛河风光，映古刹茂林景色，增添了佛地禅气。

飞虹塔

山西洪洞县城东北17千米霍山南麓广胜上寺内的飞虹塔，俗称琉璃塔，始建于汉，屡经重修，现存为明正德十年始建，至嘉靖六年（1515～1527年）竣工，天启二年底层增建围廊，是国内最大最完整的一座琉璃塔。

飞虹塔高47.31米，平面八角十三层楼阁式密檐砖塔。整体造型塔身由下而上逐层收分甚大，上小下大，形如锥体，重心十分稳定。仿木的斗拱、角柱和莲瓣构成层层塔檐。塔身用黄、绿、蓝、紫琉璃装饰，一、二、三层最为精致，檐下有斗拱、倚柱、佛像、菩萨、金刚、花卉、盘龙、鸟兽等各种构件和图案，制作精巧细腻，其中尤以人物形象最为传神。琉璃表面虽只有黄、绿、蓝三种基调，但由于色彩深浅不同，浓淡各异，在蓝天白云的衬托下，塔身五彩缤纷，闪闪欲动，神奇美妙，犹如雨后彩虹，因而得名。

飞虹塔内部中空，有梯道登临。塔心室一至五层为八角形，六至十一层为方形。从塔下南门进入，由“八”字形木梯上到一层，进入券洞内塔心室，可见中央一尊铜铸的释迦牟尼像，像顶有精致的琉璃藻井，仿木作的勾栏、楼阁、斗拱等叠涩而上，构成大穹窿顶，上有九条张口向下的青龙，俗称“九龙口”。

关于塔的建造方法，有个传说。当塔建到半截高时，由于镶嵌琉璃工艺复杂，无法高空作业，正发愁时，有位自称鲁班高徒的老者来到工地，众人请他赐教。老者摇头道：“我已经半截入土了，哪有什么法子，你们自己琢磨吧！”说完扬长而去。众人正埋怨时，有个年轻人从老者的话中得到启发，突然开窍说：“有办法了，老头子说的半截入土就是一个好办法。”于是，动员了千余人，用土埋住已完工的半截塔，四周堆成斜坡，再往上运送材料，边建塔边往上堆土，使镶砌琉璃的匠师无高空作业的危险，安心细致地操作，保证了按工艺规定的要求顺利施工。

法云寺塔

安徽岳西县南响肠镇后冲村法云寺内的法云寺塔，又称千佛塔，据史料记载，始建于东晋咸和五年（330年），距今1680年，是安徽省历史最久的古塔。

蒋跃进/摄

塔残高28米，方形七层砖构楼阁式。塔基用花岗岩条石砌筑，宽3.4米，高1.35米。塔的底层南面辟拱门，为入塔室通道；北面塔壁有菊花、莲花、太极图纹饰，分别寓指儒、释、道三教。据史料，早期儒释道三教曾在此共研教法，后佛教盛而取代。塔内各层有楼室，底层塔室供地藏菩萨像，二层供释迦牟尼佛像，三层供阿弥陀佛、药师琉璃光佛、燃灯古佛、释迦牟尼佛、弥勒佛共五尊。塔的二层以上，各层外壁四面分别设有12佛龛，每龛内供一佛二弟子砖雕像，计864尊；内壁各层四面的佛龛内供一佛二弟子砖雕像940尊，共1800余尊。塔身每层设腰檐和平座，檐下施以栏顶、普柏枋叠涩外伸复叠涩内收，形成厚重的腰檐。二层以上塔壁四面辟圭形券门，两侧壁间各设梅花点式小佛龛。七层以上塔顶部已毁。

整塔造型类似河南洛阳白马寺齐云塔和陕西西安大、小雁塔的形制，但风貌较之它们显得尤为苍古。

法云寺塔地处大别山西南麓深山老林中的一块佛地。寺塔依山傍水，九条不同走向的山岗竟殊途同归古刹之下，塔下百亩水库游湖终年碧波荡漾，四周茂林修竹环抱，龙角、卧虎、吼狮、金龟驮负、石壁灯盏照跳鲤等奇形怪石阵列湖畔，为一方湮没深山人未识的古迹胜地。

瑞光塔

江苏苏州市盘门内的瑞光塔，建于三国时吴赤乌十年（247年）。早在汉建安十九年（214年）孙权为康居国（今中亚马尔喀什湖和咸海之间）僧人性康建普济禅院，33年后建十三层宝塔。北宋景德元年至天圣八年（1004～1030年）重修佛寺瑞光禅院时改塔为七级，以寺名。

瑞光塔高53.6米，平面八面七层砖木结构楼阁式。塔基石砌，塔身底层外壁对边11.2米，塔每层高度逐层递减，外轮廓显得清秀柔和。塔身由外壁、回廓和塔心三部分构成。外壁以砖木斗拱挑出木构腰檐和平座栏杆，每面以柱间隔为三间，中心间辟壶门或隐出直棂窗。底层四面设门，八面围以较长塔衣檐廓，二、三两层八面有门，四至七层则上下四面交错置门。内外转角处均砌出回形带卷刹的倚柱，柱头承阑额，上施斗拱。外壁转角铺作出华拱三缝。塔层层飞檐翘角，全塔核心部位是第三层，砌有梁枋式塔心基座，其暗窟中珍藏“天宫”珍贵文物。顶部八角攒尖，上置须弥座、覆钵、相轮、铁环、尖针和8条浪风索构成小巧秀丽的塔刹。

瑞光塔建造精巧，造型优美，用材讲究，是宋代南方砖木混合结构楼阁式塔比较成熟的代表作。

海宝塔

宁夏银川市北郊北塔寺内的海宝塔，又名赫宝塔、黑宝塔，俗称北塔。始建年代无考。相传汉、晋时期（公元三世纪）所建，公元五世纪初，西夏国王赫连勃勃（407—424）重修。明万历《朔方新志》载：“黑宝塔，赫连勃勃重修。”清康熙五十一年和乾隆四十三年均因地震受损再修定型。

海宝塔造型独特，为楼阁式，平面十字叠加方形，简称“亚”字形平面十二折角，高54米，十一层。塔由台基、塔座、塔身三部分组成。台基方形，高5.7

米，边长19.2米，四边有砖砌栏杆。塔座方形高4.2米，边长14.4米，砖砌。座四壁正面是入口，其他三面为拱形假龛。座入口处小包厦翼角高翘，小巧玲珑。通过座内暗道可登座上平台，豁然开朗。由于塔身四面中间又各突出一脊梁，其外形有十二棱角，每面每层的正中脊梁有龛形门窗，左右两边为龛形券门。每层塔檐以砖砌叠涩而突出形成平座，层层四角悬风铃。塔刹以绿色琉璃砖贴面的四棱桃形尖顶，却不设置相轮、天盘、宝珠等物，别具一格。

海宝塔建筑风格是回、汉两个民族文化的结合体，为我国古塔中所罕见。

峨眉山万年寺金刚宝座塔

四川峨眉山主峰以东观心坡下的万年寺佛殿，是一座金刚宝座式建筑。寺创建于晋，始名普贤寺，唐时改名白水寺，宋时称白水普贤寺，明万历年间神宗敕改圣寿万年寺。

寺殿外部通高16米，大殿为穹窿顶方形无梁殿，边长为15.7米，南面中辟拱门，两侧设券窗，门上嵌额碑刻“圣寿万年寺”。额碑左右砖砌横枋下，砖雕挂落纹饰和两个雕刻佛像的雀替，东西殿角为较大转角雀替。殿顶上沿东西两转角砖砌转角补间铺作各一朵，中间部分用补间铺作十四朵，其他三面装饰皆同。殿穹窿中央和四隅各立喇嘛塔一座，象征佛教须弥山五形和五方佛。穹窿顶南面雕刻火焰、法轮，两侧蹲塑为神鹿。

佛殿其实是变化了的金刚宝座，内供北宋太平兴国五年（980年）铜铸的普贤菩萨骑六牙白象造像一尊，通高7.3米（白象及佛身高约各半），重62吨。殿内四壁下部有小龛24个，各供铁铸佛像一尊；上部横龛六道，列置小铜佛像307尊，铸工精细。

整座殿塔雄踞峨眉中峰，气势庄严，令人净心与肃穆。

江忠民/摄

大圣寺塔

江西信丰县城北孝义坊祝圣寺后的大圣寺塔，因在塔上发现木雕像铭文“大圣寺”而得名。始建于三国吴大帝赤乌年间（238～251年），唐、宋多有修葺。据《信丰县志》载：“其始建年月无考，相传砖石间有字可记，曰‘杨贯重修’，又有‘三国赤乌年号’。”《赣州府志》载：“宝塔寺初为延福寺，今更名祝圣寺，在县治北孝义坊，中为大雄宝殿，殿后宝塔相传吴大帝赤乌年造。”1953、1954年两次考查，先后发现木雕像二尊和“开元”、“大观”铜钱及木雕像铭文，内有“朱叶民及妻来大圣寺，在塔上充供养，乙丑岁十一月日题。”字迹苍古，如宋人手迹。“开元”为唐币，“大观”乃宋币。

塔高50米，平面六角九层，外观似十八层，青砖结构楼阁式。塔的六边形台基高大，竖壁六面雕有云龙、卷草等纹饰，上沿束腰平座，承托塔体。底层外墙每面宽5.9米，三面辟拱门，塔中空，对角距离3米。底层檐脊之上为第二层平座，以上各层类同，平座沿口亦为叠涩外伸，与腰檐近似，三面券门三面假门，上下层不交错。各层平座用棱角牙子三层构成，平座上砖砌内收围墙且高，因此平座内形成一暗层，加上高出的台基，故称十八层。

大圣寺塔体形高大，檐间简朴，气势雄伟，颇具历史研究价值。

龙华塔

上海黄浦江西岸龙华古镇龙华寺旁的龙华塔，相传与寺同建于三国东吴赤乌年间，是上海地区历史最优久的佛塔。

龙华塔曾毁于战火，现存之塔为北宋太平兴国二年（977年）吴越王钱俶重建，高40.4米，平面八角七层，砖身木檐楼阁式。塔内砖室为方形，各层铺有木板。塔体外壁每层方向依次转换45度，立面门窗错层开设。每层24根廓柱和穿枋以及挑出的平座栏杆组合。层层飞檐和翘起的翼角曲线优美，檐角下均悬风铎，风中发出清脆的声响，这是江南长檐翘角古塔共有的饰物。塔雄伟美观，是上海地区保存最完整的古塔之一。

法门寺塔

陕西扶风县城北10千米法门寺内的法门寺塔，来历久远。据有关资料和民间传说，在佛教尚未正式传入中国之前，就有天竺法智、法仁两名高僧带着佛骨越过喜玛拉雅山到达渭北周原“佛指沟”驻足传教，法智临死将佛骨交与法仁，法仁78岁临逝将一节佛骨含口中圆寂。当地人依其生前所嘱葬于美亭之丘，称“法王冢”。东汉时佛教正式传入，岐州牧小冢宰拓拔育在“法王冢”基础上建法门寺，掘基时发现法仁尸骨化灰，独一枚指骨犹存，就制一石棺瘗于地下，后在基上建一座亭阁式木塔，不幸北周武帝灭法时（574年）被毁。隋文帝时重修法门寺，后毁。唐太宗即位后崇尚佛教，重建法门寺，开启地宫发现石棺佛骨，原基上建地宫立二层木塔。新塔共20个柱础，边长26米，总建筑面积676平方米，每层各有四门八窗，门列力士，柱饰金狮，阶墀精巧，气象庄严，塔内梁柱绘有鲜艳图案，二层门外有回廊，廊外木栏。又过125年，唐肃宗至德到上元年间（756～761年）在重修二层木塔时加高到四层成四层木塔，塔顶装饰琉璃檐，并竖木杆上套相轮，高达十余丈，塔内供三尊大佛像，还有工制精巧的银制“芙渠”，每片莲叶刻有修寺塔而捐赠施舍人的姓名。后经宋、元多次重修，终因明嘉靖三十五年（1556年）华县八级地震而崩毁。

唐肃宗上元年间至明嘉靖三十五年前塔型

段永振/摄

明隆庆六年（1572年）有位“西蜀大州居士”用一条长链锁在自己的肩筋上，拖着游走各地化缘，立誓募捐修塔，经七年募款仍相差甚大。万历七年（1579年）邑人杨禹臣、党万良和“赐进士出身，任陕西按察司签事，知扶风县事的任丘、三畏”等出面募捐筹款建塔，历时三十年竣工。

法门寺外景

现存法门寺塔，为明建砖塔，高46米，平面八角十三层楼阁式。塔底层高大，底周长50.4米，南面塔门上石刻匾额“真身宝塔”，东、西、北三面分别刻有“浮图耀日”、“舍利飞霞”和“美阳重镇”。其西北、东北、东南、西南四面分别按八卦砖刻乾、艮、巽、坤，以示方向。塔的第二层至十二层每层各面辟门或假门佛龛。共有佛龛88个，每龛置铜佛或菩萨像一至三尊，共104尊，大者形同真人，小者只有20厘米左右。塔门上部叠涩斗拱挑檐，檐角短小微翘，上悬铃铎。塔顶置铜铁铸覆钵形塔刹。整塔造型高竣雄伟，秀丽壮观。

鸠摩罗什舍利塔

陕西户县秦镇草堂营村，秦岭主峰山北麓的姚秦三藏鸠摩罗什舍利塔，俗称八宝玉塔，建于东晋十六国时期，后秦姚兴弘始十七年（415年）或姚泓永和元年。

鸠摩罗什(344～413年)原籍天竺，生于西域龟兹国（今新疆库车），幼出家，初学小乘，后遍习大乘，尤善般若，并精通汉语文，时为高僧，后秦弘始三年（401年）姚兴派人迎至长安，携道生、僧肇、道融、僧睿等八百弟子翻译佛教经典74部384卷，与真谛(499-569)、玄奘并称为中国佛教三大翻译家。鸠摩罗什后秦弘始十五年圆寂，三年后涅槃得舍利而建塔供养。

塔由西域所贡大理石建造，石色做砖青、玉白、乳黄、淡红、浅蓝、赭紫、墨黑及灰色等。塔高2.5米，方座的圆台上雕刻数山，象征佛法中的须弥山，其上三层重叠云台雕刻精妙的蔓草纹饰，中间八角八面形亭阁，刻饰花格屏门，门间圆倚柱，柱枋上斗拱屋脊椽飞及筒瓦，作为阁檐，檐下又阴刻线条流畅的佛像多尊。檐顶置平座、仰莲瓣、覆钵和扁圆形雕刻数圈的宝珠压顶。整塔工艺技巧极为纯熟精湛。从佛像衣着、仰、覆莲及其他雕造风格推测，似为唐代作品。据此推测，建塔时间约在鸠摩罗什圆寂后三四百年，或因晋时原塔受损后世重修。从现存之塔完整如新、时代痕迹淡薄而论，皆有上述两种可能。

景州塔

河北衡水市景县城区开福寺遗址的景州塔，原名释迦文舍利宝塔。据县志载，塔建于北魏兴安年间（452～453年），齐、隋重修。从塔的底层砖刻和塔刹匾刻证记，宋元丰二年、元祐六年、金天眷二年、元至治三年、明正德十二年相继进行修葺。

塔高63.85米，平面八角十三层砖筑楼阁式。塔基青石铺砌，基下有一深井（地宫）；青砖塔体，上下同面四方辟门，另间面上下无门窗。腰檐迭涩出挑较浅。塔内有拱形走廊绕行，设阶梯盘旋登临。塔刹铜铸，呈葫芦状，高2.05米。葫芦下刹座不用相轮，而以铁丝网罩圈围和铁板交替压叠，犹如锥形铁框，高3.3米，网罩与洞户被天风鼓荡，发出狂啸，故有“古塔风涛”之称。

塔体收分平缓，高大挺拔，具有宋代风格。

景州塔为河北省四大古迹之一，民谣曰：“沧州狮子、景州塔，赵州石桥、正定府的大菩萨。”

相关链接：1973年春维修景州塔时，在塔顶葫芦里发现明代木版佛经3卷9册，还有释迦牟尼的卧式涅槃铜像一尊，长20厘米，宽11.5厘米，高12厘米。

嵩岳寺塔

河南登封市西北5千米嵩山南麓嵩岳寺内的嵩岳寺塔，建于南北朝北魏正光四年（523年），是我国驰名中外的古塔。它不仅是密檐式塔的典型，也是我国现存年代最早的砖塔。

中国早期砖塔，以平行平面为主。嵩岳寺塔就是正十二边形的平面，外形为卷刹收分的密檐塔型，它的施工技术精确度高，既要依赖几何学，十二等分一个圆周，又要测量标定技术的高度水准，这是建筑嵩岳寺塔的新创造。

嵩岳寺塔是我国唯一的十二边形平面塔，除门龛嵌石和塔刹采用石雕以外，

整塔全用小薄青砖和素泥浆砌缝，总高41米左右，十五层。塔身分上下两部，下为平坦壁体，其上施迭涩檐一层；上部角隅各加倚柱一根，柱头施火焰宝珠与覆莲，柱下为平台和覆盆柱础。除辟门的四面外，其余八面各砌一座单层方塔状的壁龛，突出于塔壁外。塔身之上施叠涩檐十五层，使外廓呈现出轻快秀丽的抛物线造型。密檐之上由宝珠、棱形7层相轮、仰莲、受花等组成塔刹。塔身下部开东西南北四个正门，门上用圆形拱券作装饰。层层密接的塔檐，每檐之间是短短的一段塔身，每面各有三小窗，以供采光，但多数是装饰性小盲窗，共计492个。其中只有七层矮壁上开了7个真正的窗洞，成为塔内上部一线天光的采光口。塔身内的塔室空间宽7.6米，自下而上直达顶部，分为十层，第一层随塔外形呈十二角形，第二层以上则改为八角形。此塔采用砖壁空心筒体结构，经一千四百多年风雨仍挺立如故，体现了我国古代建筑工艺的高超水平。

六榕寺花塔

广东广州市朝阳北路六榕寺内的花塔，相传在南北朝梁武帝大同三年（537年），广州刺史特地为高僧昙裕大智法师修建宝庄严寺和舍利塔。五代时塔毁于火，北宋绍圣四年（1097年）重建。时大诗人苏东坡来游，见寺内有古榕六株，便信手题“六榕”二字，于是后人改寺和塔名为六榕寺、六榕塔。

徐敬宾/摄

六榕塔砖木结构楼阁式，高57.6米，平面八角，外观九级，每层内有暗层，合九级十七层，沿梯级右上左下。塔顶有元至正十八年铸造的千佛铜柱，上浮雕1023尊小佛，铜柱连串上面的九霄盘、宝珠及下垂的铁链等构件，重5吨有余。琉璃瓦覆盖的各层塔檐飞角，在阳光下彩釉生辉，如绽开花瓣。塔刹似花蕊，整塔华丽壮观，宛如冲霄花柱，加上塔身装饰红白相间，所以习惯通称“花塔”。

当时广州珠江宽达2千米，花塔位置地下水位较高，为加固塔基，匠师们采用九井连环之法，即在塔基下先打九口竖井，填压花岗石，砌筑九井并相互连接依托，形成九井环基，然后其上建塔，这是南方塔基建筑的一个创造。

花塔位于市中心区，登临远眺，全城景色尽收眼底，叠叠云山，层层绿树，街衢楼群，令人心旷神怡。

大善塔

浙江绍兴市内大善寺遗址上的大善塔，始建于南北朝·梁天监三年（504年），是绍兴古城一个靓丽的景观。

据《嘉泰会稽志》载，大善寺是一富家钱氏之女以奁中之资捐建。后寺塔屡建屡毁。现存大善塔为明永乐元年（1403年）募资重建。

塔高约40米，平面六角七层砖筑楼阁式。塔壁各层三面券门三面假门，上下交错。门两侧壁间和门上部有简洁纹饰，塔檐由砖叠涩出挑较浅。塔端为圆柱形，铁帽刹顶。塔体黑檐白壁简洁古朴、巍然森严，和古老的水街、拱桥和民居构成和谐的整体。

塔下原来的大善寺禅院，鲁迅先生曾于1912年1月在此组织绍兴“越社”青年创办《越锋日报》。后寺院建筑荡然无存。

开元塔

安徽宣州市区陵阳山第三峰开元寺遗址的开元塔，相传始建于东晋末年至南北朝宋武帝刘裕永初年间（420～422年），初名永塔，后随寺名更改而扬名。唐称开元寺塔，宋称景德寺塔，亦名多宝塔，清称永宁塔，从始建至今已逾1600余年。

塔高34米，平面六角九层砖构楼阁式。塔体粗壮，从第二层至第八层各层每面正中辟拱门，门两侧上部设佛龛。腰檐以砖砌叠涩挑出，檐角起戗脊。第九层塔身明显内收，除六面门龛与下层相同外，门上补间、叠涩、斗拱挑檐承托六面攒尖阁顶，檐面作桔红悬脊筒瓦，与下八层的黑色腰檐形成较大反差。塔顶以铁串设仰盘、护环、露盘、宝珠，露盘和残存六条铁链式浪风索组成塔刹。从塔形及其结构参差变体来看，已与原物面目全非，这是经历代多次局部维修所致，唯有塔刹为北宋时期的遗物。

开元塔内设盘旋木梯，拾级登临塔顶，可眺城郭句溪的市井山水风光。明代戏剧家、文学家汤显祖寓居宣州时，曾作《开元寺浮屠》诗："坐对芙蓉塔，延观柏枧云。青霞城北涌，翠潋水西分。巅树疑岚湿，岩花入瞑薰。风铃流梵响，玉漏自闻声。"

大明寺栖灵塔

江苏扬州市西北郊蜀岗中峰大明寺，建于南北朝宋孝武帝刘骏大明年间（457～465年），隋仁寿元年（601年）文帝杨坚六十寿辰时，奉送舍利于三十州，诏令十月十五日各州同时立塔，大明寺便在此时起建九层栖灵塔，寺故又称栖灵寺。唐会昌三年（843年）塔遭火焚毁，宋景德元年（1004年）僧人要政募资在原址建七层"多宝塔"，朝廷赐名"曾惠塔"，不久，塔又倾圮，此后一直未复建，塔基犹存。

大明寺曾是唐高僧鉴真于天宝元年至十年居住和讲学的地方，天宝十一年（752年）东渡日本传戒弘法。公元1991年5月6日扬州举办第二届琼花节，开幕之际，同时举行栖灵塔重建奠基仪式，按原塔形制重建。

塔高约30米，方形七层砖木结构楼阁式。塔在原基起建，底层石栏绕塔。塔身各层每面四柱三间，辅作框架额枋，柱顶斜撑雀替，额枋上作斗拱挑出腰檐翘角，檐顶起平座，座沿围绕栏杆。塔顶攒尖，上置方形须弥座，立金属柱串相轮、露盘、葫芦组成塔刹。

燃灯塔

北京通州区京杭大运河畔的燃灯塔，全称燃灯佛舍利塔，俗称通州塔。据《通州志》载，塔始建于南北朝北周宇文氏时期（557～580年），唐、元、明历代均有修葺，清康熙十八年（1679年）通州大地震塔毁，康熙三十至三十五年

（1691～1696年）先后由“僧明感募建”到“知州吴存礼倡公捐落成”。

塔高53米，平面八角十三层砖构密檐式。塔基须弥座作“亚”字形，其上为仰莲瓣，上承塔身，底层正南面辟拱门，内原供燃灯佛像一尊，其余七面皆装饰性的门窗，每面转角砖砌圆形倚柱，柱顶间砖枋上仿木斗拱托出迭涩腰檐，各层檐椽每角悬挂重为一斤半的铜铃，每层平均184只，全塔共2392只，总重3580余斤。塔刹由八角形须弥座、两层仰莲、铜制相轮图标、铜镜、如意托和扁方柄等组成，其中铜镜是国内已发现古塔中最大者。

古塔凌云为通州胜景。早在明代，诗人王维珍就曾用“云光水色潞河秋，一枝塔影认通州”的诗句，描绘过这座标志着北运河起点城市的气度和风姿。

慈云寺塔

江苏吴江市震泽镇禹迹桥畔的慈云寺塔，建于孙吴赤乌年间（238～249年）。相传三国时孙权假意将妹嫁刘备，准备在刘备前来迎亲时将其杀害，结果弄假成真。后孙权又将妹骗回江东，孙夫人思念丈夫，在震泽建此塔，盼夫到来，故俗称“望夫塔”。南宋初年，徽宗之女慈云公主避难震泽，日夜思念囿于金营的父亲，重建此塔，望北祈祷。

塔高38.44米，平面六角五层木结构楼阁式，翘角飞檐，倚柱圆廊，第三层塔内塔心竖有一抱粗的楠木，直至塔顶，顶为铜质葫芦及多级环圈，由六条浪风索牵引，造型精美。

释迦文尼得道塔

甘肃省博物馆馆藏释迦文尼得道塔，又称高善穆造塔，雕制于南北朝时期北凉沮渠蒙逊“承玄元年岁在戌（戊）辰四月十四日”，即公元428年。

塔高0.446米，圆锥体，由宝顶、相轮、塔颈、覆钵、经柱、基柱等六部分组成，石材雕凿，覆钵式。八面形基柱高0.08米，柱的每面阴刻一“天人”像，四男四女，头背均刻“头光”；像左侧上角各刻一八封符号，表示八个方位。中部圆柱形经柱，高0.072米，柱圆0.46米，周刻发愿文与经文共36行，每行6～10字不等，书法规整，挺拔刚劲，是典型的北朝体。经柱上层为塔肚，高0.09米，周开八圆拱龛，龛内浮雕结跏趺坐佛像七身。塔顶中间阴刻北斗七星。

此塔系1969年在酒泉市城区专署街西南石佛寺湾子出土，为全国现存最古的小石塔，弥足珍贵。

秦峰塔

江苏昆山县千灯镇的秦峰塔，又称美人塔，建于南北朝·梁天监二年（503年），宋大中祥符元年（1008年）重建。相传当年秦始皇曾巡幸到此，故后建塔取名为秦峰。

塔高38.7米，平面方形七层砖木结构楼阁式。塔座大方砖砌筑，塔身底层边宽4米。各层每面有券门，四周共嵌砖刻浮雕女菩萨像44块。腰檐木质柱枋椽、栏和斗拱，上盖小瓦，飞檐翘角。顶刹铁制，高7米，重千余千克，由宝瓶、露盘、相轮、宝珠、顶针组成。

美人塔之称不仅指塔本身精巧，还因塔与自然环境的融合。在春江花月之际，烟雨苍茫之中，远眺兀立于万顷碧波之塔影，真有绰约多姿，婷婷玉立之感。

桂纯宽/摄

双林铁塔

浙江义乌市文化馆内的双林铁塔，铸于南北朝梁大同六年（540年）。

塔残高2米余，平面八角，原五层现存三层，铁铸楼阁式。塔身铸有人物、动物、花卉和水波等图案，内容取材于佛经。二层铸浮雕佛像36尊，分于塔身四面，相间的另四面设壶门，转角铸盘龙。三层铸诸佛96尊与盘龙8层。此塔为国内现存铁塔中建造最早，十分珍贵。

赤城塔

浙江天台县西北赤城山北山巅的赤城塔，原名梁妃塔，建于南北朝梁大同九年（543年），是岳阳王为其妃子所建。

塔高约30米，平面方形七层砖构楼阁式。此塔构造精美秀竣，与国清寺塔遥相对峙，构成天台山佛国风光的主要景观。徐霞客曾颂称："仰视丹霞层面，浮屠栋其顶，尤立于重岚，攒翠间"。故有"赤城西霞"之称。

智者大师塔

浙江天台县城北10千米天台山佛陇真觉寺的智者大师塔，近年重建。

塔连座高约7米，平面六角两层，全用青石雕成，楼阁式，飞檐翘角，底层正面佛龛中置智者大师坐像。整塔刻出栏杆、枋柱、斗拱，构件上有精致的浮雕。

相关链接：我国佛都天台宗创立者智顗（538～597年）于南北朝·陈宣帝太建七年（575年）入天台，建草庵讲经十年，人称天台大师。又因隋炀帝在藩邸时，曾赐号智者，亦称智者大师。塔院大殿中置大师肉身塔，塔院初建于隋开皇十七年（597年），现存建筑系明代重修。

白马塔

甘肃敦煌市西郊敦煌故城南（今党和乡白马塔村）的白马塔，建于东晋·后秦弘始三年（401年）。相传前秦皇帝符坚于建元四年（368年）西征龟兹，嘱咐破西城后要请龟兹高僧鸠摩罗什东归传经。大军于建元二十年（384年）攻破龟兹，又经十七年征服西城三十余国后，于后秦姚兴弘始三年请鸠摩罗什东归。行至敦煌时，鸠摩罗什夜梦所乘白马托梦说，白马本是上界天骝龙驹，受佛主之命特送他东行，现进阳光大道，马将超脱生死。次日醒来，果然白马已死。当地佛教徒遂葬白马于城下，修塔以志，取名白马塔。

现存白马塔高12米，底层直径7米，整体呈明代喇嘛塔风格，以土坯砌成，中有主柱，外涂以草泥、石灰。据刻石有“道光乙巳桐月白文彩等重修”字样。

相关链接：鸠摩罗什（344~413年），后秦高僧。与真谛、玄奘并称为中国佛教三大翻译家。原籍天竺，生于西域龟兹国（今新疆库车）。幼年出家，初学小乘，后遍习大乘，尤善般若，并精通汉语文。后秦弘始三年，姚兴派人迎至长安。他和弟子僧肇等八百余人译出《摩诃般若波罗密经》、《妙法莲华经》、《维摩诘所说经》、《阿弥陀经》、《金刚般若波罗密经》等和《中论》、《百论》、《十二门论》、《大智度论》等共七十四部、三百八十四卷。他介绍了中观宗的学说，为后世三论宗的渊源。成实师、天台宗，也都是本于他所译的经论而创立的。

隋、唐、五代时期

2

栖霞寺舍利塔

江苏南京市栖霞区栖霞寺内的舍利塔，始建于隋仁寿元年（601年），原为木塔，唐武宗会昌年间因灭佛被毁。现存石塔为五代南唐时（937～975年）高越、林仁肇建造。

舍利塔高约15米，平面八角五层，全用石质细腻的灰白石构成，仿木结构楼阁式。底座是宽敞的台基，正面四级石阶，四周石栏围绕。上垒基坛二层，上层平面刻八角连续浅饰花纹，下层平面刻波涛和龙、鱼等生物图；上下层立面刻石榴花、凤凰、狮子等；前后角柱上雕力士，左右角柱雕立龙。须弥座腰部的隔板内，浮雕着释迦牟尼像成道八相图：（1）白象托生母胎；（2）树下诞生，九龙洒水；（3）出游四门（见老病死及沙门四相）；（4）逾城出家，雪山苦行；（5）河中沐浴，村女授乳，树下禅坐；（6）成道；（7）降伏魔王；（8）大般涅槃，昆荼焚化。须弥座之上为莲座，上承塔身。塔身底层高出，全作八角形柱，每面转角雕倚柱。正面作户形，双门紧闭，门上刻门钉七横共40颗，第四横中间刻兽环一对；西面为普贤骑象图，正东、西北、西南和东北四面雕刻天王像；四天王上又镌飞天，形象生动；其背面亦作户门，前后门两旁柱上刻《金刚经》四句偈。塔底层以上五层石檐外伸三宽二窄，檐檐间塔壁各面均雕有两个圆拱龛，内刻坐佛，下有莲花座，上作璎珞花绳。檐下斜面处雕飞天、乐天、供养天人等像，与敦煌五代石窟雕刻飞天技艺相似。各檐仿木构瓦面，顶刹为六节宝相花和莲图纹。它是我国长江以南现存最古而精细华丽的一座石塔。

国清寺隋塔

浙江天台县城北3.5千米国清寺东侧小山上的一座砖塔，相传隋开皇十八年（598年），晋王杨广遣司马弘为佛教天台宗开山祖师智觊建造国清寺与塔。塔高59.3米，平面六角九层，楼阁式，外墙绛黄色。塔内中空，内壁镶嵌许多石刻佛像和隋朝的经碑，塔砖正面还塑有佛像浮雕。

此塔造型别致：层层塔体由下层披檐与上层叠涩莲座束腰，塔墙外扩，成糖串葫芦形，状如擎天华表，异相雄奇，为中国佛教天台宗和日本佛教天台宗的发源地——国清古刹增添了肃穆雄浑之气。

四门塔

山东济南市历城区柳埠镇青龙山麓神通寺遗址东侧的四门塔，建于隋大业七年（611年），是我国现存最早的亭阁式石塔。塔身以大块青石砌成，单层方形，高15.04米，每边宽7.4米，四面各辟一半圆形拱门；檐部叠涩挑出五层；塔顶用二十三行石板层层收缩叠筑，成四角攒尖锥形；顶端由露盘、山华、蕉叶、相轮等构成塔刹，形制简朴浑厚。塔室有方形塔心柱，四面各有后人移置的石雕佛像一尊，皆螺髻，结跏趺坐，面相生动，衣纹流畅。明清以来习称“四门塔”。

南五台圣寿寺塔

陕西西安市南40千米终南山中段南五台山圣寿寺内的砖塔，建于隋代，高20余米，方形七层，楼阁式，底边长7.5米。塔的奇数层南北和偶数层东西两面，各辟拱形券门。塔身磨砖对缝，均作仿木结构，每面各三间，皆有柱、枋及栏额等。每层叠涩出檐，檐下饰有两层棱角牙子。塔顶装七个圆形铁质相轮，最上是铁制呈八角形铁铸塔刹。塔内中空，但由于梯板腐毁，不可登临。

据《关中通志》：终南山中段主峰，以有大

台、文殊、清凉、灵感、舍身五个小台而得名，故庙宇罗列，添加一塔，禅气尤浓。南望终南群峰，翠屏环列，芙蓉插天；北望秦川苍莽，壮丽河山，尽收眼底。神秀终南，五台为最。

文通塔

江苏淮安县城西北郊区，大运河东侧的文通塔，始建于隋仁寿二年（602年），重建于唐景龙二年（708年），原为木塔，后毁。北宋太平兴国九年（984年）在原塔址上改建砖塔，高13丈3尺，约40米，平面八角七层楼阁式。底层较高，且下部砖壁略向内收进，似曾外有一道围墙（现不存）。一至六层腰檐由砖叠涩出跳，一至五层外墙间面互错辟有塔门，六、七两层无塔门。塔内部空腔，各层楼板已毁坏，五层以上是穹窿砖顶，塔冠以简陋的八角形藻井封刹。整塔外观造型因各层收分差距大，如大小八面体堆垒，形成圆锥体，虽无任何雕饰，却也粗犷敦厚，简朴稳重，不失为运河之滨的一方标志。

三江口双塔

浙江建德县城东36千米梅城镇富春江与兰江交汇处有一风景点，称“双塔凌云”，指隔江相望，耸立云天的南峰塔和北峰塔，双塔建于隋末唐初，明嘉靖二十五年（1546年）重修。

双塔形制相同，高约26米，平面六角七层砖构楼阁式。塔壁各面每层交错设真假券门，腰檐以砖叠涩平出，顶六角攒尖，上置塔刹，两塔不

北峰塔
桂纯宽/摄

同之处，北峰塔仅铁铸葫芦加尖针，而南峰塔则是铁铸葫芦承托大宝珠。

双塔凌云为建德（宋咸淳元年升严州，置府）《两峰建塔记》碑称“严陵八景”之一。宋时宋维藩词：“雁刹盘空耸秀，突兀碧云间，百尺栖头上，烟雾锁栏杆”。

南峰塔
桂纯宽/摄

大雁塔

威武雄壮的大雁塔，犹如荷盾伫立的武士耸立在西安市南郊。它是我国盛唐时期遗留的佛教胜迹，成为古城西安的一个独特风姿。塔位于西安市和平门外4千米的慈恩寺内。慈恩寺是唐高宗李治为其母亲追荐冥福而创建。后太宗令高僧玄奘从弘福寺迁至本寺主持寺务，并特意为他修造译经院，聘国内博学高僧和学者协助玄奘翻译从印度带回的佛教经典。为贮藏这些佛经，高宗永徽三年（652年），玄奘依照印度的建筑形式，筑成砖表土心五层方形塔，后经近50年的风雨剥蚀而倾圮。武则天长安年间（701～704年）用纯青砖重建，塔形改为七层楼阁式，登塔攀梯亦改为盘道。

大雁塔名的由来，出于《慈恩寺三藏法师传》卷三中记：摩揭陀国有一僧寺，一日有群鸿飞过，忽一雁离群落羽，摔死地上，僧人惊异，认为雁即菩萨，众议埋雁建塔纪念，故名。

大雁塔平面呈方形，建在一座东西长45.9米、南北长48.8米、高4.2米的台基之上，由地面至顶塔高64.1米，底层每边长25米，青砖砌筑，磨砖对缝，结构严固。塔身仿木构楼阁式，各层壁面均以砖砌成扁柱及栏额。下面两层为9间，三、四两层为7间，最上三层为5间。每层四壁正中均辟券门。底层券门的门楣和门框上均有精美的唐代线刻画，西门楣上的《弥陀说法图》尤为人所称道，传为唐代大画家阎立本的手笔；南门两侧嵌有太宗李世民撰“大唐三藏圣教序”和高宗李治撰“大唐三藏圣教序记”碑二通，书者为初唐大书法家褚遂良，字体秀丽，是唐代遗留于后世的著名碑刻。

大雁塔造型简洁，比例适度，庄严古朴，一千多年来多少文人雅士为之吟诗赞颂。杜甫以“仰穿龙蛇窟，始曲枝撑幽，七星在北户，河汉声西流”的形象诗句刻画人们登塔的险峻情景，展现了塔的雄伟气势。唐代著名的“雁塔题名”，就是在大雁塔举行的，考生录取为进士后，皇帝要在曲江池赐宴，然后让新进士们登大雁塔，在塔内题名留念。诗人白居易29岁时考中进士，在录取的十七名进士中最年轻，因此，他曾有“慈恩塔下题名时，十七八中最年少”的诗句。

小雁塔

陕西西安市南门外荐福寺内的小雁塔，建于唐景龙元年（707年），是我国唐代密檐式砖塔的典型，因其比慈恩寺的大雁塔小，故名。为保存佛教大师义净从印度带回的佛经、佛像而建的塔原十五层，立于砖砌基座上，后经多次地震，顶二层被震坍，现为十三层，残高43.3米。塔的平面呈正方形，底层每边长11.83米，底层特别高，二层以上的高和宽度逐层递减，愈上愈促，自然而然地收顶，呈现出秀丽而又流畅的轮廓线。塔各层南北两开门，底层青石门楣上装饰着唐代的线刻天人供养图与蔓草花纹，雕刻极为精致，为唐代的精美艺术遗产。塔壁不设柱额，每层砖砌出檐，檐上窗之左右用叠砖砌成低矮的平座。塔内设有木梯，可登顶俯视古城全景。全塔造型玲珑秀气，别具风采。

特别令人关注的是，千余年来小雁塔经受风雨剥蚀和多次地震，竟然损而不塌、裂而复位。明成化二十三年长安大地震，塔自顶部至底层裂开一尺余长缝，明正德十六年长安又遭地震，奇妙的是塔非但未倒，反而一夜之间原有的大裂缝重合了。明嘉靖三十四年腊月，长安再发大地震，塔顶虽被震塌，但塔身外观完整，仍保持唐代风貌。

龙兴寺石塔

广东新会市第一中学校园内的石塔，建于隋唐时期，原在县城西大云山龙兴寺内，后迁西山公园假山上，因是广东现存最早的石塔之一，为加强维护而迁入学校。

塔高3.94米，平面八角六层红沙岩刻凿叠筑楼阁式。塔基为八角形平台，上置八面雕刻石栏，塔底层为八角覆盆体，下部刻简单花纹，上部八角雕顶檐菩萨像，二层以上均刻假券门，并有飞起的石刻檐面，顶置覆钵，造型古朴。

玄奘塔

玄奘（602～664年）通称三藏法师，俗称唐僧。唐代高僧，佛教学者、旅行家，与鸠摩罗什、真谛并称为中国佛教三大翻译家，唯识宗的创始人之一。本姓陈，名袆，洛州缑（今河南偃师缑氏镇）人。13岁出家，21岁受具足戒，参学《涅磐经》、《摄大乘论》、《俱舍论》、《成实论》等。他在国内遍访名师，感到所说纷歧，难得定论，决心西行求实，以释所惑。唐太宗贞观三年他从凉州出玉门关西行赴天竺，历种种磨难，边游边学，历时五年到达印度佛教中心那烂陀寺，学到很多经论。后游历印度各地及周边国家，到处参学讲法，又四年后重回那烂陀寺，主讲《摄大乘论》、《唯识诀择论》等，并与各派辩论中获胜，赢得很高声誉，被尊为“大乘天”、“解脱天”。贞观十九年返长安，带回大小乘佛教经律记520箧657部，受到唐太宗的礼遇住长安弘福寺从事译经工作，并撰《大唐西域记》一书，成就卓越，度有弟子数千人。玄奘圆寂后，原葬于西安东浐河东岸的白鹿原上。唐总章元年（668年）于长安县少陵原畔修建兴教寺，迁葬玄奘灵骨于寺内筑塔以资纪念。

玄奘塔平面方形五层，高约21米，每层檐下用砖做成简单的斗拱，二至五层四角皆有倚柱，底层塔身由于后代修理，倚柱没而代之平素砖墙。此塔是我国现存楼阁式砖塔中年代最早（唐）的代表。

莺莺塔

山西运城市永济县西北峨眉塬头普救寺旧址上的莺莺塔，原名普救寺舍利塔，建于唐武则天时期（684～704年），因唐代诗人元稹传奇小说《会真记》又名《莺莺传》中有明确记载，元代戏曲家王实甫所著《西厢记》又取材于普救寺，脍炙人口的红娘月下牵线、张生夜会崔莺莺的动人故事广泛流传，其塔也就改名莺莺塔。当地有一首民谣："普救寺的莺莺塔，离天只有七丈八，站在塔顶举目看，能见玉皇金銮殿。"可见塔之宏伟。

塔高50米，方形十三层砖筑密檐式。叠涩出檐，塔体由下至上收分平缓，四面辟券门或佛龛，塔刹残。虽是明嘉靖四十二年重修，但整体保留了唐代风格。该塔不仅因《西厢记》闻名天下，还因具有独特构造而称奇塔。站在塔前，用石敲击，塔中会传出蛙鸣声；深夜坐于塔西，能听到坡下西厢村农家说笑声；当塔南五里外的蒲州镇演戏，塔下可听到塔中有锣鼓声和演唱声。

莺莺塔同北京天坛的回音壁、河南灵宝市的宝轮寺塔、四川潼南县大佛寺内的"石琴"，并称为中国现存的古代四大回音建筑。

善导塔

陕西西安市长安区郭杜乡香积寺村香积寺内的善导塔，俗称香积寺塔，建于唐中宗神龙二年（706年）。

“香积”取典于佛经所称“天竺有众香之国，佛名香积。”香积寺是中土佛教史上一所著名的寺院，其主持僧善导是唐代弘扬净土宗的高僧，名列第二代祖师，圆寂后其弟子怀恽建塔纪念，故名。据传，此塔竣工时，唐高宗赐舍利千余粒，武则天也曾驾临瞻仰。

因千余年的风雨侵蚀、地震和战乱的破坏，善导塔原十三层，现存十层，残高33米，唐代典型的密檐式。塔身用红色颜料描绘的柱枋、斗拱和窗棂等构件，也是唐塔中所少见。王维《过香积寺》诗：“不知香积寺，数里入云峰，古木无人径，深山何处钟。”可见其历史的久远。

八云塔

陕西周至县西南郊的八云塔，因其底层四面各有两块显著的阴湿痕迹，形似浮云，虽大旱亦不干，故名。从其形制结构推断，为唐代所建。

塔高42米，平面四方形十一层砖构楼阁式。塔身底层较其他各层约高一倍，北面正中辟券门，东、西、南三面各设假券门，二层以上每层仅南、北两面有券门。腰檐以砖砌叠涩斗拱，下外伸上收分。塔顶四角攒尖，塔刹毁。塔内原有木梯可攀登，清代塔内楼板、扶梯全被焚毁。新中国成立后修复，可供登临揽胜。

开元舍利塔

陕西洋县城区开元广场上的开元舍利塔，建于唐开元年间（713～741年），宋、清时期先后多次修葺。

塔高30余米，平面方形十三层砖构密檐式。圆形基台，状如高大覆钵，层层叠涩内收，上连方形须弥座，束腰四面38个壸门，座上塔身底层高大，正面辟门，余三面设佛龛，二层以上各层四面置单层亭阁式小塔和券龛，全塔设小塔92座，券形佛龛51个，内供石雕佛像。塔的造型古朴，唐风犹存。

净藏禅师塔

河南登封市城西北6千米嵩山会善寺山门西边的净藏禅师塔，建于唐天宝五年（746年），塔身砖砌，平面八角，单层重檐，立在高大台基上，通高9米许。在唐代盛行平面四方形建塔的风气中，此塔显得稀有，为我国现存最早的八角形砖塔。其特点：塔身各隅均立有凸出壁面呈五角形的倚柱，柱头承托一斗三升斗拱，两柱头之间用人字拱。塔正面南向开圆券门，内辟八角形塔心室。塔身背面嵌塔铭一方，其余各面垒砌假门窗。塔身之上为叠涩檐一层，平面八角，其上置平面圆形的须弥座和仰莲各一层，以火焰宝珠收顶。塔身雕刻几乎全是模仿当时木构建筑式样，对了解唐代木构建筑形制提供了重要资料。

修定寺塔

河南安阳县西北35千米的清凉山南麓修定寺遗址，有一座浮雕艺术和建筑结构高超的唐代砖雕舍利塔，又名修定寺塔，因塔身表面遍涂一层桔红色，俗称红塔，建于唐乾元元年至宝应元年（758～762年）。

塔残高9.3米，方形单层亭阁式。塔身外壁四周全部用菱形、矩形、三角形、五边形以及直线和曲线组合的各种形状的3775块浮雕砖嵌砌，砖雕面积达300平方米，图案有菩萨、金刚、力士、飞天、侍女、胡人、童子及青龙、猛狮、宝象、天马、花卉、彩带等，题材多达72种，构图严谨，形象逼真，刻技精湛。四隅嵌有马蹄形团花角柱，两侧加滚龙攀缘副柱，上檐外挑，形成雨棚、凹腰，残顶如覆盆，远看像一顶方轿。塔南壁开券门，门楣上镌刻三世佛造像龛，龛内雕佛像、弟子、菩萨、天王等九尊，后有火焰纹背光。塔外壁雕砖与内层砖均采用榫铆相套和相互嵌制的方法衔接，使塔浑然一体，具有盛唐的艺术风格。

泛舟禅师塔

山西运城市西北5千米报国寺遗址上的唐代高僧泛舟禅师墓塔，建于唐长庆二年（822年），其造型为圆形亭阁式，这在唐塔中十分罕见。

塔坐落在一个较高的圆筒形台基上，造型稳重端庄，轻巧秀气。基座的须弥座较低矮，自下而上逐层放大，与圆形塔身相衔接，檐逐层叠涩而成，两层山花蕉叶雕饰与覆钵之上为宝珠塔刹，总高10米。塔身砖雕壶门用隔柱相间，中空；正南面开门，门槛、立颊、门额全为石雕；内室六角形，上部为藻井。塔侧镶有塔铭，记述泛舟生平及其建塔经过。整体造型古朴，雕刻粗细协调，是我国唐代圆形古塔中的典型实例。

明惠大师塔

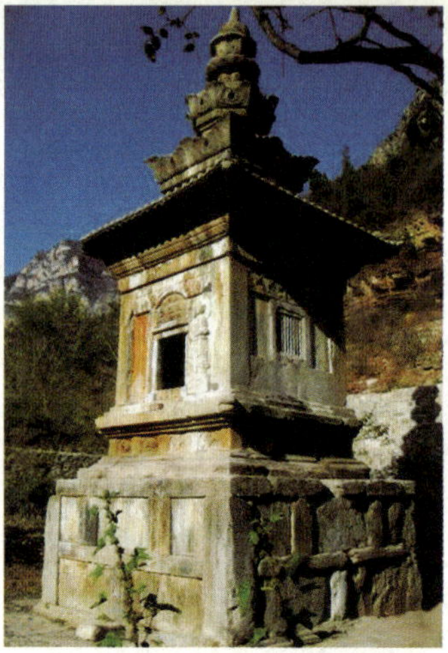

山西平顺县东北35千米红霓村紫峰山下海慧院遗址的明惠大师塔，建于唐乾符四年（877年），高7米，塔体方形，单檐五叠，覆体尖锥顶。据塔背所嵌五代后唐长兴三年（932年）刻记，记述了明惠大师的一段轶事，说乾符四年他住海慧院，有人报道保广要杀大师，师从容地说："吾久于生死心不怖焉，若被所诛，偿宿债矣。"这年正月十三日果然被杀。后由崇昭等捧师遗体火化后的舍利，奉潞州节度使命，建造了这座庄重精美的石塔。

虎丘塔

虎丘塔，又名云岩寺塔，位于江苏苏州市阊门外山塘街虎丘山巅。

虎丘，得名于春秋晚期，有二说：一说吴王夫差葬其父阖闾于此，相传葬后三日"有白虎踞其上，故名虎丘"。一说为"丘如蹲虎，以形名。"

虎丘塔始建年代亦有二说：一说五代后周显德六年（959年）起建，北宋建隆二年（961年）落成。其根据发现塔内两块铭砖，一块记"己未建造"字样，另一块记"庚申岁七月羊日僧皓谦督造此塔"字样。"己未"和"庚申"被分别定为959年和960年，实为砖头烧制时间。一说唐代所建。认为"己未"和"庚申"至少当上推一个甲子，即分别为899年和900年，因为偌大的虎丘塔仅用两年时间绝对建不成；况且塔的外形与大、小雁塔相仿，一脉相承唐风；加之塔内塔外的塑画"摘技牡丹"盛行于唐代，塔内"七朱八白"的画枋与西安唐墓如出一家；又有塔底层砖缝的黄泥灰浆中留存的钱币也只有"开元通宝"和"乾元重宝"等唐钱，塔砖中还有"武丘山"的字样（唐代因避讳皇帝李虎名而改"虎"

为“武”），据此，塔应是一座唐塔。

虎丘寺院自隋至清咸丰年间先后被毁七次，塔连其祸。原来虎丘塔也和江南其他佛塔一样，有轻巧翼然的腰檐，有高耸入云的塔刹，外形如木构高层楼阁那样秀丽。然而，从南宋到清的近千年中，曾七遭火焚和战乱，塔顶和各层木檐均毁。现存砖砌塔身高47.5米，平面八角七层楼阁式。塔身由外壁、回廊和塔心三部分组成，结构比例适度，各层高度并非规则地递减，第六层比第五层反而高出20公分。该塔总高度约为底层直径的3.5倍，塔身的平座、勾栏皆砖筑，唯外檐斗拱为砖木混合用材。塔身外部各层转角砌有“圆倚柱”，每面又以塔柱划分为三间，当中一间为塔门，左右两间是砖砌直棂窗。从塔门至回廊有走道，廊内是塔心。塔身由底向上逐层缩小，轮廓有微微鼓出的曲线，造型美观。

虎丘塔还是我国一座闻名的唐代斜塔。原来，塔建于一块南高北低的巨石上，先人造塔前填土于巨石上，南端填土1米，北端填土厚10米，层层夯实。建塔伊始，塔基就向基础较软的北端倾斜，尽管工匠们建塔时逐层纠偏，但每次加层须待泥浆干透，所以工程进度很慢。据记载，明崇祯十年改建塔第七层时，已明显倾斜，当时曾作过纠正，但未治本。1949年后曾两次在塔的周围钻探，发现塔下基岩有斜坡，因而受6千多吨塔体重压产生不均匀的沉降，加上地下水和雨雪渗透等自然因素的影响，以致造成塔斜。近年采取一系列的保护措施，塔的倾斜得到控制，据测量，塔顶部中心距塔中心垂直线为2.3米，是一座全国闻名的唐代斜塔。

龙虎塔

山东济南市历城区柳埠镇白虎山的龙虎塔，因塔门上雕有龙虎而得名。这是一座四方形的亭阁式塔，从塔的整体造型和雕刻风格推断，塔座和塔身建于唐，塔顶补建于宋。塔高10.8米，石砌三层须弥座塔基，上有覆莲、狮子、伎乐等精致浮雕。塔身由四块长方形石板筑成，每面辟火焰形券门，上部雕龙、虎、佛、菩萨、力士、伎乐、飞天等，以龙虎图最为醒目。室内有方形塔心柱，每面雕佛像一尊。塔顶为砖砌，重檐，檐下双层斗拱承托，顶置覆盆相轮塔刹。整体华丽优美，在现存唐塔中颇为奇特。

九顶塔

山东济南市历城区柳埠镇灵鹫山观音寺的九顶塔，始建于唐，单层八角，顶有小塔九座，通高13.3米，青砖筑砌，表面平素，无装饰。与众不同的是檐顶正八角形平台上，每角均筑高2.84米的三层叠涩挑檐方形小塔一座，加上正中一座高5.3米的小塔，共九座。除中央小塔南向辟门外，其他八小塔分向八面开门。九座小塔呈现优美丰富的轮廓线。明人许邦才《九塔寺记》称此塔："一茎上而顶九各出，构缔诡巧，他寺所未经有"。九顶塔的奇特造型，堪称中国古塔中的奇观。

天封塔

浙江宁波市大沙泥街的天封塔，始建于唐天册万岁元年至万岁登封元年（695~696年），年头年尾各取一字，故名。

塔高54.5米，平面六角十四层（七明七暗）外加地下四层，故有"天封塔十八格"之说。据传塔用堆沙法建造，至今塔旁两条马路泥沙尤存，故名"大泥沙街"和"小泥沙街"。

天封塔为砖木结构，楼阁式。底层六角塔衣檐廊，二层以上层层有平座、木栏，六面塔壁皆辟拱门，砖砌角柱梁枋，上斜撑雕梁斗拱挑出飞檐翘角，角立四只陶塑神兽，角端悬铃铎，塔顶由须弥座、相轮、大小露盘和尖针组成塔刹。

整塔造型柔美，红墙黑檐严谨庄重，独具风格。当地人视作镇郡之宝，是宁波古城标志性建筑。

蔡胜/摄

天封塔经历坎坷，曾多次遭受兵燹，屡毁屡建。南宋建炎三年（1129年）遭金兵焚毁，南宋绍兴十四年（1144年）重建；清嘉庆三年（1798年）塔檐、平座、栏杆又为大火所焚。现存塔为1957年和1984年先后重修。

天封塔屹立于东海之滨，登高望远，山廓海天尽收眼底。明季堂《咏天封塔》：风暖正云闲，危栏怯近攀。眼中分世界，鸟外列江山。南斗云霄上，东溟浩渺间。乘槎余逸兴，高出不愁寒。

相关链接：1957年重修天封塔时，从塔顶发现五代吴越国造置铜塔一座。1982年检查塔基发现地宫藏有银殿、银塔等百余件珍贵文物。

咸通塔

浙江宁波市山西路庄家巷口的咸通塔，又名天宁寺西塔，建于唐咸通年间（860～873年）。据记载，天宁寺始建于唐大中五年（851年），原名国宁寺，民国初改称天宁寺，后毁。国宁寺在唐咸通年间建东西两塔，东塔崩于清光绪年间，现存为西塔，因塔砖铭文“咸通四年造此砖”故名。

塔高12米，平面正方形五层楼阁式。塔基石筑，塔身底层四面开拱门，中空；二层至五层四壁设假门。塔檐以砖叠涩成歇山式外挑微翘。塔顶置方形台座上立方形砖柱为刹。

咸通塔古朴庄重，体现了江南唐塔凝重、含蓄、简洁、内秀的特点与风格，亦彰显了唐代明州人理性精神和美学追求。

蔡胜/摄

大理三塔

云南大理市旧大理城西北2千米处的大理三塔，又名崇圣寺三塔，西临苍山，东对洱海。崇圣寺建于中唐晚期，是大理最大佛寺，历经数次地震与兵燹，今已荡然无存。

三塔均砖砌，一大二小，鼎立于苍山之麓，洱海之滨。大塔与南北两小塔的距离皆70米，气势雄伟。

大塔名千寻塔，正名“法界通灵明道乘塔”，建于公元九世纪中叶，唐代南诏国保和时期（824～839年），一说南诏丰祐时期（829～859年），相传为唐朝建筑师恭韬、微义指导工匠模仿西安小雁塔、河南嵩岳寺塔的形制建造。塔高69.13米，方形，中空，十六级，密檐式。塔立于高大的台基上，塔身每层各面正中开券龛，内置白色大理石雕佛像，左右为窗洞。塔顶四角各有一只铜制的大鹏金翅鸟，传说用以镇压洱海中的龙妖水怪。塔除叠涩腰檐外，全以白灰泥抹面。塔底层高13.45米，是整个塔身中最高一级，西面设塔门。塔顶置铜铸葫芦形宝瓶、天盘、十三天等饰物，高8米。塔内设木骨架，循梯可达顶层，从小孔眼中可眺烟波浩渺的洱海和雄伟壮丽的苍山，令人陶醉。

塔前东边的照壁上有“永镇山川”四个苍劲有力的石刻大字，每字高1.7米，为明代黔国公沐英之孙世阶所书。

千寻塔一侧，是两座南北相对造型相似的小塔，皆为平面八角形十级实心密檐式，各高42.19米，建造年代晚于千寻塔，约在五代时期。南塔塔门距基座平面2米，北塔塔门距基座平面6米，塔墙厚3.3米。两塔二层以上结构相同，大小相近；二层各面间设券门或窗洞；各角为叠加形葫芦倚柱；三层各面倚柱间塑单层方形亭阁式小塔；四层各面倚柱间塑三层方形楼阁式小塔；五层各面倚柱间塑喇嘛小塔；六层以上各面倚柱间皆单层方形亭阁式小塔，其中第八和十层倚柱间各面改设券门或假窗。全塔共塑置小塔（包括倚柱）120座。南北二塔腰檐以砖砌叠涩下外伸上内收构成，檐上斗拱平座，塔顶置铜铸伞盖、三只葫芦和浪风索组成塔刹。

大理三塔高入云表，犹如金茎柱天，故清代称其为“塔峙金茎”圣地。

弘圣寺塔

云南大理旧城西南郊弘圣寺内弘圣寺塔，又称一塔。建造年代无考，但视其形制，具唐塔风格。明嘉靖年间及1981年先后重修。

塔高约46米，平面方形十六层砖构密檐式。基座石板砌成，四面有塔门，可入内攀登。塔身各层之间用砖砌出叠檐。第二至十五层每层四面辟有佛龛，内置佛像。顶有铜制覆钵及铜葫芦，上盖八角形铜伞，造型秀丽。

宝光寺塔

四川成都市新都区宝光寺内的宝光寺塔，建于唐代。塔为平面方形十三层密檐，高约30米，系实心塔，不能登临。塔身底层高大，二层以上层层密檐，檐角翘起，角悬铜铃，塔顶为鎏金铜宝顶，阳光照耀，熠熠生辉。塔每层四面都嵌有鎏金佛像三尊。

该塔有两大特点：一是塔身非常干净，千余年来塔身一直不长苔藓、野草，也无雀粪和蛛网虫窝，故又名“无垢塔”；二是该塔无论从何方向观看，塔身总有弯曲倾斜之感，其原因是塔曾倒塌半截，明代重修时，由于第七层以上略向西歪，又未按原塔比例收分而留下了这个遗憾。

广惠寺花塔

河北正定县生民街路东广惠寺内的花塔，又称多宝塔，始建于唐贞元年间（785～805年），金大定年间重修，明、清等代皆有修葺，是正定古城四塔之一。

此塔造型奇特，结构富于变化，一度被称为“海内孤例”。花塔由主塔和附属小塔构成，全用砖砌。主塔是一座楼阁式建筑，通高40.5米，分四层，各层檐下均配置华丽仿木构斗拱。第一层至第三层平面作八角形，底层中部有砖制圆拱形洞门，斗拱配置奇异，北部辟一券门。第二、三层均设平座，除各面雕以斜棂假窗、方形佛龛外，第三层平座甚大，而塔身显著缩小，檐角拐角处上檐均立力士雕像，以承托第四层塔身。第四层平面呈圆形，是塔的主要部分，也是塔的精华所在，其高度约占全塔通高的三分之一。内檐塔室供奉两尊石佛，外檐以八面八角垂线为中心，交错彩绘浮雕状虎豹狮象龙佛像及楼台亭阁等壁塑。该层上端以砖制斗拱、椽飞、枋子，上覆八角亭式塔檐，再上则冠以八角攒尖形塔刹。主塔底层四隅各附建一座六角形亭状小塔，环抱主塔，高低错落，主次相依，精巧华丽，秀逸壮观。

由于塔体上部形似巨大的花束，故名花塔，寺亦呼之华塔寺。清代乾隆皇帝曾多次到寺拈香礼佛，临塔观览，并题额：“妙光演教”。

凌霄塔

河北正定县大众街北侧原天宁寺内的凌霄塔，亦名灵霄塔，俗称木塔，始建于唐宝应至大历年间（762～779年），但一说唐咸通元年（860年），还有一说金正隆六年，即南宋绍兴三十一年（1161年），正定古城四塔之一。

塔高41.58米，平面八角九层，楼阁式砖木结构。矗立于八角形台基上的塔身，一层至四层是宋代在唐塔残址上重修，全砖结构；五至九层为金代重建，砖木结构。每层正面各辟拱形门或直棂窗，四层至九层斗拱、飞檐皆为木制，从第五层始，各层高度逐层递减，外部轮廓也逐层收缩，给人以轻盈挺秀之感。

此塔最大特点是在塔身第四层中心部位竖立一根直达塔顶的木质通天柱，并依层位用放射状八根梁柱与外部相连，此结构中国现存仅此一例，极其珍贵。

相送链接：1866年3月22日地震时，该塔铁质空心枣状塔刹被震毁，1981年落架重修。1982年2月，在塔基下发现地宫，据出土的两方石函铭文记载，该塔原名慧光塔，始建于唐代宗年间（762～779年），宋庆历五年（1045年）大修，金皇统五年（1145年）重修。

灵光塔

吉林长白朝鲜族自治县塔山上的灵光塔，建于唐代，高15米左右，平面方形五层密檐式砖塔，是我国东北地区现存古塔中最古老的一座。

塔典雅朴素，以竖横的线条和端庄的造型著称，塔身自下而上逐层内收。底层最高，约2.8米，各层均有叠涩塔檐，出檐较长，转角处微微翘起，造型优美。底层正面辟券门，高1.65米，宽0.9米，四面分别砌有褐色大块花纹砖，东西两面阴刻连瓣纹，南北两面阴刻卷云纹，第五层上面为近代修造的葫芦状塔刹。它是唐代在吉林（渤海国）一带盛行佛教的一个实证。

法王寺塔

河南登封市西北6千米嵩山玉柱峰半山腰的法王寺塔，建于唐代，高45余米，平面方形十五层的密檐式砖塔，塔身下部略高瘦，其上施叠涩出檐，挑檐之外轮廓层层收分，至上部五层收缩向内，最上以短短的塔刹封顶。塔下部辟有券门，上部各层檐间也都四面开有一个个半圆券窗。塔内辟方形塔心室可以直达顶部。整体造型挺拔秀美。

辟支塔

山东济南市长清区万德镇灵岩寺内的辟支塔，一说唐天宝十二年（753年）创建，北宋嘉祐年间重修；一说北宋淳化五年（994年）始建，嘉祐二年建成，历时62年。

塔台基八角形石筑，四周装饰浮雕四十幅，现存三十七幅。浮雕内容如“地狱中的莲花”、“最后的半庵摩勒罘”等反映阿育王的政治生活场景，为学术界所关注。塔高55.7米，平面八角九层砖构楼阁式。二、三层设平座、重檐，四层以上皆单檐。各层辟券拱门或装饰精致的假窗棂，檐下华拱两跳。顶冠铁制塔刹，由覆钵、相轮、园光、仰月、宝珠组成、并有八条浪风索由九层檐上的八尊金刚引至塔内延续到地下而避雷。底层至四层塔内空心、由塔心柱设登临梯道，五层以上塔心柱与外墙合为一体，登塔沿塔身外檐盘旋上下。

整塔造型匀称、比例适度、逐层递减，收分得体，雄伟壮观。

注：辟支——典出佛教，音译为“辟支迦佛陀”，简称“辟支佛”，意为“广施法力”。

澄灵塔

河北正定县生民街东侧临济寺内的澄灵塔，俗称青塔、衣钵塔，又称慧照澄灵塔、义玄禅师塔、临济寺澄灵塔，是保存临济宗创始人义玄法师衣钵的灵塔，始建于唐咸通八年（867年），是正定古城四塔之一。

塔高30.4米，平面八角九层密檐式实心砖筑，建在八角形砖砌基台上，台上为石砌基座，再上是砖砌须弥座。束腰正面镶嵌着清雍正十二年谕旨石刻。须弥座上是同勾栏、斗拱组成的一围平座，平座上以三层仰莲承托塔身。塔身底层较高，四正面为砖雕拱形假门，四侧面饰方形假窗，转角刻圆柱。正面有“临济慧照澄灵塔”石匾，第二层以上层高递减，密檐相接，各开间宽度也相应递减，形成协调的轮廓线。塔各层下均施砖仿木构斗拱，各檐角梁为木制，檐瓦、脊兽和套兽均为绿琉璃制作，各檐角悬挂风铎。塔顶覆绿琉璃瓦，塔刹由仰莲、宝瓶、相轮、圆光、宝盖、仰月、宝珠等组成。整体造型显得清秀玲珑，稳重挺拔。

钟祥文风塔

湖北钟祥市（古郢城，又名石城）龙山之巅的文风塔，又名白乳高僧塔，唐广明元年（880年）创建，据载："昔黄巢起兵于寺，戳一僧，刀方加，白乳流出，巢异之。邦人敬礼，累土为浮图"，后毁。现存古塔系明洪武二十二年（1389年）重建，形制富有元代风格。

塔由地宫、塔座、覆钵、相轮、宝盖和刹顶六部分组成。塔基座由下至上呈递减八边形，上为覆钵，钵体辟眼光门。塔身相轮一般级数为十三天，而此塔的体形却从喇嘛塔的形制脱颖而出，从钵肩而上逐级递减呈二十一重圆环形，其高占全塔总高的半数以上，每层圆环下并设类似斗拱的砖饰。宝盖铜制，为三层车轮式的圆盘，上嵌三个"元"字，象征"连中三元"之兆。塔刹亦铜制葫芦加避雷装置和加固刹顶的浪风索。地宫珍藏有佛教圣物："佛像一尊、辟支佛舍利二颗、柏达师舍利二十颗、碧峰师灵骨一枚。"

文风塔形若锥体，底宽10米，通高26米，砖石实心砌筑，通体雪白，矫健矗立。当时钟祥县出了几位科考之士，获得榜上题名，认为"邑中人文风之盛，盖由于此。"故称"文风塔"。时人有一首《吟文风塔》诗："空前绝后一支笔，俯瞭群山颇觉低。世上无人称高首，任它倒插对天题"。"白塔穿云"是钟祥市引人注目的标志。

法兴寺舍利塔

山西长子县东南15千米慈林山法兴寺圆觉殿南的舍利塔，又称石殿，建于唐咸亨四年（673年）。

塔通高约12米，平面回字正方形砂石板结构单层亭阁式。塔室每边长8.8米，安拱形石板门，基层檐墙与内槽墙均用石板叠涩，塔檐叠出三层，内部构成四方藻井，上面四坡施檩椽、斗拱支檐，脊吻皆备，四角攒尖宝珠封顶。下层内槽可绕行一周，四壁有壁画，人物形象端庄，服装色彩深沉。室顶藻井内浮雕八瓣莲花，十分精致。

舍利塔造型与山东历城柳埠镇的隋代四门塔、河南安阳清凉山修定寺的唐乾元年间的三生宝塔同属一类形制，为我国现存古塔中所罕见。

大胜塔

江西九江市能仁寺大雄宝殿东南侧的大胜塔，始建于东晋，后毁。唐大历年间（766～770年）白云端禅师重建，殿、塔并起。元至正十二年兵祸，寺毁塔存完好。清咸丰年间，又遭兵燹，塔毁三级，同治十一年由九江关督白景福募捐修复，并于塔下镶嵌白所撰《重修大胜宝塔碑记》一方，碑文清晰，记载颇详。

塔高42.26米，平面六角呈锥状，共七层，重檐楼阁式。底层对角直径长8.9米，底层塔身较高，以上各层高度和平面大小依次递减，各层皆以砖石砌筑短檐和小平座，塔体各面皆开一券门，塔刹清秀坚挺。塔的造型刚劲，与同时期的北方古塔韵味相近。但塔檐之檐角微起，使外形轮廓线又显出几分波折，显然又受到南方古塔的影响。

光塔

广东广州市越秀区怀圣寺内的光塔，建于唐贞观年间（627～649年），相传阿布·宛葛素为纪念穆罕默德而建怀圣寺，同时建塔。

光塔形式特殊，不分层级，高36.3米，青砖砌筑，圆筒形塔身，向上稍有收分，表层涂抹灰沙，塔身开长方形采光小孔，塔内设二螺旋形楼梯，双梯绕塔心盘旋而上，各自直通塔顶。塔顶原有金鸡风标，明初被飓风所坠。

光塔是伊斯兰教徒在星期五“主麻日”和伊斯兰教节日到怀圣寺聚礼时，常上塔顶以阿拉伯语呼喊“邦卡”，与粤语“光塔”谐音，故名。

相关链接：怀圣寺是伊斯兰教传入中国后最早建立的清真寺，它与扬州仙鹤寺、泉州麒麟寺、杭州凤凰寺合称中国伊斯兰教四大古寺。

大姚白塔

云南大姚县西郊宝伐山文笔峰顶的白塔，俗称磬锤塔，始建于唐天宝五年（746年），是我国仅存的一座形制特殊的佛塔。

白塔高15.5米，塔形上大下小。据《云南通志》载：“建于唐时，西域番僧所建，尉迟即梵僧名。”考证亦确认塔为唐代益州双流（今四川境）尉迟和尚主持建造。白塔由基座、八角柱、圆锥形体三部分组成。须弥座（基座）从地表向上叠砌十二层砖，上再叠涩出挑四层檐，然后逐渐向上叠涩内收四层，在须弥座上成其中部；中部起筑八角柱，每边长1.5米，高3.32米；八角柱上叠涩出挑十二层密檐座，高1.74米；座上砌成椭圆锥形体，最大圆锥体处直径6.16米，高7.99米。按惯例，磬锤上应有塔刹，但此塔缺失，可能遭毁。整塔远远望去，形同一个根基朝天的倒立萝卜。

白塔塔身由梵、汉文字铸砖砌成，《大姚县志》载，白塔砖有字曰：“唐尉迟敬德监造，与昆明东、西寺塔砖字同。”塔身上除多刻梵文砖外，汉字刻砖文有：“大佛顶”、“八大灵塔咒”、“十六诸佛镇塔咒”、“资益谷塔咒”、“阿佛恶意正极咒”、“尉迟监造”等，相传每砖铸一句经言，合在一起便是一部佛经，实为我国古塔建筑中之罕见。

从塔的形制和各种迹象分析，此塔是密教的遗物。印度的密教除流行于西藏和中原外，还有一支传入云南大理地区，称其“滇密”。大姚白塔为我国留下了南诏佛教史上的一个遗物。

神光岭地藏塔

安徽青阳县九华山神光岭肉身宝殿内的地藏塔，全称金地藏菩萨肉身塔，俗称肉身塔，始建于唐贞元十三年（797年），初为三级石筑金地藏墓塔，明万历三十四年（1606年）神宗赐封九华山《护国月身宝殿》匾额，颁银重修塔殿。先造大塔罩在小石塔上，再造殿护祀。

金地藏菩萨肉身塔

塔高17米，平面八角七层华贵木质结构楼阁式。塔基用方形汉白玉石砌成，塔体每层八面皆宽大佛龛。底层各面龛内供一尊金地藏坐式金装塑像，两侧辅以闵公父子的侍立塑像，龛门饰以镂空云纹木框。二层以上，各层每面龛内供一尊金地藏坐像，龛门饰宽边镂空云纹框，内置拱门式背屏，上书经文。塔体全木构柱、枋、雀替、叠涩、斗拱、挑檐、飞角，端头各悬风铃，塔顶铜质鎏金覆钵、葫芦塔刹。

整塔造型精雕细刻，玲珑剔透，华贵富丽，严谨庄重，是九华山最为神圣的建筑。元末陈岩《金地藏塔》诗曰：“八十四级山头石，五百余年地藏坟。风标塔铃天半语，众人都向梦中闻。”明代邹元标《地藏塔》诗赞：“神塔标千古，真身镇佛门。”

相关链接：古新罗国王子金氏近属金乔觉（有史料称其俗名金守忠，乔觉系其圆寂后，世人尊崇金地藏菩萨所谥予的称号）于唐开元末（731～741年）来九华山修行，贞元10年（794年），99岁的金乔觉圆寂，弟子将其身坐于石函中，三年后启缸，竟“颜状如生，兜罗手软，骨节有声，如撼金锁”，众僧遂将其安于南台，又名神光岭，因南台小石塔之处夜间常发“圆光如火”，赞为“神光异彩”，于是将安厝金地藏肉身的南台，更名为神光岭，俗称老爷顶，即今“护国月身宝殿”址。

白犬塔

安徽青阳县九华山后山九子岩华严禅寺（九子寺）旁的白犬塔，正名谛听方塔，建于南宋。相传，金地藏从新罗国渡海来唐，随身带有一匹神奇的白犬，名“谛听”，又称“善听”，亦称“独角兽谛听”，是金地藏的坐骑。现存九华山的珍贵文物中，有一只明代青铜铸谛听，又名“独角兽”，长73厘米，高66厘米，造型似虎非虎，似狮非狮，似麒麟又生独角，是后人根据金地藏坐骑“善听”故事加以想象、美化创造的艺术珍品。

白犬塔高9米，方形七层石筑朝鲜塔式。塔基石筑须弥座，束腰层外伸，上下层沿与束腰内壁雕饰云朵和链环纹样。座承塔体，底层较高，正面辟拱形门洞，内供石塑蹲坐式兽像，门上沿顶四面叠石枋承托翘角腰檐，塔身腰檐逐层收分，顶置石雕覆钵及葫芦。整体造型呈方锥状，简洁无华，古朴玲珑，至今完好无损。

泉州开元寺双塔

福建泉州市开元寺紫云殿前的双塔，东西对峙，相距约200米，俗称泉州东西塔或开元寺双塔，是我国现存最大的一对仿木构楼阁式石塔。塔檐斗拱支撑挑檐的仿木结构形式，可谓鬼斧神工。而塔基须弥座部分的各种花卉卷草、飞禽走兽及佛教故事的人物雕刻均造型饱满，线条清晰、流畅。成为这一时期建筑石工工艺技术上的典范。

东塔名镇国塔，始建于唐咸通六年（865年），由倡建者文禅师建成五层木塔。前后经过几次毁坏与重修，易木为砖。至南宋嘉熙二年（1238年）本洪法师又易砖为石，动工改建。后由法权法师、天锡法师继建，历经十年，于南宋淳祐十年（1250年）完工。塔高48.24米，平面八角五层楼阁式，塔平面结构分外回廊、塔壁、内回廊和塔小八角柱四部分，外回廊护以石栏，可环塔而行。塔壁以雕琢的花岗石纵横交错叠砌，计算精确，筑工缜密。每层开四门，设四龛，位置逐层交错。每门、龛两侧皆有武士、天王、罗汉等浮雕像80尊。塔基砌以青石浮雕的释迦牟尼故事，雕琢精致。整塔为框架结构，正中的塔心柱直贯于各层，是全塔的支撑，坚实稳固。

西塔名仁寿塔，始建于五代。梁贞明二年（916年），初为木塔，屡毁于火。南宋绍定元年（1228年）改建石塔，嘉熙元年（1237年）竣工。塔高44.06米。除须弥座石刻图案与东塔稍有差别外，其形制、尺寸规格与东塔完全相同。

双塔历经750余年风雨侵蚀、地震摇撼仍不倾斜变形，表现了宋代泉州石构建筑和石雕艺术的高度成就，是我国古代石构建筑的珍品。

延安宝塔

陕西延安市东南宝塔山，原名嘉岭山。山上的宝塔，建于唐大历年间（766～778年），宋仁宗庆历年间（1041～1048年）重建。

塔高44米，平面八角九层砖筑楼阁式。塔的底层有两个拱门，门额上分别刻有“高超碧落”、“俯视红尘”字样。塔身逐层收分，形体均匀，外壁平素无饰。青砖叠涩构成每层腰檐，二至八层各面交错仅辟一门，九层八面对开四门，塔盖八角攒尖，立锥状，无塔刹。塔内中空，有阶梯可登临远眺。

相关链接：北宋时范仲淹以户部郎中的身份驻节延州，注重教育，在嘉岭山创建嘉岭书院。曾书“嘉岭山”三个大字。后人刻在山石上，至今犹存，每字高3.68米，宽3.37米，为山上重要的古迹。

飞英塔

浙江湖州市城内东北隅的飞英塔，始建于唐中和四年（884年），是一座大塔罩小塔的奇特建筑。

徐敬宾/摄

小塔为石塔，唐中和四年因请得高僧所赠的舍利七粒及阿育王铜虎面像而建石塔珍藏。现存石塔重建于南宋绍兴年间，塔上刻有绍兴二十四年和二十五年的题记。塔为八角五层仿木结构楼阁式，白石分段雕刻砌叠而成，残高14.55米，塔顶已毁。石塔四周有精工雕凿的释迦牟尼佛涅槃等浮雕图。

大塔罩于石塔外面，原高47米，现残高36.3米，底层直径11米，平面八角七层砖木结构楼阁式，一至四层中空，沿内壁悬挑出各层平座和扶梯，与各层外平座相通。上三层都设有楼面，四至七层有平衡式天花图案，六层底架设有十字交叉的千斤梁，悬挑27米高的塔心柱，直插塔尖。各层平座外沿置栏杆，塔壁各面辟套框拱门或假拱门，塔檐翘角以梁架斜柱顶撑。顶部八檐攒尖上置短细塔刹。

整体造型轮廓线条柔美，既有江南砖木结构塔飞檐翘角的风姿，又具中原砖塔墙体简洁浑厚的大气。

泖塔

上海青浦县沈巷镇西南泖河中小洲上的泖塔，建于唐乾符年间（874～879年）。唐宋间小洲为泖湖中心，为江南水乡胜景，泛舟游湖者甚多。当时有僧人如海在湖中心筑二亩许之台基，建泖塔于上，并凿井建亭，名澄照塔院。

塔高约20米，方形五层砖木结构楼阁式。砖石台基上起塔，底层围以塔衣檐廊，一面开拱门，内空循梯登临。二层以上叠涩平座，外沿四面围以雕花木栏。塔体外壁四面十二柱穿枋上起十二组四支梁斜撑斗拱飞檐翘角。二和四层四壁开拱门，三和五层间面开拱门。塔顶四角赞尖，上置覆钵和仰钵、相轮、露盘、宝珠等组成细长的塔刹。造型工整简明，具有唐代风格。

当年泖湖水面广袤，来往船只均以塔作标，晚间悬灯于塔顶层，船至塔下，可登塔院饮茶休息。明代以后，泖湖淤涨成田。如今高架的高速公路由塔的北侧而过，游客可一睹塔的风姿。

光孝寺双铁塔

广东广州市红书北路光孝寺大殿后东西两隅的两座铁塔，是我国现存年代最早的铁塔。置于殿东的名东铁塔，殿西的名西铁塔。双塔形制相同，均铸造于五代十国时期。

东铁塔铸于五代·南汉大宝十年（967），是以南汉主刘鋹的名字铸造的。塔高7.69米，其中石刻须弥座高1.34米，塔身

6.35米，四方形七层楼阁式。塔壁四面上下铸有九百多个小佛龛，每龛铸有小佛像。每层四面设假拱门，内供弥陀佛。初成时全塔贴金，有“涂金千佛塔”之称，日久金落而呈铁锈色。塔身下有莲花铁座，四周雕有“行龙火珠”与“升龙降龙火焰三宝珠”，造型生动。

西铁塔比东铁塔早建四年即南汉大宝六年（963年），是刘鋹太监龚澄枢与邓氏三十三娘联名铸造。东铁塔的形式是仿西铁塔所铸。抗日战争时期被毁四层，仅存下三层塔身、莲花铁座和石质基座。现已仿旧修复。

东西铁塔旧时贴金装饰，辉煌夺目，清代有诗曰：“铁塔寺东西，涂金同一色。突兀镇宝坊，千秋龙象力。”

宏觉寺塔

江苏南京市江宁区牛首山宏觉寺遗址处的砖塔，始建于唐大历元年（766年）代宗感梦，敕建于殿左。明代重修，是南京市南郊现存最大的一座古塔。

塔高约25米，平面八角七层楼阁式。塔身粗壮，墙呈赭色。每层各面正中辟拱形门，四隐（假门）四现（真门），各层真假交错，门顶两侧各有小窗。每层塔壁仿木倚柱横枋叠涩斗拱及平座痕迹犹存，但各层腰檐、栏杆和塔顶铁刹已毁。

相关链接：1956年7月考察时，发现塔底地宫中央，上有一砖制圆盖，直径为0.415米，反面雕刻花纹。地宫深1.06米，底0.835米见方，有砖砌的筒券。洞内有一座鎏金喇嘛塔，下为四边雕刻花纹的须弥座，座高0.16米，塔高0.35米。塔底下枋上，前刻“金陵牛首山弘觉禅寺永充供养”，后刻“佛弟子御用监太监李福善奉施”。塔肚有四个壶门，内各供释迦、韦陀等佛像。塔顶置相轮、十三天、宝盖、葫芦刹顶，制作精致玲珑。此外还出土有瓷罐、玉瓶、兽角雕刻的佛像等。地宫文物现均收藏于南京博物院。

甘露寺铁塔

江苏镇江市东北江滨北固山上的铁塔，原名卫公塔，因唐穆宗长庆间，宰相李德裕（谥号卫国公）任浙西监察史兼润州刺史时，乃将长干里（今南京市内）的长干寺一部分佛舍利移置他所创建的京口（今镇江市）北固山甘露寺，于宝历间建石塔供养。乾符间寺塔因火俱毁，但埋藏的舍利无恙。宋宁熙二年再度发现，元丰元年冶黑金（铁）重建九级浮图，重瘗舍利，故俗称铁塔。

塔原为八角九层，高约13米，明万历十年（1582年）塔被大风刮倒，后经寺僧性成、功琪募款重修。清同治、光绪年间塔屡遭大风和雷电袭击，仅存塔座及一二两层。新中国成立后多次维修，将清光绪十二年（1886年）被雷击而倒在寺院的三四两层塔壁安装复位。现塔残高约8.5米，其中须弥宝座式塔座高约2.5米，座上镌如意水纹、卷浪等图案，座的束腰每面雕有壶门和佛像。塔身每层八面上下交错四门，门左右侧铸立佛，另四面壁上铸飞天、莲座、坐佛、站佛等。仿木结构柱枋斗拱挑出腰檐平座，因历经破坏，塔檐残缺不全，塔壁与平座衔接处多有剥蚀，但仍不失古朴的气质。

绳金塔

徐敬宾/摄

江西南昌市猪市街绳金寺内的绳金塔，始建于唐天祐年间（904~907年），清康熙四十七年塔圮，五十二年重建。相传建塔时掘地得一石函，内有金绳四匝，古剑三把，金瓶舍利三百粒，故称绳金塔。

塔高59米，平面八角七层砖木结构楼阁式，底层周长33.6米。塔壁四面券门四面假门，各层交错设置。梁柱穿枋出挑斜撑飞檐，檐上斗拱平座，座沿每角立柱，柱间三间木栏，栏内走廊绕塔与塔内相通，各层楼梯贯通。塔顶八角攒尖，上置金鼎和铁葫芦。

清乾隆五十三年（1788年），因城内外屡发火灾，故铸金鼎，铭刻48字，置塔顶以镇火。其中铭有“水火既济，坐镇江城”句。

泗洲塔

广东惠州市西湖西山的泗洲塔，又名玉塔，始建于唐代，为纪念泗洲（古循州）大圣僧伽而筑，北宋文学家苏轼谪居惠州时称之为大圣塔，写有“一更山吐月，玉塔卧微澜”的诗句。“玉塔微澜”遂被誉为惠州西湖一景。

塔高约30米，平面八角，明七层双檐，暗十三层，砖木结构楼阁式。塔壁各层开拱门，四真四假，上下层交错设置。八角倚柱顶檐并挑斜撑，腰檐叠涩斗拱而出，塔顶飞檐翘角，上置平座、相轮、宝珠、尖针组成塔刹。

明嘉靖四十三年（1564年）塔毁，万历四十六年（1618年）重建。清光绪初年雷损塔顶一角，新中国成立后修复，并增建步级扶梯，登临塔顶可眺惠州全景。

红塔

江西景德镇市旧城（浮梁古城）西隅一土丘上的红塔，原名大圣宝塔，又称西塔，因塔体近似红色故名。据《浮梁县志》载：“西塔寺在西隅，唐太和六年僧度创，塔高十三丈。宋建隆二年县民黎文表倡造，明万历三年，塔重修。”

红塔高约41.11米，平面六角七层砖筑楼阁式。塔平地而起，底层较高，仅设一面高大的入塔洞门，以致第二层无平座，第三层以上均有平座。二层以上每层设三面券门，余三面假门。塔墙每回二朵铺作，角上有转角铺出。塔墙厚度大，塔心室虽小，却有平斜步道可以登临，室的仰顶以菱角牙子叠涩构成。

红塔建筑用砖规格复杂，多至数十种，质地很高。据测试，砖的强度比现在机制红砖强度高出一倍多。可见，作为瓷都的景德镇，早在宋代，砖窑的烧制技术已达到高超水平。

高邮双塔

江苏高邮县城西门湾运河上，矗立着两座古塔，一名镇国寺塔，俗称西塔；一名净土寺塔，俗称东塔。

镇国寺塔始建于唐僖宗乾符至文德年间（874～888年），原为九层，清嘉庆十五年（1810年）被大风损坏三层，光绪三十二年（1907年）重修。

塔高25米，方形七层砖构楼阁式。底层南北辟拱门，二至七层四面券门，门两旁设小佛龛，塔壁转角砖砌圆形倚柱，每面中间砖砌圆形壁柱二根形成三间，塔墙白泥涂抹，上雕不规则浮纹，柱端砖砌叠涩斗拱出檐。塔内第七层砖顶为斗八式藻井，在交叉的木梁上立木柱直至塔刹。塔顶四角攒尖，上置覆钵、铜制葫芦。塔形轮廓留存唐代建筑的风格。

1956年拓宽京杭大运河时，为保护此塔，在其四周直径100米以内填土筑堤，形成运河中的一座小岛，高塔耸立其上，别具风味。

净土寺塔建于明神宗万历年间（1573～1620年），高26米，平面八角七层砖构楼阁式。塔顶生长着几棵杂树，其中桃树一棵，春日桃花竟放，夏日硕果累累。树丛掩映着铜铸的相轮、莲瓣仰托的宝珠，使塔刹有种空灵之感。

镇国寺塔

净土寺塔

开元寺须弥塔

河北正定县城中开元寺内的须弥塔，建于唐代，明、清时期皆有修葺。

塔高48米，平面方形九层砖构密檐式。石筑台基承托塔体，底层较高，辟有拱券门洞，但不能登临，二层以上各层四面皆有小窗。腰檐下部叠涩挑出，涂黑灰；上部叠涩逐砖收分，呈坡状，涂米黄灰，与整座塔壁同色。塔顶置小座，上立金属相轮、葫芦封刹。

塔的形制古朴，保存了唐代风格。

保俶塔

浙江杭州市西子湖畔宝石山上的保俶塔，又名应天塔、宝石塔、保叔塔、保所塔。据明代田汝成所撰《西湖游览志》载："保所塔，延爽建，九级。"五代时吴越国开国君王钱镠（852～932年），公元907～932年在位26年，时封巨石山为寿星宝石山。五代·后汉天福十二年（947年）钱镠之孙钱弘俶（即钱俶）继立吴越国王。北宋开宝元年，大臣吴延爽（俶母舅）发愿就在宝石山顶建九层高塔，名宝所塔，又称应天塔，取"顺应天意"之义。宋太祖赵匡胤平江南时，钱俶出兵策应，后入朝，仍为吴越国王，但久留未归，吴越国大臣们为祈求弘俶平安归来，遂将宝所塔改名保俶塔。此事明代浙江乌程（今吴兴）人朱国桢所撰《涌幢小品》中的有关记载亦为佐证。

保俶塔从宋咸平元年至清嘉靖二十三年的五百多年间，屡毁屡建，现存塔体为民国22年重建。塔高45.3米，平面六角七层楼阁式实心砖砌，形体线条平缓柔和，底层及台基小，以致整座塔身几乎与地面相垂直的视觉。游人登上宝石山，至塔下仰望，顿生崇高伟大的敬畏之情。山下远望保俶塔，亭亭玉立，秀丽玲珑。其侧影溶入西湖碧波，格外优雅隽美。

自北宋开宝8年至民国13年的九百多年间，西湖边的雷峰山上有座雷峰塔，其形态同保俶塔绝然不同。人说：“雷峰如老衲，保俶如美人。”道出了当年两塔的不同丰姿。

福州乌白双塔

福建福州市中心区于山（九仙山）下东西耸峙对立的双塔，一名乌塔，一名白塔，构成“榕城”特有的风光。

乌塔的前身为唐贞元年间（785～805年）福建观察使柳冕为德宗皇帝祝寿祈福而建无垢净光塔。唐乾符六年（879年）塔被农民起义军捣毁。五代·后晋天福六年（941年）闽王王延曦为自身、眷属及臣下祈福，便在净光塔遗址建塔，称崇妙保圣坚牢塔，原拟造九级，当建到七级时，王被臣属所杀，工程因而草草结束。

崇妙保圣坚牢塔因用青色花岗岩砌筑，塔身外表略呈乌黑，故称乌塔。塔高32.86米，平面八角七层楼阁式。塔基已没土中，塔座为须弥座，转角设倚柱。数层叠涩出檐，层层收分，上施平座栏板，栏板双面浮刻勾片纹，回护周廊。塔身第一层东面设门，南、西、北等七面塔壁各设一供佛石龛，内镶黑色页岩高浮雕佛像一尊；八角各立一尊金刚，着盔披甲，各执剑、牙铲以及宝珠、铃铎、琵琶、凉伞等法器（明代天启元年加修镶嵌）。

二层以上塔壁各面开方形门洞，内供一佛，形态各异；八角立倚柱，门上沿两层仿砖叠涩和两层仿木斗拱出挑塔檐和檐上平座，座上置白石栏杆。塔顶八面坡，覆钵结顶，上置圆球、宝相、露盘、铁葫芦，露盘八方各垂浪风索连接塔顶八角脊端，构成塔刹。塔内层层石阶通道既连层廊，又串联塔顶，登临一览山光海色，不胜怡兴。

白塔，正名定光塔，在于山西麓白塔寺内，建于唐天祐元年（904年）。据碑刻记载，在辟基时发现一颗光芒四射的宝珠而得名。其形制和乌塔一样，平面八角七层，高41米，本是一座砖身外围环木檐廊楼阁式砖木结构，明嘉靖十三年（1534年）遭雷火焚毁，二十七年（1548年）重建，将残存砖轴内削低四分之一，木梯改装在砖轴内，以供登临。腰檐叠涩短浅，各层间面设券门或假门，塔顶覆钵、葫芦细小，塔壁外敷白灰，故名白塔。

白塔

乌塔

安阳天宁塔

河南安阳市文峰路西北隅天宁寺内的天宁塔，又称文峰塔，建于五代·后周广顺二年（952年），高38.65米，平面八角五层楼阁式。塔基高2.6米，周长43.2米，平面呈八角形，基上有螺发状莲瓣七层，上下交错，磨砖装饰。塔身座于莲瓣，由下至上逐层增大，呈伞状。底层塔身较高，辟拱门和直棂窗，其门、窗、倚柱等处饰以蟠龙、双龙、花卉、卷云等浮雕，每面额枋下均有浮雕画，内容为佛像和佛传故事。腰檐由砖雕斗拱承托，有的补间斗拱做成斜拱，檐上筒板瓦盖。二至五层塔身有相互交错的通风门洞，以防风力直灌有损塔构。

天宁塔形体特殊，塔形底小顶大，上檐水不落下檐，从第五层平台上可见塔底，在国内古塔建筑中极为少见。塔内有盘旋梯道登临，顶平台可容二百余人。平台中央立一座高约10米的喇嘛塔作塔刹，这在全国现存古塔中也为数不多。

天宁塔系砖木结构，赭红色的塔身，配以各层绿色琉璃塔檐，富有中国古代宫殿建筑艺术风格。

龙兴寺塔

山西新绛县（古绛州）城内大街北端的龙兴寺，始建于唐，原名碧落观。五代后晋时，赵匡胤（927～976年）曾在此寓住（传说栖身读书），后周时任殿前都点检，领宋州归德军节度使，掌握兵权，显德七年（960年）发动陈桥驿兵变，黄袍加身，国号宋。因此碧落观改名龙兴宫，后因僧侣占居，又改称龙兴寺。

寺大殿后高崖上的宝塔，俗称龙兴寺塔，又称绛塔，始建年代无考。据寺内唐总章三年（670年）所刻碧落碑记载，塔八级。由碑文字里行间信息推测，塔应建于唐。清乾隆四十年（1784年）对年久塌落的宝塔重包以外皮，并增高到十三层。

塔高约40米，平面八角，磨光青砖砌筑密檐式。塔身各檐下的椽、柱、斗拱均为砖砌仿木结构，制作工细。塔顶筑六角台座，座上六面攒尖，冠以铁铸重约400千克，高2.3米的葫芦。塔每层均有题额，由底层至顶层分别为：一柱擎天、两茎仙掌、三汲龙门、四大跻空、五云献瑞、六鳌首载、七星召应、八风协律、九陌看花、二园蓉境、十方一览、十二碧城、十州三岛。既切题，又有寓意。

龙兴塔还有闻名于世的冒烟奇观。据1941年《重修新绛龙兴寺碑记》载："光绪己亥塔顶腾烟，佥为青云直上，为以发达科名之征兆。"1972年中秋节前后再现冒烟奇景：每天将近黄昏塔顶升起青烟，持续约半小时，延续旬余，每次围观者数千人，其因众说纷纭。塔下孝义坊村民丁忠合攀登塔顶探秘，果见蚊虫聚绕，后用粘着蜜汁的布袋兜捕，所获甚微。

龙兴寺塔塔体造型呈尖锥状，结构精巧，雄伟秀丽。

大云寺方塔

山西临汾县西南隅大云寺（铁佛寺）内的方塔，与寺同时始建于唐贞观年间（627～649年），清康熙三十四年（1695年）地震毁坏，五十四年重建。

塔高30余米，方形六层楼阁式。一至五层为方形，第六层八角形。各层均有琉璃构成，镶成仿心（券门、方形窗、横额），内容为佛、菩萨、罗汉、弟子及佛传故事，为阳城县匠师所作。塔底层中空，内置高6米、直径5米的铁铸佛头，造型丰满，眉目端正，当系唐代原作。

桑耶寺四塔

西藏扎囊县雅鲁藏布江北岸桑耶寺乌孜大殿外四角的四塔，据记载，寺的建筑布局和形式是以佛教关于天圆地方的世界结构理论和学说，中央取佛教中山王的须弥山建正殿即乌孜大殿，殿的四角取四大天王之相，分别建红、白、绿、黑四塔，代表四大天王。

四塔形制相同，颜色各异。塔基方形，正面辟门，内设两层，有木梯可登二层，二层设佛龛室，内供佛像或佛塔。塔身钵体红、绿、白三塔相同，正面设鎏金双圈花纹装饰眼光门；黑塔身呈三角形覆钵，无眼光门。钵肩置方座，上置相轮、伞盖、仰莲承托仰月、宝珠。

红塔位于大殿西南角，塔身底座五阶圆形逐层收缩。

绿塔位于大殿东北角，塔身底座二阶方形上下层皆辟数佛龛。

白塔位于大殿东南角，塔身底座五阶方形，设有佛龛。

黑塔位于大殿西北角，塔身底座四阶方形，第一阶高出，每面雕刻18座喇嘛白塔；第二阶至第四阶，每阶刻双层小喇嘛白塔，雕刻装饰最为精致。

桑耶寺四塔，传说在公元八世纪赤松德赞王朝时，为文武四大臣所建，红、白塔为两文臣建，绿、黑塔为两武臣建。

红塔

白塔

绿塔

黑塔

北响堂山塔

河北邯郸市峰峰矿区和村西鼓山北响堂山石窟下常乐寺遗址前古塔，始建年代不详，参照石窟刻经洞旁石碑记北齐唐邕写《维摩诘》等四部经书经过，塔的建造时间可能在南北朝后期至隋、唐，塔第七层中嵌一石碑，刻有北宋“皇祐六年重修”字样。

塔高25米，平面八角九层楼阁式。砖砌叠涩腰檐，每层塔墙仅一面辟券门，而且上下相错二或三面不等，其余七面为对开排钉假门或壁框内绘佛塔域佛像。塔第八、九层残，塔刹已毁。

相关链接：古塔处于北响堂山石窟的下部，山腰则是主景区。响堂山石窟分南北两地，相距约15千米。因在洞内拂袖即能发出锣鼓铿锵之声而得名。北响堂山石窟筑于峭壁悬崖之上，分南、北、中三组，每组一大洞，共九洞，其名为大业洞、刻经洞、二佛洞、释迦洞、嘉靖洞、大佛洞等。中组石窟外檐雕双层楼檐，外观似楼阁。洞内整洁雅丽，壁上浮雕花卉及珍禽异兽，佛像甚众，形制古朴。大佛洞宽13.3米，深12.5米；坛上坐佛高近4米，端庄浑厚，体肌丰满，神气秀逸。刻经洞内外壁上刻满经文，旁有石碑，记南北朝·北齐天统四年至武平三年（568～572年）唐邕写《维摩诘》等四部经书的经过，隶书大字，笔锋犀利，刚劲挺拔。

麦积山舍利塔

甘肃天水市东南麦积山石窟山顶上的舍利塔，建于隋仁寿二年（602年）。据记载，文帝杨坚在全国范围内敕葬“神尼舍利”时，奉州使在麦积山顶上建舍利塔安置舍利，清代重修。

塔高9.4米，巍然屹立于郁郁葱葱的林木中，远看只见山巅一竖白点。若登塔基远眺，可见千山万壑，重峦迭峰，青松如海，云雾缭绕，远近景物交织在一起，构成了天水八景之首的“麦积烟雨”。

宝云塔

河北衡水县老城的宝云塔，据碑载，始建于隋大业二年（606年），明代经大修，但从遗存的实物评审，具宋代风格。

塔高约33米，平面八角八层砖构楼阁式。塔下无基座，塔刹葫芦1956年被雷劈落。塔底层南北各开一门，二层以上东西或南北交错开门；塔内为“穿壁绕平座”式结构，循梯可达顶层，可揽山关胜景。

舍利生生塔

山西太原市原奉圣寺塔院中的舍利生生塔，建于隋开皇年间（581～600年），宋代重修，后毁，清乾隆十六年重建。重建时发现地宫藏石函，内贮银匣，匣内金瓶中有舍利子，石函盖刻有宋宝元两年（1039年）重建塔的铭文。据佛教传说，舍利本身不但可以随意拾取，又能“生生不竭”，不断增加，故宋代重建时取名“舍利生生塔”。

塔高约38米，平面八角七层砖木结构楼阁式。底层两面设拱门，二层以上面面拱门，砖雕塔檐下雕斗拱、飞檐，檐上装饰蓝色琉璃瓦顶，第一层博脊上雕有行龙、牡丹等彩图；塔内空，壁画菩萨，循梯可以登临。清代举人刘大鹏有诗赞：“凌空浓翠画中披，点缀红霞也自奇。俯瞰前州三晋小，凭临绝顶万峰卑；七层阴荫悬山外，一角光穿汾水湄。复榭飞楹齐日月，穹窿梵网泆云垂。”

张掖木塔

甘肃张掖县第一中学校内的木塔，据《甘镇志》和塔前“重修万寿寺石碑”记载，万寿寺（又名木塔寺）建于隋开皇二年（582年），唐贞观十三年、明永乐元年、清康熙二十六年先后修葺。

原塔高十五层，木构件外表全敷金粉，塔下有地窖，窖中心直立一根铁柱下接铁座，上承塔顶，人站在地窖铁座上，用力扳动铁柱，即可将全塔旋转。元朝时一外国使者游历后写道：“此塔制作之工，可为世界木工铁工画师取法也”。可见原塔建造技术的高超。清末，木塔毁于一场大风暴。

现塔，公元1926年重建，高32.8米，平面八角九层砖木结构楼阁式。塔的台基正方形，20米见方，高1米。最低一层墙上书有工整文字，东门额书“登极乐天”，西门书“入三摩地”，并雕刻各种飞禽走兽图案。塔底由20根粗壮木柱支撑，每层八角皆有木刻龙头，口含宝珠。塔身砖砌，从上到下是完整的木架。塔内空，直径约3米，东西开假门，不可登临，塔顶呈伞状。

此塔是我国现存古塔中唯一实例。

大旺寺白塔

四川眉山县大旺寺白塔，建于唐代，明、清重修。

塔高约60米，平面方形十三层砖构楼阁式，保存完好，巍峨直插云表。每当晴空澄碧，霞光映照，塔体便反射出耀眼的光芒，极为雄浑壮观。登上体量高大收分甚小的白塔，“三苏”故里尽收眼底。

妙乐寺塔

河南武陟县西南妙乐寺塔，建于五代·后周（951～960年），是河南现存最大的五代砖塔。

塔高约20余米，平面方形十三层砖构密檐式，塔身南壁二至十三层各辟一龛，内供奉佛像；余面各层相间佛龛内供铜佛。塔心室方形，内呈竖井形，塔内楼板、木梯早毁，从塔心室地上的平砖隙间向下投硬币，可听到水声，素有“塔下有井”的传说，其实是塔下地宫长期积水。塔顶四角各蹲一铁狮，中心塔刹由相轮、宝盖、仰月、宝珠组成，并有四条浪风索由铁狮牵护塔刹。

塔身轮廓略呈抛物线形，巍峨挺拔。

江心屿双塔

浙江温州市城北瓯江中的江心屿上，原有两峰对峙，中贯川流，宋时蜀僧清了募资，以土堵塞中川，联西山为一，遂成今貌。屿上两小山峰各有一塔，东西对峙。

东塔建于唐咸通十年（869年），残高约28米，平面六角五层砖构楼阁式，现仅存砖体塔身，腰檐与塔刹俱无，塔顶灌木篷荫。

西塔建于北宋开宝二年（969年），高32米，平面六角七层砖构楼阁式。

双塔每面每层均有刻工精细、神态自然的石刻佛像，具有较高的艺术价值。

屿上还有江心寺、文天祥祠、革命烈士纪念馆以及亭榭、水池、小桥、假山等，林木蓊郁，幽雅绝俗。江心寺门上有一对联妙趣横生："云朝朝朝朝朝朝朝朝散，潮长长长长长长长长消。"

青龙塔

上海青浦县古青龙镇青龙塔，又名吉云禅寺塔，始建于唐长庆年间（821～824年），宋、元、清多次修葺。

塔高约30米，平面八角七层砖木结构楼阁式，自清顺治五年修缮后，300多年来，因台风和风雨浸蚀，塔的顶层及塔刹残损，刹之宝瓶为紫铜铸葫芦状，塔的腰檐、平座、外檐、斗拱、枋等，相继脱落，由于顶层损坏，雨水灌入塔内，楼板、木梯均腐，塔心木下坠，仅存塔身，且已向东北倾斜约3°左右。1992年初，经建筑物纠偏专家组实施扶正技术，使这座千年古塔挺直了"腰杆"。

朝阳双塔

辽宁朝阳市南街和北塔街南北对峙二塔，系城区一道靓丽的风景线。

北塔

北塔街的北塔，与南塔遥相对峙。北塔是在东晋时期三燕宫殿的基础上后建的。南北朝时期，北魏孝文帝延兴至太和年间（471～490年）孝庄皇太后首先在此利用三燕宫殿柱基，修建了“思燕佛图”，隋文帝时又在思燕佛图的基础上修建砖塔，唐代加以维修，辽代于重熙年间进行大规模维修，在隋、唐塔外面包砌一层砖，故称北塔为燕、北魏、隋、唐、辽“五世同堂”的关外第一塔。

塔高43米，方形十三层空心密檐式。塔基高大，每面长21米，高5.8米，以青砖叠砌，基座内留有回廊，游人可观看原塔基的结构和上塔基进入塔心室。塔身底层高大，南北辟拱门，东西设假拱门，二层以上层层叠起，稍有收分，但与高大的塔身、塔座相比，显得细长瘦峻，玲珑有致。清代文人诗云：“燕宫寂寞生芳草，辽塔巍峨耸碧穹。”

南街南塔，建于辽代（916～1125年）。塔高约25米，平面方形十三层砖构密檐式，塔身内空，底层高大，四面设假门，门外上部环以砖雕云朵，四壁饰佛像、小塔等雕刻图案，檐下嵌有八大灵塔名称的石额。南面刻：净皈王宫生处塔，菩提树下成佛塔；西面刻：鹿野苑中法轮塔，给孤独园名称塔；北面刻：曲女城边宝阶塔，耆阇崛山般若塔；东面刻：庵罗卫林维摩塔，娑罗林中圆寂塔。此塔为辽代早期建筑，塔上冠八大灵塔名称的石额，古塔中殊为少见。

南塔

相关链接：1986年至1993年间，再次维修北塔，发现了天宫、地宫。地宫位于塔基座中心，早期被盗，仅出土有石函、滑石瓶和一些瓷器，均是辽代遗物。天宫（即塔内暗窟）中出土一千多件辽代佛教文物，其中灌顶金塔、鎏金银塔、经塔、玻璃瓶、舍利子、银菩提树、定盖、白瓷盘等文物，都是稀世珍宝。

柏底石塔

山西闻喜县后宫乡柏底石塔，建于唐代（618——907年），通高5米，平面方形石结构单层塔。塔身立于砖石砌筑的高台上，每面雕出12个券形佛龛。塔檐以石板叠涩出檐五层，檐顶平台起方形塔刹，受花层每面三瓣，再上部刻出城楼、城门、角楼共三层。此为唐代佛塔常见的一种建筑手法，再上部任做一个小的受花层，上置相轮七层，再覆以半开莲顶。雕刻精美，造法古拙，形制特殊，为研究唐代佛塔的可贵实物资料。

妙明塔

广西全州县城西飞来石下湘山寺后的妙明塔，原名无量寿佛塔，始建于唐咸通十五年（874年）。湘山于唐至德元年（756年）由杭州径山得到高僧全真法师开山创寺，咸通八年三月初八日全真说罢“秋去叶须落，春来花自开”偈语而逝，世寿160岁。僧众先在笋布台下建龛保存法师遗体，唐乾符元年建塔瘗藏法师真身。宋仁宗天圣二年（1024年），寺僧志松将原塔增高到二丈二尺，并将全真法师生前遗物及生平著述《遗教经》一并藏塔。宋元丰年（1080年）夏山洪暴发，全州城遭淹，但似有神助，洪水很快退去，士民皆说全真法师保佑，郡守李时亮决定给法师重修宝塔，却因故未果。僧众于是四方募化，在飞来石下用石块打好塔基，并请潭州（今长沙）的智允法师主持其事。

元佑元年（1086年）邑人朱浩母病，朱许愿佛前，母死复生，朱认为是全真法师佑助，鼎力辅助智允修塔，元佑七年塔成，全真肉身及遗物移入塔室。

塔高26米，平面八角七层砖木结构楼阁式，中空，正四面券门，间面设窗，壁道廻曲螺旋而上临顶。塔内嵌历代碑刻二十余方，顶刹呈葫芦状，檐头遍悬銅铃，风拂清音悦荡虚空。凭栏远眺，清风羽、玉华山、三江水及古城新貌尽收眼底。令人心旷神怡，乐无穷哉。

绍兴五年（1135年）宋高宗南巡礼佛，敕封塔为“妙明塔”，时全真已逝268年。

元武宗至大年间（1308——1311年）湘山寺长老赴高丽行募，得高丽国王赞助。至大四年高丽王遣使赠妙明塔金轮相顶（夜能发光），赠寺八宝昆庐（如来佛像）、凤翅帽、金字《华严经》、金绣袈裟、金钵盂六件宝物。

明万历十四年（1586年）二月初八夜，塔内室突发大火，全真肉身及遗物被焚，唯剩法师齿骨，但塔体安然无恙。

妙明塔耸立湘山飞来石下，自古誉为“楚南第一塔”，“湘峡归云”则是全州八景之一。明人顾磷《古塔境》诗云：“古塔已千载，白骨为黄金。寒灯耿不灭，照见西来心。”

宋（辽、金）时期

3

良乡多宝佛塔

赵程久/摄

北京房山区良乡东北的炼石岗上的良乡多宝佛塔，俗称良乡塔，又称昊天塔，建于辽代（916～1125年），高约36米，平面八角五层，双层腰檐，外观状呈九层，砖构楼阁式。塔基双层须弥座，塔身第一层高大，正东南西北各面辟券门，其余四面设直棂窗，门窗各有两个小佛龛。腰檐下有隐作斗拱。塔顶中央置六角双层小塔，腰檐细小，壁面有小佛龛，小塔顶为仰莲瓣，承托仰钵、宝珠。塔内中空，有梯可以临顶，北望都城，南眺涿州，当年宋辽交战时，此塔曾起瞭望敌情的军事作用，是北京地区现存唯一的楼阁式塔。

六和塔

浙江杭州市城南钱塘江畔月轮山上的六和塔，又名六合塔，建于北宋开宝三年（970年），高59.89米，平面八角十三层砖木结构楼阁式，远望红柱黛瓦，檐角外翘，上明下暗，立体分明，蔚为壮观。

六和塔建筑缘由有二说。一是吴越国王钱俶为镇江潮而筑；一是引导钱江百舸夜航而筑。至于塔名来历，因旧有六和寺（“六和”即“六和敬”，佛教语），塔以寺名。

塔初建时规模宏大，高50余丈共9层，由于历史上兵燹不断，屡遭毁坏。现存之塔是清光绪二十六年在南宋绍兴二十三年重建的七层砖石结构塔身外边添加十三层木壳外罩，使塔分外宏伟壮丽。

塔经历代多次修建，结构特点仍按原塔仿造。塔座占地860平方米，塔体按平面角80°逐层向塔心收分，柱子斗拱等均仿木构建筑形式。四周廊子铺有踏磴，可通顶层。每层廊子两侧都有壶门，内通小室，外通檐廊。塔内所有须弥座上有砖雕神人、飞天、花卉、鸟兽等图案，与北宋初建筑家喻皓《营造法式》所载如出一辙。

六和塔留下了不少名人轶事，使宏伟古塔更富神奇色彩。《水浒传》中有梁山泊英雄鲁智深圆寂于此的描写。景阳冈赤手空拳打死猛虎的行者武松曾在六和寺出家为僧，至八十高龄圆寂寺中。

六和塔历来是钱塘江畔登高望远的胜地。登塔临槛，江干景色尽收眼底，有“人立青冥最上层”之慨。

雷峰塔

徐敬宾/摄

浙江杭州市西湖南岸夕照山雷峰上的雷峰塔，又名黄妃塔、西关砖塔。据记载，公元975年（北宋开宝八年）吴越国王钱俶因黄妃得子而建塔庆贺。原塔平面六角，重檐飞栋，洞窗豁达，七层楼阁，十分壮观。明嘉靖年关，倭寇侵犯杭州，疑塔中有伏兵，纵火焚塔，檐级尽毁，砖瓦通红，纷纷剥落，仅存赭色塔身，依然屹立，每当夕阳西下，孤塔浑身披金，突兀苍穹，熠熠生辉。后来传说塔砖瓦能驱邪镇妖，被人不时挖去，最终导致塔于1924年9月25日倒塌。当时有人从有孔塔砖中发现雕版印刷的经卷，首卷题有：“吴越国王钱弘俶敬造《宝箧印经》八万四千卷，永充供养。时乙丑岁记。”进而说明建塔主人无误。

雷峰塔之闻名，还在于民间传说《白蛇传》中的白娘子为维护她与许仙的姻缘，与法海和尚斗法失败，被镇于塔下。雷峰塔坍圮不久，鲁迅先生撰写了《论雷峰塔的倒掉》一文，庆贺白娘娘的解放，表达了劳苦大众特别是深受封建压迫的妇女的心声。

2002年9月25日，一座雷峰新塔在吴越雷峰塔的旧址上落成。新塔选择了南宋重建塔的外观，通高71米，平面八角七层，弥补了多少年来人们的企盼和遗憾。

繁塔

河南开封市东南郊繁台的繁塔，原名兴慈塔，建于北宋太平兴国二年（977年），为开封市内现存最早的建筑物。

繁台，相传这一带曾是殷氏七族之一的繁氏居住地，因地势高出，故称繁台，塔也故名。据碑刻、诗文和志书记载，原塔平面六角九层楼阁式砖筑，由于黄河泛滥和战乱兵燹，加之风摧雷击，可能元代就已摧毁，只遗下面三层。塔基没入地下甚深，直到清初重修相国寺时才在残留的三层塔身上加建一座七层实心小塔，形成大塔上面摞小塔的特殊造型。

现塔通高31.67米，其中三层大塔高约25米，小塔高约6.5米。大塔底边宽14.1米，向上按比例逐层收缩5%。大塔三层壁面上嵌砌一尺见方的数十种佛像雕砖，刻工精美，姿态各异，堪称宋代雕砖艺术的佳作。塔内有木质楼板和梯道，可登临眺远。第一层南门入口洞内，东西两壁各嵌石六方，东壁刻有《金刚般若波罗密经》，西壁刻有《十善业道经要略》附“佛说天请问经第二”，均为太平兴国二年宋代书法家洛阳人赵安仁所书。第二层向南洞内，东西两壁亦嵌石六方，为太平兴国七年刻立的《大方广圆觉修多罗了义经》。向北洞内东西两壁嵌石九方，多为捐施者姓名。另外尚有捐施人姓名的刻石一百五十余方。凡此碑刻，皆为研究佛教经典和书法艺术的珍贵资料。

苏州双塔

江苏苏州市凤凰街定慧寺（罗汉院）内的双塔，建于北宋太平兴国七年（982年），是吴县王文罕兄弟二人捐资安奉。

双塔间距约20米，东西对峙。东塔名舍利塔，高33米；西塔名功德塔，高34米。两塔形制相同，均为平面八角七层楼阁式仿木砖结构。各层腰檐用砖叠涩砌成，斗拱承托平座，塔檐较浅飞角向上反翘。塔内有室，除第二层是八角形外，其余六层皆正方形。外壁各层之间均依次调换45°，互相重叠而成八面。塔体上下层门窗亦随内部结构的变化而交错设置。塔顶铁刹体积高大，占去塔高的四分之一，由覆钵、相轮、露 盘、宝珠组成。由于塔刹高强度差，易招风折。据记载，明嘉靖和清乾隆年间，双塔相轮先后被大风吹断，复修后仍有倾斜。

挺拔秀丽的双塔是苏州的一道风景线，有诗云："古城迢迢入，凌空塔影双。"

料敌塔

河北保定市南110余千米京广线东定州（定县）城开元寺内的料敌塔，又称瞭敌塔，原名开元寺塔。据文献载，北宋时寺僧会能往西天竺取经，得舍利子归。真宗赵恒于咸平四年（1001年）下诏建塔，至仁宗赵祯至和二年（1055年）始成，历时五十五年，故当地流传有"砍尽嘉山木，修成定县塔"的民谣。

当时政局形势：辽、金与北宋并立。宋真宗景德元年（1004年）辽朝萧太后与圣宗耶律隆绪亲率大军攻宋，直抵黄河北岸的澶州（今河南濮阳），真宗遣臣两次至辽营谈判，双方以白沟河（从房山至白洋淀）为界，签下澶渊之盟，辽军占据燕京，仍时常南下侵扰，直到徽宗重和元年（1118年）以后金兵战败辽军占据燕京，其间一百一十多年，宋辽战事不断，定州地处前沿，军事地位十分重要，宋军为防御契丹，便利用此塔瞭望敌情，故名瞭敌塔（或料敌塔）。

料敌塔高84.2米，平面八角十一层楼阁式，是我国宋代最高砖塔。塔建于高台之上，底层较高，上施腰檐平座，其上各层仅有腰檐。塔内尚存壁嵌碑刻34块，塔壁和塔心之间有走廊环绕，中心八角形柱体内有砖阶可达顶层，各层的东西南北皆有门，门间四面有棂窗。塔顶雕饰忍冬草覆钵，上为铁制承露盘及青铜塔刹。塔各层直径和高度的比例匀称，外墙涂泥白色，结构严谨。整塔外观简洁秀丽，雄姿挺拔。有诗云："每上穹然绝顶处，几疑身到碧虚中。"它保留了宋代的建筑风格，一直为后世所珍重。

连理塔

山西太原市西南17千米蒙山下开化寺内的连理塔，建于北宋淳化元年（990年），一塔名释迦，一塔名如来，两座砖塔均为方形单层亭阁式，基座相连，故称连理塔。塔的束腰座上塔身正面为拱门，火焰形券面，隐刻卷草和花瓣。塔檐叠涩而成，刹部雕造精巧，雕栏额、普柏枋和斗拱。极顶为八角形塔檐和宝珠，惜已残损，但唐代古朴遗风和宋代精细刻法犹存，表现为唐到宋的一种过渡形式。

北京怀柔区红螺寺内也有一对汉白玉石雕筑的覆钵式连理塔，建造年代不详。塔身正面雕龛门，内刻“红螺塔”三字。据《怀柔县志》记载：“山下有泉名红螺泉。中有二螺大如斗，夕吐光焰，山色为之殷红……天时两红螺死，寺僧为双浮屠之建双塔，从此红螺山得名，寺院也从此得名红螺寺。”

北京怀柔区红螺寺连理塔
赵程久/摄

山西太原开化寺连理塔
方裕璋/摄

祐国寺琉璃塔

河南开封市内东北隅的祐国寺塔，因塔身以褐色琉璃砖镶嵌外壁近似铁色，故俗称铁塔。

塔建于北宋皇祐元年（1049年），高54.66米，平面八角十三层仿木构砖筑楼阁式。传说该塔是宋代巨匠喻皓主持建造，前身为木塔，高120米。清光绪二十一年（1841年）黄河泛滥，水灌开封，寺院夷平，唯“铁塔”安然无恙。

“铁塔”台基向南的门上题有“天下第一塔”的匾额，底层北门有圭形门洞通向塔心，内有塔心柱，由旋梯将塔壁和柱联结，循梯盘旋而上登临。塔身外部砌筑仿木结构的门窗、倚柱、斗拱、额枋、塔檐、平座等形式，全是用28种不同标准型的褐色琉璃砖构件拼砌而成，砖面上塑有细腻逼真、彩釉晶莹的坐佛、立僧、飞天、伎乐、麒麟、游龙、雄狮、花草等50余种花纹和图案，是砖雕艺术的精品。塔体飞檐翘角，角端悬挂铃铎104个，塔顶由桃形铜宝瓶和8条浪风索组成塔刹。整体造型庄重挺拔，秀丽壮观。古诗赞道：“浮屠千尺十三层，高插云霄客倦登。瑞彩细绉疑锦绣，行人迢递见觚棱。半空铁马风摇铎，花朵莲花夜花灯。我昔凭高穿七级，此身烟际欲飞腾。”

相关链接：祐国寺琉璃塔，原为开宝寺福胜禅院佛舍利塔，高360尺木塔，八角十三层，定名福胜塔，规模极其宏丽，号称“自佛法入中国未之有也。”据传后因塔顶放光，北宋大中祥符六年（1013年）更名为“灵感塔”。庆历四年（1044年）塔毁于雷火，皇佑元年（1049年）重建，原名开宝寺塔（即今俗称铁塔）。宋末寺毁塔存，金人重建寺，改名光教寺，其规模远不及宋时，元代称上方寺，明代改为祐国寺，清代改称大延寿甘露寺。清道光二十一年（1841年）黄河水围开封城，拆除护城时寺毁塔存。开宝寺北齐天宝十年（559年）创建，初名独居寺，唐开元十七年（729年）玄宗泰山封禅归，至寺改名封禅寺，宋开宝三年改开宝寺。

南翔寺双塔

上海嘉定县南翔镇大街南翔寺遗址上的东西相峙双塔，据《南翔镇志》记载已有千年，按塔的形制结构推断系五代至北宋初所建。传说南朝·梁天监年间，此地农民岔地得一石，常有两鹤飞来伫立石上，有僧人扬言是佛地仙迹，四出募化建寺，竣工后，两鹤向南飞翔而不复返，遂命名南翔寺。南宋绍定年间（1228～1233年）改名云翔寺。寺早毁，唯双塔存。

双塔形制相同，平面八角七层仿木结构砖砌楼阁式。每层均有壶门、直棂窗、平座、围栏，腰檐以砖仿木斗拱叠涩外伸，檐面圆脊筒瓦。塔顶八角攒尖，上置相轮、伞盖、宝珠和八根浪风索组成塔刹。造型优美，古味盎然。

三影塔

广东南雄古城有“三古”：三影塔、珠玑古巷、梅关古道（本为秦时横浦关，宋嘉祐年间重建关楼而名）。

矗立在南雄浈江河畔的三影塔闻名遐迩，据塔上纪元砖所证，建于北宋“大中祥符二年三月十二日”，公元1009年，其影映水有三，两影倒悬，一影向上，叹为奇观。

塔高42.5米，平面六角九层砖木结构楼阁式。底层塔衣檐廊，二层以上各层三面辟圭形门，间三面假门，内雕佛像。门额上横枋、斗拱、叠涩、雀替梁椽挑出檐、角，檐面戗脊筒瓦，风铎遍悬。檐上平座迴廊。塔刹细长简洁，清秀美观。塔内设梯，可登临一览古城的山光水色。

沈阳舍利塔

辽宁沈阳市皇姑区塔湾街45巷内的舍利塔，全称无垢净光舍利塔，因塔内供藏1548颗“舍利子”，故名。塔建于辽代重熙十三年（1044年），由北方契丹人修筑。清皇太极五年（1640年）重修。

塔高30余米，平面八角十三层砖构密檐式。塔基座下的地宫，1985年维修时出土鎏金佛、舍利子、经卷、瓷器等大批珍贵文物，地宫四壁尚存完好的彩色壁画。塔座为八角形须弥座，高17米，每面宽5.5米。塔身底层高大，下部为仰俯莲瓣状的须弥座束腰，各边中间设一壶门，内有石雕伏兽螭首；上部每面转角为圆形倚柱，柱间每面正中各辟一券拱形佛龛，内置坐佛一尊，两旁有胁侍。八面坐佛名称不同，正南曰宝生佛、西南曰等观佛、正西曰平等佛、西北曰惠华佛、正北曰大慈佛、东北曰普济佛、正东曰慈悲佛、东南曰阿闪佛。塔的十三层腰檐，其第一层檐下补间复式斗拱和其上的双跳斗拱最为精致，各层檐角均悬风铎。塔顶由小须弥座、八角形露盘、圆盘、三颗圆形或半圆形宝珠经铁杆竖串铜葫芦结顶组成塔刹。

整塔造型雄伟，其最大特点是塔身中空，这在我国密檐式塔建筑中非常少见，更具塔史研究价值。

玉泉寺棱金铁塔

湖北当阳县长板坡玉泉寺三园门北侧青龙山上的棱金铁塔，本名佛牙舍利塔，又称千佛塔，北宋嘉祐六年（1061年）为重瘞唐高宗及武则天皇后所授舍利而铸建，是中国现存最重和保存最完好的铁塔。

塔由地宫、塔基、塔身、塔刹四部分组成。地宫为石质六角形竖井，内置汉白玉须弥座，座上置石函三重，函中供奉舍利；塔基、塔身全铁铸，重达53.3吨。塔通高17.9米，平面八角十三层仿木构楼阁式，每层均设腰檐平座，置斗拱出檐，在相对四面各设一莲弧门龛，其余四面铸有佛像2279尊及其他纹样，在角梁飞檐的前端，铸出凌空龙头，用以悬挂风铎，在二层的南、北、东、西四面分别铭有塔名、塔的重量、铸塔时间、工匠和功德主姓名及有关事迹。塔刹为铜质，形似宝葫芦。塔体系分段冶铸，逐层叠装，形体挺拔纤瘦，稳健玲珑，每当朝霞夕晖掩映，紫气披金，所谓“铁塔棱金”蔚为壮观。

附录：玉泉寺建于东汉末年，为中国历代著名的佛教寺院，是天台宗创始人智者大师的道场和天台宗的祖庭之一，以“荆楚丛林之冠”著称。

慈相寺塔

山西平遥县东北15千米冀郭村慈相寺后的宝塔，又名麓台宝塔，始建于北宋庆历年间（1041～1048年），系无名祖师骨灰塔。北宋末年寺塔毁于兵火。金太宗天会年间（1123～1135年）在旧址重建。

塔高约45米，平面八角九层砖构楼阁式。塔下筑台基，承托塔体。底层设塔衣檐廊，正南面入口处凸出抱厦三间。每层南北两面各辟券门，腰檐下雕斗拱，上叠涩收分置平座栏杆。塔顶置八角形基座，上雕山花蕉叶承托覆钵，极顶已毁。塔内中空，有踏道可登。原各层间有楼板，已不存，下可直观塔内顶端叠涩藻井，花饰为宋、金风格。

承天寺塔

宁夏银川市老城宁夏博物馆内的承天寺塔，始建于西夏天祐垂圣元年（1050年），清乾隆三年（1738年）十一月塔因地震塌毁，嘉庆二十五年（1820年）重建。

塔通高64.5米，平面八角十一层砖构楼阁式。底层朝东辟门，二层以上每层间错设门、窗和壁龛，第十一层八面设圆形窗洞，塔顶八角攒尖，上置金属覆钵和宝珠。塔内中空，方形厚壁，木板楼层，有木梯盘旋登临。塔身收分较大，立体轮廓为角锥形，秀削挺拔。

天宁寺双塔

山西平定县南关土垣上天宁寺内的双塔，东西对峙，与寺同建于北宋熙宁年间（1068～1077年），明清继有修葺。

双塔形制相同，高约30米，平面八角四层砖木结构，因塔身二层以上三层平座甚高，外观凝似七层，楼阁式。塔底层东、西、南、北辟券门，内置佛像一尊，二、三层各面间设假门和直棂窗，腰檐下施仿木斗拱挑檐，檐上叠涩收分，又施仿木斗拱承托平座、栏杆。檐角木制角梁悬挂风铎。塔刹为明嘉靖三十八年（1559年）更新的铜质宝珠。

双塔整体造型与传统宋塔有异，每层收分甚急，轮廓如四块八面体叠加，形制奇特。清人赵端诗云："浮图双峙下城隅，望阙朝正竟拜趋，试听呼嵩应岩谷，山光佛日祝唐虞"。

永福寺塔

江西波阳县城东永福寺东侧的永福寺塔，又称观音堂塔，建于北宋天圣二年（1024年）。据《鄱阳县志》载："天圣二年甲子，天台山僧宝伦来寺，乃于寺东竖造佛塔一座，浚地下及三十余丈，宝座二级，上叠七层，极顶三十余丈。"

塔高40余米，平面六角九层砖木结构楼阁式。塔筑宝座二层，最下为台基，上为六角形塔座，南北辟拱门，作入塔登临通道。座顶砖砌叠涩外出平座，承托塔体。从底层至六层塔身三面间辟券门，三面间设假门，每面转角砖砌圆形倚柱，门上额枋与檐下补间砖砌棱角牙子代替斗拱。腰檐叠涩外伸，上砌塔墙，墙顶叠涩挑出平座，座沿作绕塔木质栏杆（现以钢筋代之）。第七层则在第六层平座另砌收分较大的六面形亭阁，六面开门，三明三隐。门上额枋补间仍作棱角牙子挑出飞檐翘角及戗脊，脊顶置六边形须弥座，上承金属覆仰钵、相轮、双叠葫芦为塔刹。

此塔造型独特，塔座二级，其上一级实际已成塔体，有腰檐而不设平座，顶层又似添加的亭阁，中部主体层层高起平座，看似密檐，有塔高十五层之感。整体造型多变优美，高大挺拔，既具宋塔风格，又独有赣域所建古塔的创新风貌。

普慈寺白塔

山西太谷县城内普慈寺中的白塔，建于北宋元祐五年（1090年），明清屡修。

塔高50米，平面八角七层砖构楼阁式。塔壁以白垩泥涂沫，白色久而不减。塔身各层辟拱券门，四明（真门）四隐（假门），门上部叠涩斗拱出檐。塔身底层为小方室，设步阶通上，二层以上中空，置楼板、木梯，可以登临。塔刹不置相轮、露盘、宝珠之类，而以一座尊胜石幢代之，别具一格。

长庆寺塔

安徽黄山市歙县徽城镇练江南岸西干山的长庆寺塔，又称十寺塔，建于北宋重和二年（1119年），元、明、清及民国年间皆有修葺。

塔高23.1米，长形七层砖构实心楼阁式。塔基为五层石座，束腰四面各设三个长方形壶门。塔的底层较高，台基四隅立石柱，四面架石枋直抵檐下，塔身底层南面辟一拱形门洞，二层以上各层四面设券门，门洞置石雕莲瓣佛座，背墙彩绘佛像。腰檐以砖砌六层叠涩间五层小拱，承托飞檐翘角，檐面覆以筒板瓦，檐角悬铁制风铎。塔顶四角攒尖，上置覆钵、铁铸大葫芦。

塔依山傍水而筑，掠影于练江之中，宏伟秀丽，是歙县优美的山水神韵的点缀。

万佛塔

安徽蒙城县城南的万佛塔，又称插花塔，始建年代，说法有二。《蒙城县政书·宝塔真影》云："蒙邑宝塔在城之南，相传为唐代尉迟氏所建浮屠，中嵌佛像，高可十三层。"据传塔内曾有唐贞观三年（629年）修塔碑文一方，已毁。《蒙城县志》载："插花塔在城内慈氏寺，宋时建。"从塔结构特点判断，宋代建筑成分居多。

塔高42.6米，平面八角十三层砖构楼阁式。塔身底层周长24米，直径8米，南面辟一尖顶壶门，有台阶引上塔内，其余七面间设四块方形和三块长方形壁面，长方形壁面绘立姿菩萨像。二至七层东南西北方位设壶门，八层以上壶门方位逐层转换，上下错置。腰檐以砖砌迭涩斗拱挑檐，檐角微翘。檐上砌矮墙，墙顶砖砌叠涩外伸平座，远看疑似双檐。塔顶覆钵上竖法轮。

万佛塔独具的特点是内外壁遍嵌琉璃面砖近万块，片片面砖皆彩釉佛像，尤

塔体上部特写

以底层塔壁嵌饰最为丰满。整体造型高大雄伟，光彩夺目。古人曾对制作精巧、造型优美的万佛塔留下诗咏："嶒峣塔影逼云覆，十三层楼映日斜。巢鹤鸣时风渐起，铃声响彻几千家。"

崇觉寺铁塔

山东济宁市铁塔寺街路北崇觉寺内的铁塔，俗称济宁铁塔，1988年铁塔升格为国家重点文物保护单位，改称"崇觉寺铁塔"，建于北宋崇宁四年（1195年），是中国现存三大巨型铁塔之一。

铁塔全貌

塔通高23.8米，平面八角九层楼阁式。创建时因变故修至七层停工，塔未封顶，明万历九年（1581年）济宁道台龚勉集资重修，在原塔上增加二级并铸塔顶。全塔由基座、塔身、塔刹三部分组成。基深19米夯实，基台用砖铺成须弥座，以楠木井字架填心，再以一根高大的杉木底上贯串，上施塔座，座内砖砌仿木塔室，设藻井，供一碑状大悲观音千手千眼佛，佛座三面刻有佛教神话、讲经、飞天等故事雕饰，室西向有门可以进出。塔身分层铁铸，每层下置八角形平座，平座上沿边缘安装围栏，高30厘米，栏板富于变化，各层各具特色，如二方连续回字、牡丹花、簇四球格眼等纹饰，浇铸精细，玲珑剔透。围栏内伸20厘米的廊便是塔墙，每层墙四面均铸有20厘米的凹槽代替栏额。全塔开门共36个，其余四面，每面辟二个桃形龛，每龛各铸坐佛两尊，共72尊。每层塔身上部设飞檐，出挑30厘米，檐下配斗拱铺座四垛，飞檐深远，斗拱疏朗，铸作严谨，不失木制结构建筑的特征。塔刹由铜铸的金章、莲花座组成，状如桃形攒尖，危稳

塔体特写
桂纯恭/摄

在九层回檐的中央。第九层回檐八个脊饰出挑向外加长，在飞檐尖端各悬风铎，使塔顶显得辉煌壮丽。

塔身底层东南和东北面壁上分别铸有铭文，瘦金体楷书“大宋崇宁乙酉常氏还夫徐永安愿谨铸”。第二层塔壁东南面铸有“皇帝万岁，重臣千秋”字样，第六层塔壁亦有铸文，因腐蚀严重，分辨不清。

聊城铁塔

山东聊城市东关运河西岸的铁塔，始建于北宋时期，是聊城（东昌）现存最古老的建筑，被誉为东昌三宝之首。

塔通高15.8米，平面八角十二层仿木楼阁式铁铸佛塔，由塔身和塔座两部分组成。塔座为石砌正方形上下叠涩不对称式须弥座，高2.90米，底边长3.17米，占地10.50平方米，座牙脚四角成卷云状，束腰四面均有乐伎浮雕，束腰东南、西南两角各有一金刚力士，怒目凸腹，手按双膝下蹲作顶托状。塔身用生铁仿木结构分层铸造，逐层叠装而成，铁壳中空，厚6～10厘米不等。第一层塔身直径1.53米，底部一周安装覆莲，塔身八面分设假门和假窗。门额上有门簪四枚，簪面成削角方形，假门上均有铺首和门钉，东西方做成半掩门式。二至七层塔身无门窗雕饰，八至十层仅雕饰格窗。各层倚柱、斗拱与一层相同，每层塔身都有腰檐平座，平座均为四铺作单，围绕栏杆。腰檐仿木铸造，有檩枋、檐椽、飞椽、瓦垅及斜脊等。塔身逐层收分，塔顶置仰莲葫芦瓶式塔刹。

庆州白塔

内蒙古自治区巴林右旗索博日嘎苏木驻地东北查干沐沦河的冲积平原上，是辽代鼎盛时期的重要州城——庆州城西北部的白塔，原名释迦佛舍利塔，俗称辽庆州白塔，牧民们称："金金察罕索布尔嘎"，始建于辽兴宗耶律宗真重熙十六年二月（1047年），竣工于重熙十八年七月十五日，是辽兴宗的生母章圣皇太后特建。

塔高49.48米，平面八角七层砖筑楼阁式。下部台座较低，座上是1米高的仰莲带，带上承塔身，每层外表镶嵌有人物及图案花砖，除有佛、菩萨、力士等造型外，还有乐舞，宴饮等画面；塔上门窗、楣拱及砖雕斗拱、拱眼、塔刹等处，共安装有856面圆形或菱形青铜镜；塔刹及戗兽均为鎏金铜制，塔顶8个檐脊脊端各骑一个赤身鎏金铜制力士，手中紧握由刹顶挂下的浪风索。每层塔檐砖雕斗拱上为木质檐椽，每支椽头各挂风铎一只，全塔各椽头共2240只，塔上七层共设假门28个，每门两旁都有天王浮雕一尊。塔体浮雕将儒、释、道及萨满的宗教思想表现得淋漓尽致，透出辽代佛教"星密圆通"的特色。

整塔保存完好，既具中原和江南地区楼阁式塔的玲珑秀美，又保留了密檐塔式雄浑健壮的特征。塔上铜镜和鎏金饰物，日光照射，灿烂夺目，与白垩土粉饰的塔身相辉映，十分壮观。

附录：1989年维修塔时，从塔刹相轮樘等处发现了按辽代佛教仪轨秘藏的一批辽代圣经、雕版印刷佛经及形制多样、造型优美、彩绘华丽的内藏雕印刷陀罗尼经卷的木质法舍利塔108座。

罗星塔

福建福州市马尾罗星山上的罗星塔，俗称磨心塔，宋时柳七娘建。据《闽都记》载："七娘岭南（广东）李氏女，有色，里豪谋夺之，诋其夫于法，谪死闽南，七娘斥卖其产入闽，捐资造塔，以祈冥福。"明万历年间塔被海风摧毁，天启年间（1621～1627年）当地有识之士徐𤊹倡议在旧塔基上重建石塔。

罗星塔高31.5米，平面八角七层石筑楼阁式。塔基石筑，侧壁雕纹。塔身一层正面开拱门，其余七面辟长方小窗，二层以上每层塔壁南北开拱门，其余六面小窗。每层作三重仿木斗拱出挑塔檐和平座，周置石栏和泻水檐。檐角上方镇有八方佛。塔心有石梯可登塔顶平台，平台亦置石栏。平台中心安嵌直径近7米的倒扣铁锅，上置刹杆、相轮、葫芦和八条浪风索构成塔刹。

清光绪十年（1884年）的中法海战曾在罗星塔下的马江进行，当时罗星塔的位置是江心岛屿，俗称磨心岛。后经数百年沧海桑田，岛与陆地相连，成为江边一个高埠。罗星塔长期以来是国际上公认海上重要航标之一。塔顶原有小窗，就是用来供守塔人黑夜点灯导航。由于外国船只来福州都在罗星塔下停泊，外国水手称之为中国塔。

护珠塔

上海市松江区西北天马山中峰的护珠塔，是一座斜而不倒的古塔，它不仅有较高的文物价值，在建筑史上也有重要的研究价值。

塔始建于北宋元丰二年（1079年），原为平面八角七层，砖木结构，每层伸出飞檐翘角，檐下有平座栏杆，各层有楼板、扶梯，可登临远眺。传说塔里藏着舍利珠，常会放光，故又名护珠宝光塔。据清人的《明斋小识》记载，乾隆五十三年（1788年）圆智教寺里演戏祭神，燃放爆竹，火星落在塔的干燥木板上，引起大火，塔心柱、栏杆、扶梯、塔檐等木结构部分烧得精光，只剩下空空的塔身。后来，有人在塔砖缝里发现唐朝的开元钱币，引起一些人不顾古塔安危而不断地拆砖觅宝，竟将底层砖身西北一角拆去大半，从山下远望，古塔摇摇欲坠。

但二百多年来残塔斜而不倒，竟成奇迹。据人们揣测和专家分析，其奥秘有二：一是塔基沉陷不匀，东南部分土层较松，沉陷多，西北较硬，沉陷少；而苏浙一带的台风多从东南吹来，顶着倾斜的塔身。二是塔身空壳，高又仅12米，上部自重较轻，尚未失去重心。

1982年，上海市建筑界专家和有关部门组成“天马山宋代护珠塔研究修缮组”，对塔勘查结果，塔身向东南倾斜已达6.525°，顶部垂直线与底层中心点相距2.27米。为长期保存斜塔，采取了相应的加固措施。

松江方塔

上海市松江区三公街兴圣教寺内的方塔，正名兴圣教寺塔。据《兴圣教寺记》，塔建于北宋熙宁至元祐年间（1068～1094年），抗日战争时，寺毁塔存。

塔高48.5米，平面方形九层，砖木结构楼阁式。各层铺木楼板及扶梯，砖身辟壶门，门内通道上施叠涩藻井，内室券门等这种空筒形塔身，是唐塔风貌的延续；而塔的各层券门上的月梁，外檐的罗汉枋、撩檐枋以及内外檐下和平座下百余朵楠木支撑的斗拱，六成以上都是宋代木质构件，又体现了宋代的建筑风格。塔刹全是铁制，由覆盘、相轮、葫芦、浪风索组成，高7.85米。这些铁件套在一根长达13米的木柱上；木柱竖立在第八层楼板上，穿过塔心，顶着塔刹。

整塔结构简洁明快，造型玲珑秀丽，优美多姿，是江南保存唐宋风韵的一座方形古塔。清代松江人陈金浩的松江竹枝词赞曰：“巍巍楼阁梵王宫，金碧名竺香霭中。近海浮图三十六，怎如方塔最玲珑。”

涿州双塔

河北涿州市城区东北隅的双塔，南北遥峙，北塔名云居寺塔，南塔名智度寺塔，合称涿州双塔，共同构成涿州“双塔晴烟”的景色。

程怡/摄

北塔高48米，平面八角六层砖筑楼阁式。此塔一反佛塔奇数层次的惯例而采用偶数。塔基八角须弥座，双层束腰雕刻80个小壶门。塔身由下至上收分较小，显得粗壮。第一层平座下的间柱式样和壶门式裙版、人物、垫栱版等均系辽代之作。每面分为三间，因每层向上递减，斗拱式样随宜而变化，不拘一格。如当心间补间铺作，自第一层至第四层用45°斜拱，第五层用普通华拱，第六层用60°斜拱。第五层华拱两侧空档，则自柱头铺作，另出斜拱填补。斗拱结构与辽代木建筑多有相符。塔内中央有巨大的砖筑中心柱，内设阶梯直达上层，中心柱外边走廊环绕。此塔建造年代无确切记载，但据金正隆五年（1160年）云居寺重修释迦佛舍利塔碑记，塔为辽大安八年（1092年）所建。

南塔原高44米。1925年晋奉大战，战火殃及涿州，塔体多次遭枪炮袭击，致塔东面损坏，塔刹被毁，现残高39米，平面八角五层仿木砖构楼阁式，与北塔建筑相仿，但更为精致。塔体收分不大，底层面阔6.5米，顶层面阔仍有5.05米。每层倚柱无收分，这在以钵体形为多的辽塔中可谓独具特色。

遭战火的南塔旧貌

因二塔造型优美，颇具盛名，文人学士题咏甚多。清代杨衔《云居寺双塔诗》：“金鸦开翅维摩宫，画出白塔檀云中。七盘银嬴倚碧宇，天外卓约双芙蓉。”

应县木塔

世界木塔之冠——应县木塔，又名佛宫寺释迦塔，是我国现存最古老、最高大的木结构佛塔，被誉为我国辽代楼阁式木塔奇珍。

该塔位于山西大同市以南70千米应县城内佛宫寺中轴线中间，据碑记建于辽清宁二年（1056年），高67.31米，平面八角形，外观五层六檐，每一层夹于上层平座与其下层斗拱之间又设一级暗层，实际结构为九层。塔基座分上下两层，高4.4米。下层方形，上层依塔作八角形。塔底层直径30米，正南面辟门。塔每层平面内外两槽立柱，柱间装隔子门，构成双层套筒式结构。柱头间有栏额和普柏枋，柱脚间有地栿等水平构件，内外槽之间梁枋相连，使双层套筒紧紧结合。塔身逐层立柱，用梁、枋和斗拱向上垒架，层层升高，联成整体。各暗层中用大量斜撑，结构上起圈梁作用，加强木塔整体的坚固性。各明层外柱均立在下层外柱的梁架上，并向塔心收进半柱径，从而构成塔身极为优美的收分曲线。

木塔体量很大，塔身斗拱依其部位、结构和形状分类，达54种之多，可谓集中国古代建筑斗拱之大成。如云朵簇拥，使塔显得飘逸而生动；平面则采取内外两圈立柱，内圈柱8根，外圈柱24根，五层共160根内外立柱；内柱环绕的空间是佛堂，内外柱之间的空间称外槽，专供朝拜礼佛人潮活动的通廊和扶梯登临的通道；二层以上各层外槽外出挑的平座为走廊。由于每层都设置了向外挑出的平座与走廊，还有层层飞翘的塔檐，因此则无雍肿之感。

塔刹为铁铸部件组合，有仰莲、覆钵、相轮、露盘、仰月及宝珠等，刹高9.91米，立于砖砌莲座，八条浪风索系于戗脊下端。

木塔内各明层原来都供奉佛像，惜已毁，唯底层11米高的释迦牟尼坐像犹存完好，具辽代雕塑风格。塔各层外侧还悬挂大量的匾和楹联，数量之多，为其他古建筑所少见。

九百五十多年来，木塔历经风雨侵蚀、多次强烈地震的摇撼，迄今仍巍然屹立，说明我国古代工匠技术高超精湛，创造出不愧为中国古塔之奇葩。

天宁寺塔

北京市宣武区广安门外的天宁寺塔，始建于辽代（916～1125年），历代多有修葺。塔高57.8米，平面八角十三层砖筑实心密檐式。整座塔建在一个方形的大平台上，塔的下部是须弥座，须弥座的束腰有一道壶门浮雕，上是斗拱勾栏的平座和两层仰莲瓣，塔身就立于莲座上。底层塔身八面相间雕有拱券假门、假窗、门左右雕塑为金刚力士，棂窗上部浮雕为菩萨、云龙等，其上十三层密檐紧紧相叠，不设门窗。密檐部分出檐稍短，各檐下斗拱檐檐互接，不露塔身。层层檐角系有风铃。顶束宝珠形塔刹。全塔造型丰满有力，挺拔壮丽，极为精美，是我国辽、金时代密檐塔的代表作之一。

清王士祯《天宁寺观浮图》诗赞云:“千载隋皇塔，嵯峨俯旧京。相轮云外见，蛛网日边明。”我国当代著名建筑学家梁思成称赞它富有音乐韵律，为古代建筑设计的一个杰作。

赵程久/摄

湘山五塔

贵州遵义市区湘山风景区湘山寺山门前两侧矗立楼阁式七级浮屠五座，结构大体相同，风格因建造年代不同而异，各具特色，宏伟壮观。

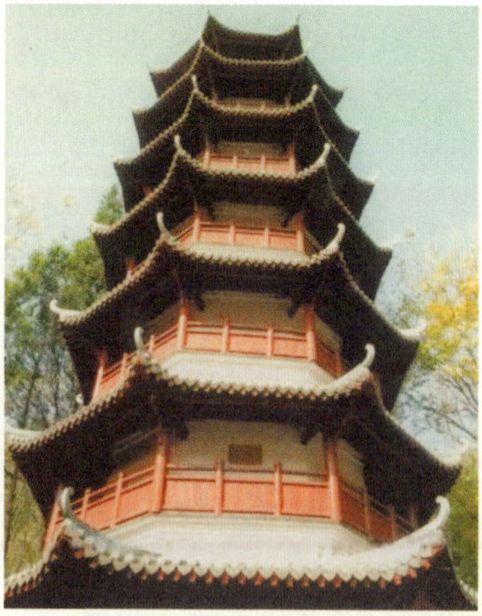

崇兴寺双塔

辽宁锦州市北镇县城东北隅崇兴寺南的崇兴寺双塔，建于辽代，东西峙立，相距43米，形成北镇“禅塔双标”景观。

双塔均为砖筑八角十三层实心密檐式，形制酷似。东塔高43.85米，西塔高42.63米。塔座上有砖雕斗拱、曲木万字拦板和仰莲等雕饰。塔身每面中央有拱龛，内雕坐佛，龛外两旁各立一胁侍，上有宝盖、飞天纹饰；每角刻一力士作负重状。底层檐下有砖雕斗拱，为双抄五铺作计心造，以上各层均用砖砌叠涩出檐，逐渐收分；顶为莲座、宝瓶及刹杆、宝珠。

传说双塔为辽代两个太后所建，后经元、明、清历次维修，忠实地保存着原样，至今完好。我国佛寺采取双塔并立以此处为最早。

云居寺北塔

北京市房山区（旧城）西南石经山的北塔，因座落云居寺北，俗称云居寺北塔。

赵程久/摄

云居寺为隋代幽州（今北京）智泉寺僧静琬所建，规模宏伟。辽天庆年间（1111～1120年）先后在寺两侧各建砖塔一座，南塔名压经塔，北塔名舍利塔或罗汉塔。抗日战争期间寺和南塔毁于炮火，仅北塔幸存。

北塔高30米，塔身底层和二层为楼阁式，二层以上为覆钵式，是印度佛塔和汉式楼阁建筑结合，在塔的形制分类上属组合式塔。由于北塔外壁曾经刷成红色，故又称红塔。

在北塔的双层须弥座下的宽大石筑基台四角立有四座密檐小石塔，高约3米七层，各小塔东墙刻有铭文，记载着建塔时间为唐代。

从整体布局来看，五塔呈现金刚宝座塔的形制，但只有金刚宝座式的意味，并不属于金刚宝座塔。

大安寺塔

桂纯宽/摄

浙江义乌市城区中心绣湖公园内的大安寺塔，建于北宋大观四年（1110年）。据嘉庆《义乌县志》载：绣湖之上有塔五级，徽宗大观三年建大安寺，四年庚寅建塔。今可见一至四层内外塔壁均有大量“庚寅岁建”铭文砖。

塔残高23.42米（不含埋入地下1.26米塔基），平面六角五层砖木结构楼阁式。底层高大，正南、东北、西北三面设券门，二至五层各错面设券门，塔墙转角作圆形倚柱，柱间兼柱分每面为三间，明间设券门或壁龛。底层每面倚柱顶砖砌转角铺作各一朵，每面补间铺作一朵。

腰檐和平座为砖木结构。但原有的飞檐翘角和栏杆以及塔刹已毁，塔内外原置楼梯回廊等亦无存，仅存砖构塔体。从造型来看，当年该是一座具有江南风格的秀丽的古塔。

高塔寺塔

湖北黄梅县城东南隅高塔寺遗址上的高塔寺塔，又名百尺塔，建于北宋天禧四年（1020年），高33.4米，八角十三层，密檐式仿木构砖塔，底层向东设一石门，可入塔室。二层以上全为实砌，不能攀登。每层施斗拱和菱角牙子，叠砌出檐，最上为叠涩圆锥形塔刹，塔体圆和浑厚，形如春笋。塔身各层看面相间设有佛龛和直棂、格眼窗，第三层每边外壁有一些墙砖阳雕“皇帝万岁”、“重臣千秋”、“民安物泰”、“同□功德”、“共成佛道”等颂词。但塔因年久失修，塔体残破，棱角模糊，加之塔为小青砖筑，颜色玄黑，风化严重，杂乱凹凸如一堆乱石，故当地俗称乱砖塔。1987年经修葺，恢复宋时原貌。

万部华严经塔

内蒙古自治区呼和浩特市东郊白塔村辽代丰州故城的万部华严经塔，俗称白塔，始建年代不详，据传在辽圣宗时（83～1031年），跨时948年，相当东汉建初八年至北宋天圣九年，是辽金时期的藏经塔。

塔高55.5米，平面八角七层砖木结构楼阁式。塔座大部分埋入地下，座上砌作仰莲瓣，塔身第一、二层外壁嵌有砖雕佛、菩萨、天王、力士像；三层以上塔身外壁的石门和窗两侧砌有方形壁柱，转角处有角柱。塔底层南面拱门上嵌有“万部华严经塔”篆书石匾。塔身门窗设置颇具匠心，凡奇数层的正南北开券砖拱门，正东西砌出磨砖直棂假门，而偶数层相反，正南北为假门，正东西为拱门，各层其他四面均设磨砖直棂假窗，每窗开通风透光口。塔身每层设腰檐和平座，并用砖砌出斗拱承托枋檐。

塔内有旋转式阶梯通道，塔内外壁和塔心设有多层互相交错搭接的木梁，形成一完整的木构体系。塔底层内壁嵌有金代石碑六块和历代游人用汉、契丹、女真、八思巴、蒙、藏等多种文字书刻的题记200余条，真实地记载了丰州城当时的风土人情和各族间和平友好的交往。

庆化寺花塔

河北涞水县北洛平村龙宫山南麓山崖平台上庆化寺遗址的花塔，始建年代不详，从塔的造型及建筑风格分析，应属辽代遗物。

塔为砖结构，通高13米，围长19.2米，基座八角形，其上须弥座高3.4米，束腰各角皆雕力士一尊，每面均设两个壶门，内雕吹、拉、弹、舞等形态各异的乐伎，束腰以上用双抄五铺作砖雕斗拱承托平座，平座勾栏各角用柱，每面用间柱一根。栏板为几何纹饰，上托素面平座，平座上置塔身，高3.6米，四个正面辟拱券门，拱顶的两角处各雕飞天一尊，其余四隅各设直棂假窗。塔

身各角施半圆形倚柱，上撑第一层塔檐斗拱，斗拱以上是砖雕，其上覆布瓦顶，第一层檐以上至塔顶是由八层砖砌小佛龛构成的圆形塔檐，每个小佛龛上部雕有3个寿桃，列成三角形。自第二层至第七层，每层16个佛龛，第八层缩为8个，共计120个小佛龛，再向上逐层收敛，形成圆形塔刹。

源影寺塔

河北昌黎县城西北角源影寺遗址处的源影寺塔，始建年代失考，从其风格而言，当属辽、金时期。据说当时建塔时，开掘塔基时发现一水井，泉水旺盛涌出。明万历四十八年，知县杨于陛命人重修古寺古塔，见塔映入井水中有影，言“水自有源，塔自有影”，遂定名为源影寺塔。高36米，平面八角十三层，典型的北方密檐砖筑实心塔。台基高大，上立五层雕饰须弥座，须弥座承托全塔，底层特别高，四周壁面饰有八面长方形城门楼、城墙等浮雕，八个倚角，上筑八面雕饰廊桥。廊桥上层层斗拱托檐，不露塔身。顶装露盘、宝葫芦塔刹。整塔造型精美，是研究宋、辽城镇建筑的宝贵资料。

相关链接：1985年在清理二层塔身时，发现一砖砌小洞间存锡质函匣一个，内放铜质刷金“张仓卧佛”一尊，造型优美，神态自然。佛像与头下之方枕一起铸在铜质底盘上，盘背面阴刻铭文“大明嘉靖二十六年春季月昌黎城之北水寺住持长老净释发心造张仓卧佛一尊铜匠高聪”。

大明塔

内蒙古自治区宁城县辽中京城遗址内的大明塔，俗称白塔，建于辽统和二十五年（1007年），是我国现存辽塔中的最大一座，因其外表白色，俗称白塔。

大明塔高74米，平面八角十三层砖筑实心密檐式。塔座为须弥座，屹立在高约6米的正方形夯土台基上，须弥座上部砌出仰莲瓣，承托着粗壮高大的塔身。塔身第一层高大，每面嵌镶浮雕造像，各倚角为小塔雕柱；塔壁每边正中镶成起券佛龛，龛内莲座上趺坐佛像，姿态各异，券门两侧为菩萨、力士像，塑像上方砌华盖，两侧上方各有飞天一对。浮雕刀法简练，线条流畅，形象庄严，是辽代雕塑艺术中的佳作。

辽阳白塔

辽宁辽阳市中华大街北侧白塔公园内的白塔，原名广佑寺大舍利塔，建于金大定二十九年（1189年），是金世宗完颜雍为其母贞懿皇太后李氏所建的垂庆寺塔的俗称。

白塔高71米，平面八角十三层密檐式实心砖塔，在辽宁省现存众多古塔中为最高，素有辽宁第一高塔之誉。塔的须弥座浮雕精致，塔底层各面分别辟拱门、佛龛，内供莲座坐佛，龛外两侧侍立菩萨、力士，门楣和佛龛上，左右饰飞天等砖雕，每面转角有高10余米的砖砌圆倚柱。二层以上均叠涩出檐，逐层收分。层层檐下斗拱，不露塔身。檐角缀风铃、铜镜。最上以八角形须弥座收顶，塔刹由铁杆、相轮、宝珠组成。整塔造型和雕刻具有较高艺术水平。

秀道者塔

上海松江区佘山的秀道者塔，又名有聪道人塔，月影塔，俗称佘山塔，建于北宋太平兴国年间（976～984年），据方志载，佘山潮音庵有道者名“秀”（亦称有聪道人）结庐于山麓，亲自参与造塔，塔成后引火自焚，故以“秀道者”为塔名。

塔高27米，平面八角七层砖木结构楼阁式。塔基石筑多层平台。塔的底层八面塔衣檐廊，塔衣攒汇斗拱平座。从二层平座至以上各层，平座八角立柱木栏，与塔壁外墙立柱梁枋穿架成绕塔走廊，梁柱上方斜撑和斗拱挑出飞檐翘角。塔身四面拱门，各层上下交错。柱栏梁枋斗拱油漆朱红，与白壁黑檐相间，视觉鲜艳明快。塔顶由须弥座、相轮、露盘、葫芦组成塔刹。整塔造型柔美靓丽，具有江南宋塔风格。

徐敬宾/摄

藏娘塔

青海玉树州长江上游通天河畔藏娘村的佛塔，俗称藏娘塔，建于北宋天圣八年（1030年）。据传，塔是藏传佛教后弘初期最具代表性的印度大学者弘底大师设计并主持修建，被称为标准藏传佛教佛塔的实物样本，它与印度的佛陀伽耶塔和尼泊尔的巴耶塔并称于世的三座佛塔。为保护这座佛塔，藏传佛教高僧嘎阿尼当巴于南宋景定元年（1260年）在塔旁修建了桑周寺。

佛塔高30余米，形制虽是金刚宝座式，但结构独特。按佛教密宗金刚宝座塔形，应为高高的台座上列五塔，而藏娘塔的构思则将台座设计由单层立距形变化为五层立阶形，并在第一层平台东南面建造一尊巨大的佛祖释迦牟尼鎏金坐姿塑像和背光装饰，佛祖塑像右边西南面排列8座同等大小的喇嘛塔，象征释迦牟尼八件大事，其结构形成塔墙；第五层平台中央砌立高大的无底座圆筒形塔身（又称宝瓶），四隅分立四座无底座的方形小喇嘛塔。大塔塔身上沿叠涩出檐，以上为方形台座、相轮、露盘、宝盖、日、月等组成塔刹。塔身东南面辟一佛龛，内供坐佛，并设暗道可入塔内，内有很多壁画，因不见阳光，颜色仍保鲜艳。

据寺僧介绍，佛塔内外三层。藏于塔心是装有佛祖舍利子的玻璃塔，二层围以七彩沙，外层为砖砌塔体。佛塔还有一个奥妙，有病的人转绕佛塔可以治病，尤对胃病特灵，说是塔下的水、土、石头和塔内宝物的作用。2009年初夏，中央电视台《走遍中国》摄制组前往探秘，目睹许多藏族群众在转塔，他们来自青海、西藏和四川，搭帐篷住下来转塔。转塔一周208米，要治病就得转上千周万周，喝塔下的池水，舔食塔旁山坡上的土，用佛祖前的石头按摩身体。摄制组请几位专家和当地医院、疾控中心对水、土、石进行检测，水为普通水，不含什么特殊物质，由于近年转塔的人越来越多，水已受人畜粪便轻度污染；石为沙岩、硅质岩、蛇纹岩，很普通，没有放射性；土含有三氧化铝和稀有元素铋，特别是铋含量很高。铋在医药上用于胃病基础用剂。如铋剂，作为一种胃黏膜保护剂，同时有一定抑制幽门螺旋杆菌生长的作用，可杀灭幽门螺旋杆菌，有效预防慢性胃病、胃溃疡等，还有一定止泻作用。千百年来也许就是土中的铋在护祐着通天河两岸的人们，同时也守护着虔诚信仰佛塔的人们的信念。

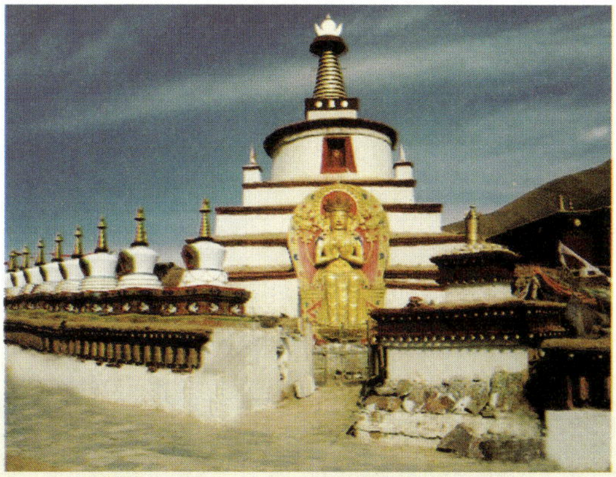

岳阳慈氏塔

湖南岳阳市西南洞庭湖滨的慈氏塔，始建于唐开元年间（713～741年）。据清同治《巴陵县志》记载，宋治平、建炎间两经修葺。明隆庆《岳州府志》载，塔为“宋制置使孟珙修，旁有珙像”，“县南有塔，宋创。”根据文献和造型，现塔应为宋代重建。

塔高39米，平面八角七层砖构楼阁式。塔体转角砖砌倚柱，腰檐叠涩外出，上置平座，栏毁。底层塔门已封闭，二层以上各层东西南北面辟券门，间面设小佛龛。塔刹为金属相轮、露盘、葫芦组合。造型古朴苍劲，是湖南现存最早的古建筑之一。

相关链接：始建于公元三世纪的印度早期佛教塔式建筑的典范桑奇大塔（今译音），是佛祖释迦牟尼圆寂后，弟子阿难等将其遗体火化所得舍利子视为法力无边的神物，建浮屠以藏之。我国佛典自汉晋至唐宋译音为“三齐”或“山慈”大塔，故称“慈氏”塔。

老君堂慈氏塔

甘肃敦煌县莫高窟东南15千米三危山中的慈氏塔，全名“老君堂慈氏之塔”，是一座典型的亭阁式宋塔。平面呈八角形，塔身土坯砌筑，泥木结构，高5.5米。塔南面辟一门，东、西、北三面分别绘天王像，其他四面为泥塑四大天王造像。由塔门可入塔心室，室内北面正中供奉慈氏像（即弥勒佛像），两边壁面绘有文殊、普贤菩萨像，室顶呈圆形穹窿状，上绘团龙及重幔纹样。塔檐以八根柱支撑，塔顶为八角攒尖顶，表面涂抹紫泥，上置塔刹，刹座为八角形须弥座，上置覆钵、七层相轮、圆盘、宝珠。

武安舍利塔

河北邯郸市武安县东门城内的舍利塔，始建于北宋，历代均加修葺。

塔高38米，平面八角十三层砖构楼阁式。塔身一至二层较高，以上逐层递减；二、三层增筑平座，看似双层腰檐。各层塔壁东、南、西、北面辟拱券门，二层间面设假窗。门窗上枋两挑斗拱，各层斗拱朵数及尺寸大小不一；斗拱托承腰檐，出檐较短，檐上覆盖筒或板瓦。塔体分内外两层，塔心为八角形立柱，柱壁有佛龛，内供佛像。内外层间有环绕回廊和梯道，拾级而上可达第九层，以上由于塔身逐渐缩小，至十一层塔心起立一根承受塔刹的木柱，不可登临。

塔整体结构双层，虽经多次地震而无损，外观挺秀。

狼山支云塔

江苏南通市狼山顶的支云塔，始建于北宋太平兴国年间（976～984年），明成化十六年（1480年）焚毁，成化十八年重建，万历四十二年地震，塔角檐损坏，后复修葺。

塔高约17米，方形五层砖筑楼阁式。塔底层四周围以绕廊，一至五层壁面四柱三间，中间辟门，两旁二间排窗。额枋斗拱挑檐，上铺黄色琉璃筒瓦，四角上翘。檐上平座木栏绕塔，形成外廊。塔顶四角攒尖，上置金属串柱相轮塔刹，小巧简洁。塔内中空，循木梯登临，可远眺江景。

整体造型简练庄重，饰红柱门窗枋栏间以黄色腰檐，又增其富丽的观视感觉，饶具古韵。

农安辽塔

吉林农安县（古龙州黄龙府）古城内的辽塔，辽圣宗（983～1030年）时建。当时佛教盛行，据记载，辽咸雍八年（1072年）三月，仅长春州（前郭县塔虎城）、宁江州（扶余县城四家史子古城）就有三千人剃度为僧尼。此塔就是这一历史时期佛教活动的遗迹。

塔高33余米，平面八角十三层砖构实心密檐式。砖筑台基承托塔体，底层高大，南面辟拱门，上嵌额匾，其余七面设假门，同嵌假额匾。塔壁八转角砖砌圆形倚柱。从第一层至十三层檐下皆砖雕仿木斗拱，叠涩平口腰檐，每角设蹲兽，角端悬风铃铜铎。塔上简置覆钵、双层露盘立串金属柱为塔刹。

整体造型雄壮、简洁、匀称、美观。

兴隆塔

山东兖州城东北隅兴隆寺遗址的兴隆塔，据《兖州府志》载，始建于隋唐，现存之塔为北宋时期建造。

塔高54米，平面八角十五层砖筑楼阁式。此塔造型独特，似大小两塔叠加。下部七层塔体粗壮浑厚，上部七层塔挺秀玲珑，为中国古塔建筑中所罕见。

兴隆塔立于石护台基之上。底层较高，仅南面辟一拱门，双层腰檐，为假二层。双檐以上正四面辟券门，斜四面二、四、六、七层设方形盲窗纹饰，三、五层辟圆形窗洞。全塔浅短叠涩腰檐，七层檐上平台栏杆，既是上部七层小塔的台基，又可供游人登临远眺。前人颇多题诗留言，如“高入白云，影落灵光；翠色独凝洙水，风声摇应岱峰。”今若登临其上，古城新貌和津浦铁路纵贯南北的风景线尽收眼底，令人心旷神怡。

尊胜寺万藏塔

山西五台县城东北20千米西峡村山峪的尊胜寺，是五台山南门道上的名刹。相传唐代印度僧人佛陀波利在此拜文殊菩萨，随之建寺，宋代扩修，寺区建筑瑰丽，古木参天。寺一连五进殿阁院落，依山而上，层叠有致，最后为塔院，内矗北宋大中祥符年间（1008～1016年）始建的万藏塔。

塔高约45米，平面十二角十三层砖构楼阁密檐组合式，形体近似圆柱，从下而上收分甚少。塔壁涂抹白泥，无装饰，一至九层南面辟拱门，小作花饰门套，其上四层北面设券门，以便空气对流，保持内部干燥。腰檐砖砌叠涩，出伸较浅。塔顶置小座、相轮、露盘、宝珠组成塔刹。

整体造型简洁、庄重、雄伟。

泰塔

陕西旬邑县城内北街的泰塔，又名旬邑塔，建于北宋嘉祐四年（1059年）。

塔高56米，平面八角七层砖石结构楼阁式。塔每层辟有拱门与长方形假门。塔内中空，有木梯可盘旋登临。各层塔檐与转角部位的中线施青石倚柱，其外端雕凿螭首，伸出翼角。每层塔门两侧砌直棂窗并刻有球形菱花格子和曲尺栏杆，外观精巧雅致。

涌泉寺双陶塔

福建福州市东郊鼓山涌泉寺天王殿前的一对千佛陶塔，烧造于北宋元丰五年（1082年）。塔原在福州市南台岛龙瑞寺内，1972年移此。

东塔名庄严劫千佛宝塔，西塔名贤劫千佛宝塔。双塔形制相同，高6.83米，平面八角九层陶质仿木结构楼阁式。塔座径1.2米，座壁塑有狮子、力士和各种花卉图案，并有题识，记烧造时间、施主和工匠姓名。塔体自下而上逐层略有收分。双塔壁面各贴塑佛1078尊，八角腰檐另塑人物72像，角悬陶铃72枚。塔顶压宝葫芦。陶塔系分层烧造，然后拼合而成。用陶土烧制如此精美高大的宝塔，且完好保存九百多年，为国内罕见。

觉山寺塔

山西灵丘县东南15千米悬钟山与溏河之间的觉山寺，据清康熙二十三年的县志载，寺建于南北朝。北魏孝文帝太和七年（483年），辽代重修，寺内宝塔为辽代建筑。

塔高约48米，平面八角十三层砖构密檐式。双束腰八角须弥座承托塔体，塔身底层高大，正面辟拱门，其余七面间设窗、券门。腰檐砖砌叠涩外伸，层层逐渐收分，线条匀称。塔刹简洁，主要构件为覆钵、铁杆串立铜质宝珠、葫芦。

赣州舍利塔

江西赣州市内的舍利塔，又称塔下寺塔、慈云寺塔、慈恩寺塔。据府、县志记载，系唐初所建，砖上有“尉迟监造”的铭文。但从塔的底层和二层发现的数种铭文砖，“天圣”年号居多，未发现“尉迟监造”铭文砖，据此认为北宋天圣年间（1023～1032年）所建。

塔高40余米，平面六角九层，外观似十七层砖构楼阁式。塔基为六角形台座，承托塔体。底层仅一面辟拱门，二层以上各层三面券门，三面假门，层间互不交错，其中四、五、六、七层假门上额辟三孔佛龛。腰檐双层，檐距较大，砖砌仿木斗拱出檐甚多，看似塔体外套八圈六面体檐座。

注：尉迟，和尚名。据《云南通志》，唐天宝五年（746年）云南大姚县西郊宝伐山所建白塔，则是唐时“西域番僧所建，尉迟即梵僧名”。

蓟县白塔

天津市蓟县城内观音寺前的白塔，又称观音寺白塔，旧称渔阳君塔，又因与千年古刹独乐寺隔街相望，又称独乐寺白塔，始建于辽清宁四年（1058年），明嘉靖、隆庆、万历和清乾隆年间多次修葺。

塔高30.6米，平面八角，为密檐、覆钵二式组合，是中国辽塔中的奇特造型。塔基由花岗岩条石和青砖雕砌的斗拱、栏杆、莲花组成，仿木结构制作，须弥座壶门内浮雕乐伎刻工精细，栩栩如生。塔身南面辟拱门，内置佛龛；东、西、北三面均为砖雕假门，门间四面凸雕碑形，上书佛教偈语；塔身八个转角倚柱作重层小塔；塔身上出三层砖檐，檐角系铜铃。上端作喇嘛塔式圆肚体，饰如意等花纹，钵脖起八角平座及外挑叠涩八角形座承托粗壮的相轮（十三天）和铜刹。

塔内中空，分上、中、下三室，不可登临。塔内还包砌一座小塔，塔身雕佛像、神兽等图案，残高21.4米，上层呈八角形，直径4.57米，塔内小塔之精致也属少见。古诗赞曰：“金峰平挂西天月，玉柱直擎北塞云”。

释迦文佛塔

福建莆田市南郊凤凰山（南山）广化寺南侧的释迦文佛塔，据塔门旁题刻，建于南宋乾道元年（1165年）以前。

塔通高36米，平面八角五层石构楼阁式。塔基为须弥座，束腰间浮雕狮子滚球和牡丹，转角浮雕侏儒。塔体第一层东西两面开门，其余设佛龛；第二层以上各层，正四面开门，间四面设佛龛，门和龛两旁浮雕罗汉、金刚、武士，龛内供浮雕观音菩萨，神态生动，丰满逼真。回廊栏板浮雕海水卷云纹。各层塔檐薄而长，飞翼翘角；倚柱瓜楞形，柱顶斗拱作双抄三下昂，檐下各出两层叠涩，浮雕凤凰、双头羽人、飞仙以及奇花异草等图纹。塔内为八角空心室，宽敞明亮。

古佛舍利塔

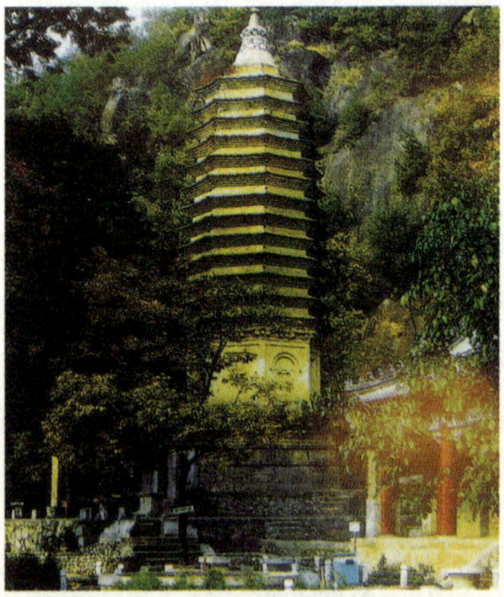

天津市蓟县盘山天成寺大殿西侧的古佛舍利塔，始建年代不详，辽天庆年间（111～1120年）重建。相传塔内藏神龙（唐·周武则天年号）亲奉舍利三万余颗，明崇祯重修时曾发现石函、舍利和佛像。

塔高22.63米，平面八角十三层沟纹大砖结构密檐式。塔基以花岗石须弥座和三层砖雕仰覆莲花组成，塔身底层高大，正面设拱门，内置佛龛，余面假券门方窗，浮雕花饰。塔壁砖砌倚柱额枋，上为斗拱承托叠涩出檐，均为仿木砖雕。塔顶八角平座，上起八面攒尖柱，柱腰部饰双层如意花纹银色覆盘，顶端覆莲宝珠构成塔刹。塔身通体饰以淡黄色，与天成寺、翠屏峰交相辉映，构成“塔影穿幽壑，晴岚迭翠屏。天成桥畔路，曲折入浮青。”的天然画卷。

无为寺塔

江西安远县城西无为寺遗址的无为塔，依寺而名。唐长庆四年（824年）建无为寺，明改大兴寺。

无为寺塔，建于北宋绍圣四年（1097年），现亦称大兴寺塔。

塔高50米，平面六角九层砖木结构楼阁式。塔体用长方形、三角形、菱形、正方形四种青色火砖交错砌筑。每层用杉木做楼梁和瓦椽，用杉板做楼梯和层面地板，以琉璃瓦盖檐面和塔顶，集建筑木塔、砖塔、琉璃塔技术于一身，历900余年沧桑，独具风格。

旧州塔

四川宜宾市西北郊旧州坝的旧州塔，建于北宋大观四年（1110年）。

塔高30米，方形十三层砖构空心密檐式。底层高大，南面辟券门。二层以上逐级收分，近上愈小，十三重檐间各层外壁正中设小窗，全塔计48窗，其中真窗10个，余皆假窗。小窗两侧设小塔或棂窗。塔内实分五层，每层有砖筑藻井及斗拱等，层层设小室内供佛像（已毁），各层间有磴道相通。塔体白灰涂抹，简洁无华，造型挺拔，古朴苍劲。

白塔寺多宝塔

重庆大足县城北北山白塔寺前的多宝塔，俗称北塔或白塔，建于南宋绍兴年间（1131～1162年），明、清均曾修葺。

塔高30余米，平面八角十三层砖构空心密檐式。塔基二层且宽阔，第二层周边残留方形石柱说明塔下原有塔衣檐廊，今无存。塔底层八面转角倚柱粗壮，上绕浮雕蟠龙，刻八托力士像，正南面辟圭形券门，门上方两侧紧贴倚柱设方形龛，余面上方设长方小龛，龛左右设方龛或假门。二层以上四正方辟圭形券门，四间方上下间隔设双龛或单龛。腰檐以砖砌叠涩、小拱外伸。塔内外壁嵌宋代雕刻百余幅，外镌花草图及白描佛像；内刻“五十三秀”像及人物像等，雕刻精美，题材丰富，为他处罕见。还有题记六十余则，中有南宋绍兴二十二年（1152年）冯檝捐造多宝塔第六级题记，雕刻匠师留名的有伏小八等，故知塔与北山摩崖石刻紧密相关。

塔整体设计仿楼阁式，改变了密檐式底层高大、上面各层密集腰檐的设计形制，上下收分柔缓，白墙黑檐相间，塔内七层设通道于塔心，拾级可临塔顶，既有密檐柔美之形，又有楼阁登临观览功能，是两种塔式优点的整合，造型挺拔、粗壮、柔美，在我国古塔中独具风格。

灵宝塔

四川乐山市东凌云山灵宝峰凌云寺侧的灵宝塔，又称文峰塔，始建于宋，明、清相继修葺。

塔高约38米，方形外观十三层，内实五层，砖构密檐式。底层高大，南面辟拱门，塔内中空，有步阶可通塔顶。二层以上层层收分；层间每面设佛龛和通光小孔，龛内供石刻佛像。腰檐砖砌中枋、小斗、叠涩、五个梁头挑出檐口和翘角。塔顶置高大覆钵，钵下沿四周辟十二个长方形横向小窗。钵上塔刹无存。

塔的造型苍劲古朴，且为密檐与覆钵二式的揉合，这在我国古塔建筑中尚属少见。清人有诗：“秘开灵宝擘云根，三水交投石马奔；光相娑罗坪外见，诸峰罗列此峰尊。”诗喻嘉州景色，丹山碧水，凌云山有九峰，以灵宝峰最奇。

三阳寺塔

陕西高陵县东南郊高陵中学校内的三阳寺塔，按其造型结构推断，当是宋、辽时建筑。据塔下明正德十六年（1521年）碑石载，塔原建于昭慧院内，因院地处泾阳、咸阳、渭阳之间，故亦称三阳寺，塔亦名三阳寺塔。

塔通高53米，平面八角十三层砖构楼阁式。塔体每层东、南、西、北四面有券门，其他四面无门窗。腰檐以二砖和牙子各二砖交错砌筑到第八砖后作出假飞椽挑檐，即反叠涩内收，各檐角微上挑。塔顶圆形宝瓶作刹。

塔结构精巧坚固，经千年风雨，几度地震塔身毫无倾斜、下沉或裂缝等现象。登临远眺，渭北原野风光尽收眼底。

水西双塔

安徽泾县城西泾水西岸白云山麓的双塔，位于宝胜寺两侧，一大一小左右对峙，通称水西双塔。

水西白云山是久负盛名的佛教胜地。相传北魏永平元年（508年）始创凌岩寺，唐代高僧在此结庐，名五松院，宋代重建，元代改名宝胜禅寺，清乾隆年间又增修扩建。唐代开始造塔，历经风雨战乱，唯宋代两塔遗存至今。

水西双塔，一为大观塔，一为小方塔。

大观塔建于北宋大观二年（1108年），高45米，平面八角外观七层，内十二层，砖构楼阁式。底层直经12米，壁厚3.5米，南面砖圈拱门，入塔内循梯道可登临。二至六层每面辟券门，两侧壁间设小佛龛。第七层收分显著，间面设券门，顶檐平座置覆

钵、铁铸仰盘、相轮、葫芦及浪风索组成塔刹。塔墙拱券门额上枋与檐下补间每面用辅作四朵（含转角）每层共二十五朵。腰檐短出，以砖砌叠涩斗拱外挑而成。檐上叠涩外挑平座、栏杆。塔体内外壁嵌碑刻125方，内容为佛经、观音像、赞塔偈等，其中的宋政和五年“南堂居士”包整等人的长篇石刻，在塔的第六层内壁一方碑文中有：“……宝胜禅寺院造释迦舍利塔一座十三层……”。据专家分析，铭文记造塔十三层属计划，由于北宋晚期战事频繁，社会动荡，经济萧条，以致造到第六层就草草收结第七层而停建。

小方塔建于南宋绍兴三十一年（1161年），故名绍兴塔，残高21.3米，方形双檐，原七层现存六层，砖构楼阁式。底层直径3.5米，南北两面塔壁嵌有石刻佛像，浮雕背光；另一面还嵌泾县梅权及其全家舍钱建塔刻碑一方。二至六层塔壁上下交错每面相间设二券门、二假门，门两侧设长方形浅佛龛，内刻立佛。塔上还有十多方义输碑文和佛经刻石。

水西双塔，各具风采。大塔雄伟壮观，小塔小巧玲珑，彼此相映成辉。清代诗人胡兆殷诗韵《水西双塔》：“两两浮屠耸碧空，青冥如洗矗长虹。光连梵宇昙花洁，彩散诸天贝叶红。只有轻鸾摩绝顶，想多古佛居当中。凌虚欲陟恣遐瞩，藓蚀苔封怅不穷。”

崇教兴福寺方塔

江苏常熟市大东门内崇教兴福寺遗址上的方塔，始建于南宋建炎四年（1130年）。据县志记载，南宋时有一精通堪舆术僧人向县令建议，常熟邑城西北为山，东南有湖，“客位高，主位低”，应于城内立塔为镇，遂建塔。

方塔高67米，方形九层砖体木檐楼阁式。底层塔心室为八角形，底层和二层之间为夹层，夹层中有空井与底层相连，周围有木栏杆，二层以上塔内皆方室。塔外壁层层穿梁斗拱外撑塔檐，弧檐翘角，角系风铎。檐上斗拱外挑平座，座沿四角顶檐木柱，柱间设雕花木栏，塔壁每面划为三间，中间辟门，两侧为直棂窗。各层平面逐层缩小，高度亦逐层减低，均为木楼板，扶梯位置各层相互交换。第七层内正中置顶刹木木柱，穿过七、八、九三层至塔顶铁刹。

方塔是我国现存为数不多的早期风水塔之一，它保留了隋唐时期塔的建造艺术与形式，也是常熟古城标志性的建筑。

曼飞龙塔

云南西双版纳傣族自治州景洪市大勐龙乡曼飞龙寨后山上的曼飞龙塔，又称飞龙白塔，傣语则称“塔诺”或“塔诺庄龙”，意为“笋塔”或“大头笋塔”，建于傣历565年（南宋嘉泰四年，公元1204年）。

曼飞龙塔由塔座、坛台、钟座、覆钵、莲花、蕉包、宝伞、风标八部分组成。塔基为梅花瓣形的须弥座，正八边形，高约2米，周长42.6米。在八个正方向，塔座向上突起，形成八座“人”字檐罩亭，罩亭山墙辟拱形佛龛，龛沿彩色卷云纹饰，内供佛像。基座立面漆有红、黄、紫、白等横条，色彩斑斓。基座中间主塔高16.29米。主塔周围八个小塔高皆为9.1米，分列八角。九塔均为多层葫芦形，塔身洁白，与泰国等地流行的小乘教佛塔属于同一类型。

曼飞龙九塔群，状如一丛拔地而起的粗壮竹笋，参差有致。八座小塔顶上，各挂一具铜佛标，主塔尖上装有铜制“天笛”，山风一吹，发出叮叮当当的响声，合着秀丽、圆润的塔形，衬以绿荫的橡胶林，十分和谐优美。

姐勒金塔

云南德宏傣族景颇族自治州瑞丽城东8千米姐勒寨（广贺卯）的姐勒金塔，又称瑞丽大金塔，由十七座大小长脖尖顶覆钵式塔组成，共聚在一座折角多边形的基台上，中央大塔高40余米，塔座为八角形双层叠加须弥座，上置宽沿台座承托双层叠加的覆钵塔身，钵体肩起高大拔尖的相轮，撑顶硕大的敷金小塔为塔刹，大塔四面围以十六座形制如同大塔的小塔，像是一园春笋破土而出，造型独特，秀丽壮观。

石塔寺石塔

四川邛崃市以西45千米高何镇高兴村石塔寺遗址的石塔，原名释迦如来真身宝塔，建于南宋乾道八年（1172年），由寺僧安静禅师主持建造。

石塔高17.8米，平面方形十三层红砂岩砌筑密檐式。塔体为菱形。塔座为双重高大的须弥座，下层须弥座的束腰部分，以间柱分为三间，刻海棠曲线形壶门浮雕，门内刻牡丹、莲荷等纹饰，仅正面中间辟一佛龛，内供佛像；上层须弥座束腰内，也以间柱分三间，内刻卷草纹饰；须弥座下的几案四角外出旋涡形圭脚。塔身第一层很高，其四面建有回廊（亦称附阶），回廊以十二根八棱形石柱支撑，柱脚坤石为方形叠仰莲座；每面四柱三间，廊檐为石板，四角反翘。塔壁中间开拱门或假门，左右间刻力士、天王、菩萨像（有的已风化）。二层至六层，逐层略有增大，而从七层至十三层则逐层缩小，呈一条缓缓的抛物线，外观秀丽挺拔。塔身二层以上每层四面刻佛像三尊，共144尊，另刻有《观音经》、《大悲咒》、《地藏本原经》共三卷。

石塔二层以上各层塔身很矮，十二层塔檐紧相叠，其造型风格既继承了唐代密檐式的特征，又吸收了宋代南方楼阁式塔的造型手法，是研究我国古塔建筑的一处宝贵资料。

拜寺口双塔

宁夏回族自治区银川市西北50千米贺兰山东麓拜寺口西夏佛祖寺院遗址的双塔，建造于西夏后期，相当于南宋嘉定年间（1208～1224年）。

拜寺口双塔东西对峙，相距约百米，皆为八面十三层楼阁式砖塔，两塔直起平地，无基座，底层较高，平素无饰，正南辟券门，可进入厚壁空心筒状塔室。

东塔高39米，塔身呈锥体。每层由叠涩棱角牙和叠涩砖构成腰檐，腰檐外挑。塔顶砌八角形平座，座中心为圆形刹座，上承“十三天”宝刹。二层以上每层每面贴有彩塑兽面两个，左右并列，怒目圆睁，獠牙外露，十分威猛。兽面口衔彩绘红色连珠。兽面之间是彩绘云托日月图案。塔壁转角处装饰彩塑宝珠火焰。

西塔高36米，塔体比例协调，比东塔较为粗壮。二层以上由数层叠涩棱角牙和叠涩砖构成腰檐，檐上砌平座，外檐饰以圆形兽头构件。塔顶承八角形刹座，刹座檐下饰以并排彩绘莲瓣，转角处饰以砖雕力神，力神裸体挺肚，手托莲座，栩栩如生。塔刹上承“十三天”宝刹。

双塔将绘画和雕刻艺术结合起来，构成了两座雄伟壮观、绚丽多彩的建筑艺术珍品。

相关链接：西夏，是宋人对党项羌所建大夏封建政权（1038～1227年）的称呼。西夏王朝置都兴庆府（今宁夏银川东南），最盛时辖二十二州，包括今宁夏、陕北、甘肃西部、青海东北部和内蒙古部分地区，同辽、金先后成为与宋鼎峙的政权，后为崛起的蒙古大军所灭。

北寺塔

江苏苏州市老城北部平门北寺内的北寺塔，始建于梁代，后屡建屡毁。现存寺塔为南宋绍兴年间（1131～1162年）重建，巍然耸立于苏州古城之中，气势雄伟，堪称江南第一名塔。

塔高76米，平面八角九层，底座和外壁砖砌，其他多为木建。每层有木制腰檐和由斗拱挑托的平座栏杆，每面券门，塔心方室，可循梯登临。底层塔衣（即飞檐）八面伸出特长，覆荫塔的台基。造型由下曲线上升，逐层收分，层层飞檐翼角，迴廊萦绕。塔顶由金属质地的覆钵、相轮、葫芦、浪风索组成塔刹。这座高大而完整的砖木结构的楼阁式古塔，可谓玲珑玉垒万金贵，名闻遐迩炳千秋。

法华塔

上海嘉定县嘉定镇练祁塘南岸登龙桥大街，老城中心的法华塔，又名金沙塔，俗称文笔峰，建于南宋开禧年间（1205～1207年）。

塔高约24米，平面方形七层砖木结构楼阁式。明万历年间腰檐平座俱毁，仅存底层，万历三十六年（1608年）重修，清末又渐残缺，民国八年（1919年）修葺时，改用钢筋水泥砌出平座栏杆。塔各层四面交错辟拱门或置假门，塔体外壁每面四柱梁枋，上以斗拱斜撑挑出飞檐翘角。塔顶由相轮、方形露盘、铁葫芦、四条浪风索组成塔刹。

法华塔造型似有唐风，高峙街衢，成为古城一道亮点。

徐敬宾/摄

姑嫂塔

福建晋江市（古泉州）石狮镇东南5千米宝盖山巅的姑嫂塔，又名万寿宝塔、关锁塔，建于南宋绍兴年间（1131～1162年）。据《泉州府志》记载：塔“高出云表，登之可望商舶来往。宋绍兴中僧介殊建。”可见此塔当时是作为商船航海的标志。

不过，此塔却有一个感人的传说。《闽书》载：“昔有姑嫂为商人妇。商贩海久不至，姑嫂塔而望之，若望夫石然。塔中刻二女。”一说，有姑嫂灼盼远洋亲人，望眼欲穿，竟日垒石临远，奈归舟难识，音讯杳茫，不期伤卒，时人哀之而筑塔，立二女像（已湮没）祀之。一说，当时闽南大旱，田地颗粒无收，一农民欠地租无法偿还，无奈抛妻别妹海外谋生，原约定三年后回家还债，不料遥无归期，姑嫂日夜思盼，登上宝盖山遥望，不见归帆，于是抉石登高，年复一年，垒石万千成一高台，仍不见亲人归来，而地主逼债不休，姑嫂相对泣诉，纵身大海。后人感念姑嫂而修整石台建塔。脍炙人口的传说，表达了侨胞离乡思亲的浓烈情怀。

姑嫂塔占地325平方米，高21.65米，平面六角五层全部用花岗岩砌筑楼阁式。内壁有石级可绕上，登临远眺，晋江平畴，台海波涛，一览无遗。

定林寺斜塔

江苏南京市江宁区方山西北麓下定林寺遗址处的斜塔，建于南宋乾道九年（1173年）。作为金陵名刹之一的定林寺，在佛教界有“南定林，北少林”美誉。该寺有上、下定林之分：上定林寺由一名克什米尔籍的高僧于南朝刘宋元嘉十六年（439年）在钟山建立，后毁于战火。下定林寺另一高僧来到方山西北麓修建。相传梁时（约公元510年前后）禅宗始祖菩提达摩来中国参禅的第一道场设在定林寺，至今尚保留有“达摩崖”等史迹。

方山，是一座死火山。南宋时古人建塔于火山滚岩山上，由于一侧的水把土逐渐冲走，塔基松动，造成基岩南高北低，宝塔便向北一方侧偏，到2003年塔的斜度达到7° 59′，比意大利比萨斜塔（4°）高出3° 59′，逼近8°倒塌“死亡线”。为抢救古塔，南京市采取“纠偏”加固措施，将塔的斜度拉回到5° 35′，属于我国八座斜塔之一。

塔高14.50米，平面八角七层砖木结构楼阁式。塔身底层高大，直径3.45米，仅南面开拱门，东西北三面各壁拱门形佛龛，二层以上均四面开门。塔内底层中央有石雕须弥座，座上佛像已不存。塔心室底层和二层内方形，三至七层均圆筒形。塔身砖砌仿木柱枋、斗拱犹在，但木质腰檐、平座外沿木栏、塔顶及塔刹已毁。形体古朴而寒怆。

相关链接：我国古代文学理论批评家刘勰（约465～532年），深为南朝梁武帝萧统所重，官至东宫通事舍人等职，早年皈依沙门，精通佛教经论。晚年出家为僧。南齐末年（约499～502年）他在定林寺写成《文心雕龙》五十篇，发展了前人进步的文学理论批评，抨击当时创作界片面追求形式的风气，体系较为完整，是我国古代文学理论批评的巨著。

镇岗花塔

赵程久/摄

北京丰台区长辛店云岗村东土岗上的镇岗花塔，建于金代，明嘉靖年间维修。自古传说这座土岗是一条龙脉，到了金代，传言土岗不断上长，人们为保风水，就在岗北建崇高寺，寺南建塔以镇之，故名。

塔高18米，平面八角九层砖结构实心华塔。塔基高筑，其下半部平砖错叠；上半部砖线分割五层，第三层绕基砖雕斗拱；拱眼壁上装饰盆花、兽首等精美古朴的浮雕；西北面第二层壁间组雕神像、雷公、文官、武士；第四层檐状斜壁，第五层内收为八角平台，上承塔身。塔的第一层为楼阁式，体量高大，占全塔身的半数，八角刻圆形倚柱，东、西、南、北四正面辟拱门，内装菱形格子门，其余四面为直棂窗。门窗上枋砖砌叠涩斗拱挑出塔檐，上置须弥座，座上为八层密檐呈花束形塔身，底层环塔小佛龛为重檐亭阁式方塔，二层以上均为单层亭阁式方塔。佛龛内刻有佛像，自二层以上塔檐（相轮的变换）每面雕一坐佛，有双手高举、一手平举、双掌合十等姿态。塔刹覆盖八角座子，上置大宝珠。整塔造型俊秀，其风格独具匠心，是我国塔中的珍罕艺术作品。

万佛堂花塔

北京房山区坨里云蒙山南麓也水洞附近山岗上的花塔，因山南有万佛堂故名万佛堂花塔，又俗称坨里花塔，建于辽代，塔身尚存“咸雍六年”（1070年）、“寿昌七年”（1101年）的题记。

赵程久/摄

塔高约30米，平面八角砖筑。基台为高大的须弥座，上下共六层，层层拱格内雕花纹，其中束腰两层拱格内装饰丰富，下为人物、花卉浮雕，上为斗拱浮雕，第六层叠涩挑出，承托塔身。第一层高大仿木结构楼阁式，有倚柱、额枋、门窗、斗拱挑檐翘角。塔壁四面拱门，四面假窗，拱门两旁和顶部雕刻佛、菩萨、力士像。角檐上斗拱八角形平座及栏杆，上承巨大的圆形花束状塔身，高大花束体约占全塔高度的一半。花束体砖线分隔为十层，每层绕塔排列着密集的小佛龛和狮、象等神兽，最下一层绕塔龛为重檐亭阁式小塔，以上各层则是单层亭阁式小塔，塔刹为八角形小楼阁式，但阁顶宝珠已毁。

整塔风格在花塔中不失细腻厚朴，是一座精心设计的建筑艺术佳作。

荆轲塔

河北易县（古幽州，亦名易州）城西南郊荆轲山圣塔院寺遗址的荆轲塔，建于辽代，后寺与塔俱毁。明万历六年（1578年）重建，清代加修并立碑。因此山有荆轲馆、荆轲衣冠冢等遗迹及明代“古义士荆轲里”等碑碣，清碑上又有“寺与塔为山而设，为荆轲而设也”等语，故名。

塔高24米，平面八角十三层砖石结构密檐式。塔基石筑须弥座，束腰仿木雕斗拱，上下竖壁雕饰花纹，座顶雕塑三层错叠莲瓣承托塔体。塔底层高大，四面辟拱门，余面设直棂窗，倚柱作三层经幢式，门顶额枋饰如意，上施斗拱叠涩出檐，筒瓦短角，二层以上砖叠密檐不设窗洞，为实心结构。塔顶由小座、覆钵、露盘、宝珠组成塔刹。整体造型辽塔风格。

相关链接：荆轲（？～前227年）战国时卫国人，好读书、击剑，性格豪爽，任游侠。本籍称其庆卿，游历燕国被称荆卿，亦称荆叔，后被燕太子丹尊为上卿，派他去刺秦王嬴政。公元前227年（燕王喜二十八年）荆轲带着秦的逃亡将领樊於期的头和夹有匕首的督亢（今河北易县、涿县、固安一带）地图，作为进献秦王的礼物。献图时，图穷而匕首见，刺秦王未遂而身死。

临猗双塔

山西临猗县城内北隅的双塔，相距50余米，东西对峙。据《猗氏县志》记载，双塔隋唐时创建，宋代重修，原有妙香寺，西塔在寺内，东塔居寺外，今寺不存。

双塔形制相同，高约30米，方形七层砖构楼阁式。

东塔，又称许仙塔，宋代建。第七层内原有许仙画像，今无存。塔身底层中空，以上实心；一、二层檐下有四铺作斗拱，二层以上每面转角有倚柱，上施斗拱、把头交项，承托檐角。

西塔，又称白蛇塔，唐代建。明嘉靖三十四年地震塔刹毁。塔身底层腰檐下砖雕斗拱，其余各檐皆砖砌叠涩下外伸上内收，塔中空，有阶梯可登临。

民间传说每年七夕即农历七月七日夜，当弦月将坠西山之际，东西两塔的塔影相交，这是白蛇与许仙聚会。北门外原有一座青蛇塔，今已不存。

太平塔

安徽潜山县彰法山路县博物馆内的太平塔，据《潜山县志》载，始建于东晋咸和年间（326～334年），原名童师妙济真觉大师舍利塔，塔前有真武殿，塔后有玉皇阁、华表等，塔旁太平兴国禅院，寺塔实为一体。又据《五灯会元》载，宋代高僧太平慧勤应舒州太守孙鼎臣之请，曾住持太平寺。1995年维修太平塔，发现地宫盖石和重建塔碑记一方，进而佐证塔创年代。宋崇宁三年、绍兴二十九年先后修葺。明末（崇祯十五年正月）张献忠率农民起义军攻桐城，遣其一部攻潜山，在寺内俘获藏匿的知县李允嘉等官员十一人，同时举火焚烬寺、殿、阁及塔的各层楼板，塔内至今仍留残板焦痕。

塔高43米，平面八角七层砖木结构楼阁式。塔基砖石构筑，台基宽阔。塔底层护以塔衣檐廊，南面辟拱门，为入塔登临通道，余面设假门。二层以上各层每面上下错置砖圈券门或假门，门两侧壁间设三排六个方形佛龛或一、两个透光窗洞，内壁四周砖上镂刻佛像近千尊。腰檐以砖叠涩外伸，多层仿木斗拱挑出飞檐翘角，檐上再多层仿木斗拱外挑平座、栏杆，观若双檐。塔顶置覆钵、童师菩萨顶相轮、日月铃铎、葫芦及浪风索。塔内中空，铺楼十一层，横木压板；内壁设台阶，经塔楼平座可攀登，鸟瞰塔下合（肥）九（江）铁路和合界高速公路横贯，南观城郭峥嵘，西眺潜河碧水和三祖寺塔岚烟，令人心旷神怡。

朱康宁/摄

圆觉寺塔

山西浑源县城内圆觉寺遗址的宝塔，始建于金正隆三年（1158年），明成化年间修葺。

塔高30余米，平面八角九层砖构密檐式。塔基须弥座高约4米，周围满嵌砖刻武士、乐伎、狮兽等浮雕。塔底层高大，南面有门可入塔心室，原塑释迦佛像已毁，四壁尚残留一些明代壁画。

龙泉寺令公塔

山西五台山台怀镇南5千米九龙岗龙泉寺西里许的令公塔，相传为宋时杨业死后，其子五郎收遗骨藏于塔。

塔高约10米，平面六角三层砖构覆钵式。须弥座和塔身第一、二层均涂成绿色，遍刻细格壶门和佛像纹饰，第三层涂抹白灰，塔顶以小覆钵塔为刹，造型别具一格。

圣寿寺舍利塔

山西芮城县城北圣寿寺遗址的舍利塔，建于北宋天圣年间（1023～1032年），明、清曾有修葺。

塔高约48米，平面八角十三层砖构楼阁式。塔身各层收分比例较大，体呈锥形。腰檐下仿木砖雕斗拱。塔中空，原各层铺楼板，可缘木梯临顶，现已不存。塔内尚保存部分宋代壁画，内容为佛、菩萨、供养人等，面形秀润，线条流畅，因焚香污染，色泽陈旧，但宋代画风清晰可鉴。

仙人塔

安徽宁国市城东50千米仙霞镇柘亭村南冲峭壁上的仙人塔，据《宁国县志》载,建于唐贞观年间（627～649年）；据近年省考古研究所勘察与测绘，认为是南宋绍兴十三年（1143年）建造，清康熙、乾隆间曾大修。

塔高26余米，平面六角七层楼阁式。塔基砌磨青砖，塔身每面宽2米，层层各面交错设圭形真假门，腰檐叠涩小斗拱，檐上叠涩外伸平座，原有飞檐、栏杆均毁。塔基内地宫中空，早年被盗。塔体中空，原铺楼板及梯道，由门洞绕外壁循梯盘旋而上，现亦毁。塔顶由覆钵、仰莲、相轮、宝瓶组成塔刹。生铁铸高5米的塔刹遍布铭文和卷草、莲瓣纹饰，铭文三千余字，为铸刻捐者姓名及捐资数，还有一些诗句。塔刹保存完整，刹上铭文之多在我国古塔中尚不多见。

疏仁华/摄

析木城金塔

辽宁海城市析木镇西北2.5千米羊角峪西山的金塔，建于辽代 ，历经千年风雨剥蚀，塔刹不存，塔身上部颓破。

塔高31.5米，砖筑实心平面八角十三层密檐式。塔基用18层雕刻青砖叠涩内收砌成，塔座为八角两层须弥座，每边长4.1米，第二层须弥座顶施重瓣莲以承塔身。塔底层高大，各面分雕乐伎、舞蹈人物和半身狮子，人物姿态优美，动物神态生动。塔身八角砖砌圆形倚柱，柱间各面辟一拱龛，龛内雕供坐佛一尊，龛外两侧各立一胁侍，披戴璎珞，脚踏莲花。龛顶雕小宝盖，上方雕四重大宝盖，盖上是形体秀美轻盈活泼的双飞天。第一层腰檐下砖雕斗拱，上层各檐砖砌叠涩出檐。塔型具有辽、金时期特色。

2000年修葺复原

未修前残貌

绥中斜塔

辽宁锦州市绥中县前卫镇古城东的斜塔，又名前卫歪塔，建于辽代（916～1125年），塔建成不久，因地基下沉而开始倾斜，斜度据20世纪60年代测量已达12° 01′，属世界危塔之列，被排为我国八座斜塔之一。

塔残高约9米，平面八角砖构，原八层现只有三层（连双层须弥座），是绥中一大景观。

绥中双塔

辽宁绥中县双塔岭双塔，建于辽乾统年间（1101——1110年），双塔相距50米，东西对峙。

东塔名天祚塔、高24米、平面八角九层砖筑密檐式。塔身底层高大，八面各有倚柱、东、西、南、北四正面砖砌浅龛，内置一佛坐于莲座、佛座须弥形，束腰雕有马、象、狮头，姿态各异，龛上有宝盖、飞天、铜镜，东南面角左上角和西面右上角有砖雕匾上题“辽天祚皇帝”与“宣赐舍利塔”字样。

西塔高约10米、平面六角七层砖筑密檐式，结构、雕刻部分与东塔基本相同。因年久风雨浸融，第六、七两层已大部残损，尚存五层塔檐。

修德寺塔

河北曲阳县北岳庙附近修德寺遗址的修德寺塔，始建于北宋天禧三年（1019年）。

塔高20余米，平面八角六层砖构花塔式。塔建于方形石筑的台子后部中心线上。塔基下部为八角形砖座，挑出双重莲瓣，以承第一层塔身。一层塔身正面辟拱门，内供佛像，二层塔身挑出莲瓣三重，上承高大的花束状塔身，几乎占整塔高的一半，其位置在塔的中部，形象更为突出。此层花束塔身是由每面四个小方塔环绕的五层带状小塔组成，每小塔下均有莲花承托，这种装饰虽较其他动植物花纹、佛菩萨等雕饰既简洁，又突出了佛塔的艺术效果，尤其是以小塔为花形布于八面塔身与一般花塔形状相比，独具特色，是花塔中的特例，十分珍贵。

海清寺阿育王塔

江苏连云港市东南花果山下大村水库之滨的海清寺阿育王塔，始建于宋天圣四年（1026年）。

塔高约35米，平面八角九层砖构楼阁式。塔身腰檐砖叠，檐上砖砌斗拱和平座，拱形塔门、直棂窗。塔内一至八层砖造八边形塔心柱，柱上设四个半圆形佛龛；第九层内无塔心柱及回廊，塔壁砖砌斗拱，呈八角形藻井。各层楼板搭在塔心柱内，上下衔接，交错组成。塔身砖体内曾发现木骨残迹，说明建筑塔身时用木骨结构，相当如今的钢筋。清康熙七年六月十七日（1668年7月25日）山东郯城发生8.5级地震时，波及连云港，屋宇塌毁十分之三左右，而此塔巍然屹立，保存至今。

寿圣寺塔

河南商水县西北35千米的寿圣寺塔，建于北宋明道二年（1033年）。

塔高41.5米，平面六角九层砖构楼阁式。塔基面宽4.2米，塔身各隅砌倚柱，檐下密布砖雕斗拱，各层外壁设券门或棂假窗。塔心室内设盘旋梯道，人可登临。塔第四层内室北墙嵌石雕佛像三尊，塔顶为铁质宝瓶塔刹。

整塔结构严谨，造型雄伟，虽历经自然灾害与火焚，仍屹立至今。

兴国寺塔

河南尉氏县兴国寺遗址的兴国寺塔，建于北宋时期，明嘉靖年间重修。

塔高约20余米，平面六角八层砖构楼阁式。塔身底层仅有一个拱门，二至七层各面错置门窗，壁面皆嵌砌长宽各0.3米的佛像雕砖二或三圈。各层平座下的腰檐以叠砌仿木结构建筑的砖雕斗拱伸出半挑翘角。塔心室设盘旋梯道可以登临，第八层辟五个拱门，可供外眺风光。塔顶置宝瓶状塔刹。千年古塔历经地震、大水而不倾，具有文物与建筑研究价值。

凤台寺塔

河南新郑县西南凤台寺塔，建于宋代，高约27米，平面六角九层砖构楼阁式。塔的第一层塔身相当于上两层的高度，如同密檐式的底层，但只在正面开一券门，各面转角砖砌咬缝棱背，结构稳定；二层以上各层每面门龛错设；腰檐以砖正反叠涩挑出，形似斗拱又非斗拱，圆曲的轮廓线整齐简洁，颇为优美。

二灵塔

浙江宁波市鄞县东钱湖畔二灵山上的二灵塔，建于北宋年间，高约12米，平面方形七层石构楼阁式。塔每层四面均有精雕石佛。每当夕阳西下，余辉映着多采的湖光山色，轻舟拍水，水环山翠，塔在粼粼的波光里闪动，形成钱湖十景之一的“二灵夕照”。元代诗人袁士元游湖而触景生情留下了赞美的诗篇：“尽说西湖足胜游，东湖谁信更清幽。一百五日客舟过，七十二溪春水流。白鸟影边霞屿寺，翠微深处月波楼。天然景物谁能状，千古诗人咏不休。”

蔡胜/摄

白塔峪塔

辽宁兴城县西北14千米，辽代佛教圣地觉华岛海云寺和尚墓塔林，林中小峪中的白塔，建于辽大安八年（1092年）。

塔高43米，平面八角十三层砖构密檐式。塔的须弥座高大，其八角各有天王力士托姿雕塑，座顶砖雕仰莲承塔身，底层八角石刻倚柱，柱镌八大灵塔名，四正面设券门佛龛，内雕佛像，东为阿閦佛，座雕三象；西为无量寿佛，座雕三孔雀；南为宝生佛，座雕三马；北为不空佛，座雕三金翅鸟。龛左右侧立胁侍，龛上部左右饰坐云小佛，另四面雕以砖碑，上刻一句佛语，碑两侧立比丘僧，龛、碑顶上刻飞天、华盖，塔檐下砖刻斗拱。塔刹已毁，1978年县文物部门维修塔时，发现地宫藏有一些碑刻经。

南安寺塔

河北蔚县南门外西郊的南安寺塔，始建年代不详，但从形制看为辽代建筑。

塔高28米，平面八角十三层砖石结构实心密檐式。塔基石条叠砌，2.5米高塔座四周各雕一兽首，上有砖檐，檐上围绕莲瓣，塔身置于其中，十分美观。塔底层较高，各隅为密檐小塔形倚柱，四面置券形隔扇门，另四面为花棂小窗，砖制斗拱上作出飞檐；二至顶层逐渐收分，顶由仰覆莲花承托覆钵，上置相轮、圆光和宝珠组成塔刹。

宝轮寺舍利塔

河南三门峡市（陕县）老城东宝轮寺遗址的舍利塔，又名三圣舍利宝塔，据直隶《陕州志》载：寺建于唐代，塔建于唐代。又据塔铭称，塔成于金大宝十七年（1177年）。

程怡/摄

塔高约27米，平面方形十三层砖构密檐式。筑有基台和基座承托塔体，底层塔门南向。塔身呈抛物线形，用菱角牙子砖和叠涩砖层砌出檐，各层均有券门、佛龛、洞窗等，翼角悬风铎，已残缺不齐。塔心室砖砌梯道可登临。

塔的外形仿唐制，内结构承宋塔技法，是融合唐宋密檐楼阁式而创造的一种新塔式，具研究价值。此塔还有奇特的回声，只要在塔下鼓掌或击砖，即回应一连串“咯咯咯”蛤蟆叫声，清脆悦耳，当地称为“蛤蟆塔”。

印度阿育王式塔

福建泉州市开元寺天王殿前院月台两侧的阿育王塔，建于南宋绍兴十五年（1145年），双塔均为石结构，高约5米，平面方形阿育王塔式。塔下部是块石砌方台，上为束腰方座，座上置塔身，四面雕刻佛像和佛经故事，塔顶四角作羽状石耳，塔刹置中为五重相轮。据说此形制是我国现存最早建造的印度阿育王式塔。

庆善寺塔

浙江黄岩市的庆善寺塔，建于南宋绍兴二十一年（1151年）。

塔高约30米，平面六角内五层外观七层，砖木结构楼阁式。塔身六角做圆倚柱，柱头卷杀，角承护斗，栏额直穿入柱头斗拱之中。塔身六面隔面券门或圭形窗，门窗两侧做木结构装饰立柱；塔檐有斗拱，转角补间各一朵，每朵为一斗三升。层间有暗层塔身与简单的平座，原有木质腰檐已毁。第五层经后人制做一铁条平座，人可登临，塔顶尚存六角檐顶，挑角很长，为六角攒尖坡大屋顶，上装铁铸五重相轮、露盘、葫芦、六根浪风索组成塔刹。

远望六角屋顶，尤如塔戴六角大帽，独具风趣。

金堂白塔

四川金堂县淮口镇塔山上的白塔，又名瑞光塔，建于南宋宝祐年间（1253～1258年）。

塔高约33米，平面方形十三层砖构楼阁式。砖砌的基台和须弥座低矮，塔身底层6.8米，高于其他单层，并有斗拱七朵，转角铺作有单昂；二层以上各层间均作仿木结构楼阁三开间，四面当心间为券洞假门，左右次门为券洞假窗；塔身用黄泥白灰泥浆砌筑，门窗过洞及外墙与塔室间用扁铁条加固，施工精良；塔底层当心间西面开门，塔心室设旋蹬道可至九层；塔顶原有高大的铁铸塔刹，清代被雷电击落。

此种形制方法，宋代曾在巴蜀建造很多，一度成为四川古塔的特征。

感应寺塔

山西曲沃县城西的感应寺塔，建于宋乾道年间（1165～1173年），元大德七年（1303年）洪洞大地震时震塌四层，清康熙三十四年（1695年）又经临汾大地震，塔身裂缝加大，然未倾倒，壁立至今。

塔残高44.1米，平面八角原十二层现八层，砖构楼阁式。残塔似双锋宝剑，直刺青天，但地震痕迹历历在目，既是历史文物奇观，又是研究地震灾害的宝贵实物资料。

元、明、清时期

4

妙应寺白塔

北京西城区阜成门内大街妙应寺内的白塔，建于元至元八年（1271年），是我国现存最早、规模最大、也是最优美的一座喇嘛塔。

据说元世祖忽必烈定国号“元”的那年，在一座辽代建造的旧佛塔内发现“舍利二十粒，青泥小塔二千以及其他佛器、经文”，元世祖认为有菩萨保佑，为了感恩就大兴土木，“崇饰”佛塔，于是将塔的设计和建造委以在京的尼泊尔工艺美术师阿尼哥，并要求塔要建得“角垂玉杆，阶布石栏，檐柱华鬘，身络珠网，制度工巧，古今罕匹”。阿尼哥在中国工匠的帮助下，建成了这座古今无双的佛塔。

白塔依照尼泊尔传统制式，分成三部分：台座是两层相重叠的须弥座，座平面为“亚”字形，高9米，面积1422平方米。台座东西两边有台阶，台阶正中刻有“双鹿听法”的石雕（系佛教的教徽，中央为象征佛法的法轮，两旁静卧雌雄二鹿，象征释迦牟尼在野鹿苑传播佛法）。台座正中是一圈硕大的覆莲瓣座承托50多米高的巨大塔身。塔身是一个圆形的覆钵，亦称“宝瓶”，其最大直径约20米。钵上肩略宽，形制圆浑稳重。塔身同覆莲相接处，用数条名为金刚圈的圆形线条过渡。覆体顶部又有“亚”字形小须弥座，俗称塔脖子。再上边便是塔刹部分，先由层层向上收分的十三层棱角线称相轮“十三天”，相轮上是青铜圆形华盖（宝盖），直径9.7米，周围挂着36块铜制镂透的流苏和铃铎。华盖顶上立着5米高的金色铜质的小喇嘛塔（宝顶），重量4吨。

白塔高50.9米，全为砖造。塔身和相轮满涂白垩，配上金光闪闪、叮当作响的华盖和宝顶，在蓝天的村托下，给人以一种崇高壮丽的美感。明代蒋一葵所著《长安客话》中赞美白塔：“珍铎迎风而韵响，金顶向日而光辉。亭亭岌岌，遥映紫宫。制度而巧，盖古今所罕见矣。”

万松老人塔

北京西城区西四南大街砖塔胡同东口南侧塔院内的万松老人塔，系俗称。因金、元间，有僧自称万松野老，即万松行秀禅师，曾为元代开国前期老臣耶律楚材的老师，是金、元两朝的佛教大师，圆寂后瘗骨于此，元立国后，时人建塔以示纪念。明万历三十三年、清乾隆十八年先后奉敕修葺。

塔原高5.6米，平面八角七层青砖结构密檐式、平顶。清乾隆十八年重修时加高至九层，添加塔刹，现高15.9米，造型小巧玲珑，朴实无华，保留着金、元时期的建筑风格。

相关链接：耶律，复姓。耶律楚材（1190~1244年），蒙古成吉思汗、窝阔台汗时大臣，字晋卿，契丹族，辽皇族子孙。成吉思汗（太祖）十年（1215年）取燕后，被召用，很受信任。窝阔台汗（太宗）即位后，定策立仪制，劝亲王察合台（太宗兄）行君臣礼，以尊君权。次年建议军民分治，州郡长吏专理民事，万户府总军政，反对以汉地为牧场之说，建立赋税制度。立十路征收课税使，专掌钱谷。破金汴京时，废屠城旧制，奏封孔子后裔袭爵衍圣公，设立经籍所，编修所，渐兴文教。太宗九年以守成必用文臣为理由，开科取士，释放被俘为奴的汉族儒人。他在蒙古成吉思汗、窝阔台汗两大汗时期任事近三十年，官至中书令。元代立国规模多由其奠定。

黑水城白塔

内蒙古阿拉善盟额济纳旗境内的鄂木讷河东岸，距今旗府所在地——达来呼布镇35千米的戈壁，有一座西夏、元代古城遗址，曾是繁华一时的黑水城，十四世纪中叶，因气候变化，河流干涸，绿洲被沙吞噬，化为荒漠，从此尘封近七百年。晚清时期，西方一些国家盗宝者据蒙古族黑将军亡城之际将库存八十余车金银及难以计数的珍宝深藏井中的传说而纷纷前往黑水城探寻。特别是俄国“探险”队多次到黑水城，用金钱收买线人和雇用当地牧民作劳工，大肆开挖，动用驼队盗走大量西夏和元代珍宝、文物。

黑水城西北角的黄土坡上，至今仍屹立着著名的白塔。高大的方形台基，上叠涩内收多层的平座上设双层八角形垫圈承托粗壮的钵体，塔脖上筑须弥座、六瓣仰莲，再上作相轮（十三天），华盖、宝珠已失。白塔并排二座同等大小的塔基犹存，上部建筑俱毁。坡下原是一塔群，有喇嘛塔八座，现仅存残迹。据资料载，黑水城内及城外周边的白塔都被异国盗宝者掏空，80%的千年佛塔遭毁坏，大量文献、珍宝被盗走。这是昔日西方国家欺凌中国的历史实证。

相关链接：据2008年版郑建斌编著《发现神秘宝藏》中记述，黑水城始建于西夏时期（1036~1226年），城因额济纳河而得名，额济纳，原是西夏党项族语，意为“黑水”，城建在三面临水的绿洲中，居于商旅往来中原、漠北、阴山、西域的十字路口，到西夏王朝鼎盛时，已不是单纯的军事城堡，而发展为经济、文化繁荣的城市，官署、店铺、作坊、民居、佛教寺院以及驿站布满城区，党项人、汉人，回鹘人、契丹人、鲜卑人和吐蕃人共居且有通婚。后蒙古族迅速崛起，成吉思汗率10万大军夺取中原，经过黑水城先灭夏，改称黑水城为“亦集乃城”、“哈拉浩特”，后因河流干涸沙化而城废。传说城中诸多深井藏有大量金银珍宝，19世纪末20世纪初，英国探险家斯坦因、俄国旅行家波塔宁、地质学家奥布鲁切夫，特别是科兹洛夫带领考察队先后多次到黑水城“探宝”。1908年4月、同年夏秋、1909年6月，科兹洛夫三次带队在黑水城内外大肆探掘，第一次在城内官衙、民居、寺庙和一座佛塔获得三本西夏文书、三十本西夏文小册子以及塑佛、麻布、绢质佛画、钱币、金属碗、妇女饰物、日用器具、波斯文、伊斯兰教写经和西夏文抄本残卷等共装满10个大箱子运回俄京圣彼得堡；第二次在城内西墙一栋大屋遗址安营扎寨，分成两班人马，在城内城外遍地挖掘，最终在城外河床右岸打开一座大佛塔，大量的文物、文献、精美墙画、无数经史子集惊得科兹洛夫张嘴狂呼“伟大的塔”，尝到甜头的他更加野蛮挖掘，见塔就挖，30多座佛塔塔身和塔基被一一刨开，城周千年佛塔80%毁于一旦；第三次经9天掠夺，驮着从数量到质量比前次更为丰厚的文物、文献堂而皇之地离开了黑水城。俄国著名的汉学家伊凤阁教授在成堆杂乱的黑水城文献中发现一本西夏文、汉文双解词典《番汉合时掌中珠》，是党项人和汉人相互对照学习语言文字的工具书，是打开西夏历史之谜的钥匙。俄罗斯学者们这才明白，科兹洛夫用骆驼驮到圣彼得堡的是中国西夏王朝190年的历史。后来美国哈佛大学福格艺术博物馆的华尔纳一次在圣彼得堡参观东方研究所首次展览黑水城西夏文刊本和写本8000余种、大量汉、藏、回、蒙、波斯文等书籍和经卷，以及陶、铁器、织品、雕塑、绘画等珍贵文物，惊得目瞪口呆，便急不可耐的于1923年冬天，沿科兹洛夫走过的路线来到黑水城，发现古城内外几乎处处留下科兹洛夫挖掘过的痕迹，他不禁大骂科兹洛夫和英国的斯坦因是“两头野猪，把这里啃得一干二净。”失望的华尔纳最后只带着几个破损的陶罐离开黑水城，转到敦煌盗宝。继华尔纳之后，日本人也介入了对黑水城的文物掠夺。

阿育王塔

山西代县城内的阿育王塔，与边靖楼遥相对峙，创建于隋仁寿元年（601年），原为木结构，唐会昌年间灭法时被毁。唐大中元年（847年）复佛时重建，更名圆果塔，元代重修。现存之塔为元至元十二年（1275年）遗物。

塔高48米，平面圆形周长60米，砖筑覆钵式。塔基长方形，南北宽51米，东西宽30米，高1.5米，基台正中央承托着刻印覆仰莲瓣的双束腰须弥座，雕刻有各种花饰、荷瓣和印度的“陀罗尼经”。座起钵体塔身，钵肩施曲尺形须弥座，上置十三层相轮、盖盘、金顶宝珠。整体造型比例和谐，覆钵圆和，轮廓秀美，砖雕艺术精致。

柏林寺塔

河北赵县（古赵州）城东隅柏林禅寺内的柏林寺塔，建于元天历三年（1330年），高28.3米，平面八角七层砖木砌筑，实心密檐。塔体耸立在高约3米的两层方形台基上，须弥座束腰布满砖雕，上层为乐伎、金刚、力士，下层为龙、象、鹿、牡丹等纹饰，座顶以四层大莲瓣承塔身。塔底层较高，各面雕有格子门窗、立柱、壶门、平座护栏均饰砖雕图案。

塔底层以上七层密檐，每檐下是砖砌仿木斗拱，出檐较深，给人以舒展豪放的感觉。塔刹铁制，由覆钵、仰莲、相轮、宝珠等组成。塔刹引出的八条铁链固定在八个塔顶戗脊上，给人以稳定感。

塔体特点：斗拱雄大、出檐深远、雕刻丰富，既无汉唐塔的外轮廓弧形线，也无宋辽塔明显的往上收分。匀称的塔体比例与优美的塔体轮廓线，显示着元塔独特的风貌。

洪山双塔

湖北武汉市武昌大东门外的洪山双塔，同在洪山南麓，一大一小，东西相望。

大塔名灵济塔，又称洪山宝塔，位于宝通禅寺后，建于元大德十一年（1307年），高43米，平面八角七层内石外砖仿木结构楼阁式。塔基宽约37米，每层按4.7米收分，至第七层顶宽约4米。塔每层双檐，除叠涩出檐外，上下檐每面外撑四根斜柱，每层交错设券门或假门。塔内中空，置台阶盘旋可登顶层，凭窗眺望湖光山色，一览无余，故有“数峰天外洪山塔”的赞诗。

小塔名无影塔，俗称兴福寺塔，位于灵济塔西南，高11.25米，建于南宋咸淳六年（1270年），平面八角四层，石砌仿木结构，重檐楼阁式。塔基须弥座直径4.25米，塔身四面砌假门，其上浮雕佛祖、菩萨、罗汉、力士、供养人等造像，刀法曲折隐现，变化多端，姿态肃穆，形像生动。

西秀山白塔

贵州安顺市城南隅西秀山顶的白塔，又名望城塔，始建于元泰定三年（1326年），明初毁于兵燹，明万历二十年僧戒章重建，崇祯十年僧圆经重修，清嘉庆二年僧深恒再修，原为砖结构，清咸丰元年在塔身外用白石砌筑一层外墙，全由白色石料镶砌。

塔高17米，基周18米，平面六角七层砖石结构楼阁式，塔体封闭无门窗，角楞雕有龙、凤、力士像、腰檐窄短，塔墙六面外壁从下至上刻有六尊佛名：千百亿化身释迦牟尼佛、南无西方接引阿弥陀佛、南无圆满报身卢舍那佛、清净法身毗卢遮那佛、南无当来下身弥勒真佛、幽冥教主地藏王菩萨。每佛名下分别雕一尺见方的佛像，其下是同等大小的护法神雕像。塔身第二层北侧刻石“咸丰元年普定县邵洪儒重修”，南侧刻石依稀可见当年经修僧人乡耆捐银和砌塔工匠姓名。

塔形制简洁明快，挺拔凌空，为安顺古城标志。

普陀山多宝塔

浙江舟山市普陀山普济寺东南玉堂街太子塔院内的多宝塔，又名太子塔，建于元元统二年（1335年）。据塔刻题记，普济寺住持孚中禅师云游募化，见姑苏盛产太湖美石，心动以石建塔之念，且得宣让王舍施绢钞千锭巨资，便立志建塔。

程红/摄

塔高18米，呈方形，双层高台塔座，三层塔身，共五层，有台无檐，全部用太湖石砌筑，形制属宝箧印经塔式（又称阿育王塔），此种塔式一般为单层，而这座多宝塔则在因袭此种塔式的同时作了改进和发展。

多宝塔三层四面均凿龛，各镂古佛一尊。每层挑台置石栏，柱上刻有护天神狮及佛、菩萨。塔顶四角饰蕉叶山花，并以仰莲、宝瓶作为塔刹。底层基座平台较宽，四周栏下雕螭首，张口作吐水状。

多宝塔具有浓厚的元代建筑特色，是海天佛国普陀山最古老的元代建筑。

相关链接：“多宝”典出《妙法莲华经》，相传多宝如来曾发誓愿：“若我成佛，于十方国土中有说《法华经》处，即涌出宝塔”。后来，佛祖释迦牟尼在灵鹫山说《法华经》，多宝如来便在空中显现金身舍利宝塔。

六胜塔

福建晋江县泉州湾口的石狮市蚶江镇石湖村六胜塔，又名万寿塔，俗称石湖塔、日湖塔。据记载，北宋政和年间（1111～1117年）高僧祖慧募化创建，后毁，再建再毁，历尽沧桑。元至元二年到五年（1336～1339年）巨商凌恢甫出资重建。

塔高36.6米，塔脚周长约47米，平面八角五层花岗石构筑楼阁式，形制与泉州双塔相近。塔体由外壁、迴廊及塔心室三部分组成，每层设四门四龛，逐层互错，龛内供石佛，龛外两侧浮雕金刚、力士等造像，每层南面门额嵌华带碑，如底层碑刻“万寿塔”并落款姓名时间。腰檐浮雕雀替、莲花护斗，作弧檐翘角。塔心室八角形竖井，上下贯通，登临由券门经迴廊入塔心。

六胜塔下的蚶江（又名锦江）、石湖在古代为泉州重要外港。塔屹海滨，控钗山，临东海，为海上丝绸之路的起点。据记载，当时有十八渡口，停泊欧、亚、非各国帆船近百艘，海路交通极盛一时；至清初，这里又成为大陆与台湾对渡的中心码头。

六胜塔雄伟壮观，不愧为古今海上航标。

胜象宝塔

湖北武汉市长江大桥东头的胜象宝塔，为元至正三年（1343年）威顺王宽彻普化的世子所建，明洪武二十七年（1394年）重修，是一座大菩提佛塔，用来供奉舍利或存放佛教法物。因分地、水、火、风、空五轮，故又称五轮塔，原在蛇山西端的黄鹄矶头，1955年因建武汉长江大桥而折迁。

塔高9.36米，座宽5.68米，外石内砖叠砌，为折角多边形须弥座，座周分别雕以云神、水兽、莲花、羯摩杵花纹和大书梵文。座承托覆钵体塔身，钵肩起折角小座，上置相轮、伞盖、金属铸的宝珠和葫芦组成塔刹，总体造型色泽白润，遒健自然。

姚天麟/摄

昭关石塔

江苏镇江市西云山北麓五十三坡上的昭关石塔，建于元末。

昭关石塔整体结构形制为过街式，全部石构。下为块石垒砌的四根石柱，顶部铺满条石，筑成一个框架式的台座。东西两面横额上刻相同的“昭关”二字，左右分别镌刻丹徒、镇江知县、知府等题名，后镌刻“万历十年壬午十月吉重修”字样。石塔建于台座上，属喇嘛塔形式，高4.69米，座、身、顶三部分全用青石雕刻建成。塔座以两个相同的须弥座叠加，式样别致；上为覆莲圆座和扁鼓形塔身，再上有十三圈带形浮雕，象征十三层天，上置法轮和圆形仰莲小座，轮上刻“八宝”，其上便是塔顶。昭关石塔外东西各筑砖墙拱门，门额上嵌石碑，刻“同登觉路”，可见塔为佛教遗物。

桂林舍利塔

广西桂林市民主路仁寿巷的舍利塔，为印度窣堵坡式三层砖塔，始建于唐代，原塔七层，因年久失修而崩塌。现存舍利塔是明洪武十八年（1385年）重建。

塔高12.83米。塔基四方形，面宽6.93米，每面辟一门，四门相通。南面门上塑“舍利宝塔”四字，其他三面门上用汉、印度梵文等三种文字塑“南无阿弥陀佛”六字，门两旁分别塑有赤身、净水、紫贤、除灾、火禅、持焚、随求、辟毒八大金刚之名。塔基上筑八角形柱体二层平座，八面辟佛龛。平座上为覆钵体塔身，塔身内有一放置舍利函的壶门。塔脖子上五层相轮、葫芦塔顶。

桂林舍利塔富有西藏风格，比例严谨，造型优美，花纹精致。据记载，唐代高僧鉴真和尚曾在塔寺留住一年，后寺毁而塔依存，故近年不少国际友人来桂林游览，多来此处访古，使该塔名声重振。

魁星塔

香港新界元朗屏山璋围北面的魁星塔，又称聚星楼、文昌阁，俗称文塔，建于明洪武年间（1368～1398年），平面六角形，原为七层，后被台风摧毁四层，现存三层，塔顶加修亭式檐盖，无塔刹，是香江唯一古塔。

白居寺塔

西藏自治区江孜县城区的白居寺塔或称白科塔，藏名贝考曲登或班根曲得，又名白居寺菩提塔或八角塔，建于明永乐十二年（1412年），是一座寺塔融合的建筑。

据西藏古籍记载，白居寺塔是由一位名为布顿的匠师设计建造。塔的基本构思仍按元、明时的一般形制，分塔座、塔瓶、塔顶三大部分。但布顿最奇妙的意念在于将这座塔作为一座内部空间可以使用的建筑来设计，从塔座、塔身到相轮，全部辟作大小不同的大殿和房间。因此，这座大喇嘛塔的外部形象就如一座从下渐渐往上收小的藏式碉楼。特别是塔座，采用了四面各内折两角、俗称四面八角，即亞字形平面，东西长50米，南北宽40米，占地2200平方米。塔座分四层，逐渐向内收小层迭而上。塔身为一直径20米的圆柱体。粗壮的十三相轮保留了元代的风格。上置一宽大的华盖，其上置一小塔作为宝顶收头。在艺术处理上采用了许多西藏传统的装饰手法，如塔座每层顶部均镶深色的饰带，覆钵类似圆形帐篷，相轮下的两层小基座有点像亚字形小雕房等，具有鲜明的民族特色。

白居寺塔高32米，九层。塔内有77间佛殿、108个门和神龛、经堂；殿堂内绘有十余万佛像，因而得名十万佛塔；还有千余尊泥、铜、金塑佛像，堪称佛像博物馆。西向有入塔口，沿梯直上塔顶。塔中第四层佛殿内绘有西藏佛教各派的祖师像，兼容了花、白、黄三教。经堂西北有一尊强巴佛鎏金铜

像，高8米，据说用1.4万千克黄铜铸成。塔内保存的精美雕塑和壁画，其风格融合了印度、尼泊尔、克什米尔等外来的佛教艺术，也吸收了内地汉族的一些特点，形成江孜地区的独特艺术风格。

白居寺塔形制独特，规模宏大，工期历时十年，是一座塔寺融合的藏传佛教寺院建筑的典型，被誉为“寺在塔中藏”，因而有西藏塔王之称。

日吾其金塔

西藏日喀则昂仁县日吾其乡日吾其村西侧日吾其寺塔，建于明洪武二十三年（1390年），因塔顶整体铜铸，上铸塑小佛像九千尊，故俗称金塔。

塔高35米，平面为“坛城”形，塔座上有八十个门和八十个佛堂，塔颈与须弥座上有二十个亮门（窗洞），塔体以下为石、木、砖结构，呈多角多边的“亚”字平面格局，是尼泊尔式覆体型制。塔内每个佛堂塑有佛像，绘有壁画。壁画中的人物大多为裸体，下身隐私部位只系一飘带或着紧身短裤，是佛教艺术着力表现人性本原，从而实现其感化众生祛恶从善修行入佛的目的。

宜宾双塔

四川宜宾市东郊合江门，岷江、金沙江汇合于长江的三江口，北岸东山上有座白塔，南岸南广镇塔坝村七星山顶有座黑塔，俗称姐妹塔或兄弟塔，是宜宾市一道靓丽的风景线。

黑塔，又称七星山塔，建于明嘉靖年间（1522～1566年），通高30.7米，平面八角七层铁青色砖石结构楼阁式。台基为须弥座，高1.7米，每边长4.4米。塔身西面辟拱门，高2.2米，宽1.15米，两侧作圆形柱，余面设券龛；二层以上各层皆一面辟拱门，余面设券龛，拱门、券龛面向上下互错。腰檐叠涩、细斗三挑短出。塔内空室藻井，墙置佛龛，内供浮雕石佛。藻井装饰：底层刻“二龙抢宝”、四层刻“双凤朝阳”、七层刻“盘龙”等图案，雕工精细。塔室中央筑实心柱，设蹬道可登临。塔第七层原飞檐已毁，檐上为暗层塔顶，塔刹亦毁。

白塔，又称东雁塔，明隆庆三年（1569年）建于东山，又名观斗山，塔高35.8米，平面六角八层砖石结构楼阁式。刻有力士像的须弥座承托塔身，底层直径11.2米，每边长4.45米，南西辟拱门，两侧门柱为石刻盘龙，二层以上各层每面分别设圆窗、拱门、圭形门和券龛。腰檐叠涩短出。塔内每层空室皆有石砌斗拱、藻井及神龛，并有石级环旋至塔顶。第八层上施飞檐翘角。八面攒尖环护暗层塔顶，塔刹不存。据清嘉庆《宜宾县志》记载，时任叙州知府余良翰带头捐俸修塔，当地佛教信众及文人仕绅纷纷捐资。余知府题有《东雁塔藏经记》刻碑，言内藏各种经文、拓本百余卷和“三苏”文集若干卷，后失落。

官渡金刚塔

云南昆明市东郊官渡镇街头的金刚宝座塔，原名妙湛寺金刚塔，俗称金刚塔或空心塔，建于明天顺二年（1458年），清康熙二十五年（1696年）重修，是我国唯一用砂石构筑的喇嘛（覆钵）式金刚塔。

此塔形制和其他金刚塔相似，基座平面方形，高4.8米，边长10.4米，采用四门塔式，即基四面设拱门券洞，作十字形贯通，可供人马通行。基座上方砂石叠涩挑檐，再叠涩内收形成平台，上设石雕围栏，座西壁嵌有《造塔碑记》石碑一方。基台上立五座喇嘛塔，中心主塔巍峨高大，高16.05米，塔座为方形折角须弥座，须弥座四立面雕刻有反映金刚五方佛骑坐神兽造型即东狮、南象、西孔雀、北迦楼罗等浮雕，四角各雕力士像一尊。须弥座上是七层石雕莲瓣的覆莲座，上承覆钵形塔身。塔身四方各辟一壶门，内刻佛像一尊。塔身上的塔脖自下而上为平台、仰

莲、六角形石板、十三天相轮、平板、宝盖、葫芦形宝瓶。宝盖上有铜铸的四大天王。四座小塔分列基座四隅，形制相同，但显得较为细弱。

金刚塔整体造型典雅秀丽、布局协调、形式多变，具有中国西南佛塔的独自风格。

万佛堂圆筒塔

辽宁锦州市义县西北9千米万佛堂村南大凌河北岸万佛堂石窟东区悬崖之顶的圆筒塔，又名文峰塔，建于明成化十年（1474年）。据“塔铭”记载，塔为明代左军都督府都督签事骁骑将军王锴驻万佛堂时为其母吴氏寿诞祈寿所建。

塔通高3.4米，圆筒形，整块石头雕成，顶覆一圆形石盖，上叠三重石雕宝珠。

圆筒塔形制奇特，在中国佛塔中极为特殊的一座。

广德寺多宝佛塔

湖北襄樊市城西13千米广德寺内的多宝佛塔，始建于明弘治七年（1494年）。寺原名云居寺，系汉唐古刹，唐人皮日休曾有《过云居寺玄福上人旧居》诗，记韵当年景象。明景泰年间重修后，改名广德寺。

塔的形制属金刚宝座式，砖石仿木结构。通高17米。底层八方形塔室高大，上叠浅檐，下奠矮基，砖砌角柱，石雕螭首，四面石砌券门，正门上方石额刻“多宝佛塔”，门额之间及无门窗四面嵌长方形石龛，每龛供石佛一尊。高大的塔室上耸立五塔，中心为喇嘛塔，四隅为四座六角亭式三檐塔，均置于镌刻精细的石座上，小塔外壁嵌有石雕佛龛，每龛供一尊石佛，神态俊逸，古雅端庄。

玄天洞石塔

河南鹤壁市西南15千米淇河北岸玄天洞寺旧址的玄天洞石塔，又称玲珑塔，建于明正德年间（1506～1521年），是河南现存最大的一座石塔。

塔高约12米，半面（平面矩形）四角九层楼阁式。须弥座塔基，座壁雕刻有莲瓣、花卉、力士、云龙等图案。塔身底层有塔心室，内嵌石碑三方，上刻碑额、佛像、佛名、施舍人姓名地址等；南西辟门，门楣上刻“圣境”二字，两侧饰武士浮雕，其旁有题铭。二层以上为实心，每层塔檐下雕一斗三升斗拱，三层以上每层东西两侧倚柱上饰托塔力士雕像。二至九层辟佛龛140多个，龛内佛像现已不存，顶部塔刹亦毁。

回龙塔

湖南零阳县永州镇潇水东岸的回龙塔，建于明嘉靖年间（1522～1566年）。据《零阳县志》载：“因郡城水势瀚漫，藿捐金造回龙塔于北口，以镇慑水患。”藿即吕藿，嘉靖进士。

塔高约30米，平面八角外观似七层内实五层，底层石筑，二层以上青砖砌成，楼阁式。塔底层仅开一门洞，内中空，设台阶可登临，门额题有“回龙宝塔”和“钦差巡抚湖广右佥部御史闽陈省题钦差巡抚操江右佥都部史郡人吕藿建”款饰。塔三、五、七层设腰檐，其余四层置平座，平座和腰檐设斗拱，斗为砖制，拱为石制，每层平座和腰檐之间高度不等，使塔身立面具有变化。二层以上塔壁每面均设置券门和假窗，门窗两侧各辟一小佛龛，由券门可出塔室，外绕塔身环行，远眺景色。塔顶置覆钵，其上置铁相轮。

塔凝重挺直，虽为明建，却具宋代建筑的遗风。

振风塔

安徽安庆市沿江路迎江寺内的振风塔，原名万佛塔，建于明隆庆二年（1568年），是长江沿岸著名古塔之一，被誉为“万里长江第一塔”。

古时安庆四面环水，西高东低，相传是个船形地。风水之说“白虎势克青龙，江水滔滔文彩东流”，犯“形”论大忌，以致数百年未出人杰。明隆庆年间，新任安庆知府王鹅泉（字宗徐）为匡扶人气，主持募资建塔，以高塔作樯，既使青龙昂首，激扬文彩；又镇一方水土，佑福安民。于是在城东耿氏祖坟山谋划建塔。

据《怀宁县志》载，塔用“堆土法”兴建，塔基入地下30米，至平地石筑基座，每边宽18.72米；塔底每边宽5.3米，从塔心到基座的外接圆半径为10.13米。

塔高79米，平面八角七层楼阁式砖石结构，第一层塔心室内塑有“西方接引阿弥陀佛”，左手托一金塔，佛学称“金台”，右手下垂，意为“接引众生”。塔身南面辟一拱门，沿168级台阶盘旋而上塔顶。二层以上每层八面各辟拱门，六门连通塔心室，二门为上下阶梯进出口，迥异多变，幻若迷宫。每层两道叠涩斗拱，檐下斗拱挑起飞檐，黑色瓦筒铺盖，檐口装有瓦当和勾滴。每檐八角尖端各挑飞角，飞角下各悬一铜铃。檐上斗拱承托平座，二至七层平座八面围有70厘米高的白色石栏和24根石柱，石栏内是绕塔走廊。塔中心为八角瓜皮顶空厅，各层壁嵌有600多尊神态各异的砖雕佛像，多数集中在三四层。2014年维修塔时，打开第三层壁龛墙面，发现一幅古佛造像画，经清点，三层每面均有两处壁龛，其背墙共藏壁画16幅。另在塔下塔上还嵌有碑刻51块，记载了建造、修葺以及布施姓氏。

在第六层中心竖立一根双抱粗的楠木圆柱，直穿塔顶。塔顶八角攒尖，铺以黑色瓦筒，上筑八角形须弥座，承托覆钵和用铜制顶轴串连的五个大小不等球状相轮及葫芦塔刹。从相轮到飞角拉有八根浪风索。

振风塔的造型和建筑工艺吸收了历代佛塔的优点，融合了中国古建筑更多的民族特色。塔体呈圆锥形，每层按合理比例收分，形体线条柔美；白墙黑檐，简洁秀丽。犹如擎天一柱，靓影横江，气势雄伟。

潮州凤凰塔

广东潮州市韩江东溪、北溪分流点东南岸上的凤凰塔，又名涸溪塔，始建于明万历十三年（1585年），由潮州知府郭子章主持兴建，历时十五年竣工。因塔门向北，遥对潮州最高山峰凤凰山，又与西北对岸的凤凰洲相望，故名。但亦被称龙湫塔，这是传闻造成的误会。原来韩江中有一小洲，因有一泉而建塔，名龙湫，清时被洪水冲毁，虽塔不存，但久负盛名，后人则将广济桥（湘子桥）下游的凤凰塔指认为龙湫塔。

凤凰塔高46.8米，平面八角七层砖筑楼阁式。塔基围以雕石构件，刻有千姿百态的花卉、鸟兽。基上起塔，底层塔门额镶石匾“凤凰塔”，门两旁是郭子章写的对联：“玉柱擎天凤起丹山标七级，金轮着地龙蟠赤海镇三阳。”塔身第二层壁上镶有“万古瞻依”的碑刻。塔檐叠涩斗拱外出，从第二层以上塔壁各面交错辟门窗。塔身中空，有石阶登第三层，三层起夹墙内循旋梯登临顶层。塔顶置八角形宽大的须弥座，座上覆钵，3米高的铁葫芦直立钵上刹尖。

耸立江口的凤凰塔，气势巍峨，属于风水宝塔。民间流传一副对联可为佐证：“船如梭，横织江中锦绣；塔作笔，仰写天上文章。”

永祚寺双塔

山西太原市东南郝庄永祚寺内的双塔，一座落于寺内东南，一座落于寺内西北，俗称东塔、西塔。东塔是明万历皇帝之母宣文皇太后资助兴建，故名宣文塔；西塔是五台山高僧、护国禅师福登法师（又名妙峰禅师）受其皈依的潞安府藩玉资助而主持兴建。后世两塔并名，才有“宣文双塔”、“永祚寺双塔”、“太原双塔”、“文笔双塔”等多个名称。

双塔创建于明代。东塔始建于万历二十五年（1597年），西塔始建于万历三十六年（1608年）。

双塔相距60米，均为八角十三层楼阁式，形制基本相同，形体高大雄伟。虽风格统一，但又各具特色。东塔素砖砌体，高53.3米，底层边长4.36米，塔檐全部用青砖雕刻成勾头、滴水，塔身上下收分很小，曲线柔和，外观古朴庄严，塔顶用青砖砌成八角攒尖形，塔刹八角形铁铸，座上三节宝葫芦，最上两节铜制。西塔高54.78米，底层边长4.16米，塔檐为翠蓝色琉璃剪边，塔身下大上小，收分明显，塔顶中心砌束腰须弥座和刹座，上置铜质仰莲平台和宝珠。

双塔皆全砖石结构，外壁与内壁夹间都设有折转盘旋阶梯，各层仅在角檐内装一根挑木，每层高度自二层以上有规律递减，塔门按顺时针方向改变，塔表砖雕装饰自下而上由繁及简，既符合仰视规律，又恰当地节省工料，设计非常合理。特别令人称道的是福登法师事先已考虑到塔身高危，当地又多刮西北风等因素，有意将西塔向西微倾，形成一定倾角，以抗风力而正塔体，确保高塔长久存世。

扬州文峰塔

江苏扬州市古运河畔的文峰塔，建于明万历十年（1582年）。据明兵部侍郎《文峰塔记》记载，塔是僧人镇存卖武募资而建。

塔高52米，平面八角七层砖木结构楼阁式。塔基石砌须弥座，塔身由外壁、回廊和塔心三部分构成，一至六层砖壁内方外八角，第七层内外壁均为八角形。外壁以砖木斗拱挑出木构腰檐和平座栏杆，二层以上每层每面交错设宽大拱门或假门，门两侧辟单个小佛龛，假门内置佛像。塔层各级收分较少，成八棱柱体。飞檐筒瓦翘角，遍悬风铎。顶部八檐攒尖，上置须弥座、覆钵、莲花、露盘、相轮、宝球、葫芦组成短细塔刹。

据说鉴真和尚六次东渡扶桑，第二、四、六次都是从古运河三湾子处起航进入长江，此处起塔亦为纪念。塔名文峰，又有助于一方科甲之意。

扬州文峰塔

千佛铁塔

陕西咸阳市北15千米北杜镇的千佛铁塔，俗称北杜铁塔，据塔身铭文："大明万历十八年南书房行走太监杜茂"铸造。

塔高33米，平面六角十层楼阁式。基台宽阔，砖筑条石护沿。塔体分两部分：底层高大，六角形，每面宽3米，青砖砌筑，倚柱细而圆，柱顶龙首，横枋上下花饰辅间，叠涩一层出短檐，上绕透雕白石围栏，形成平台；第二层至顶层为铁铸塔身，二层三面拱门，门内壁以砖平砌填实，另三面假方门，内雕铸金刚力士，三层仅一拱门，余面对开假门和格棂窗，四层复如二层门窗设置，以上各层每二层亦类同设置，间柱饰以珍禽神兽、奇花异草铸纹。值得一提的是三尊金刚力士高大魁梧，铸艺精细，形象生动，反映了我国明代金属铸造的工艺水平。

千佛铁塔铁铸部分

千佛铁塔塔身特写

千佛铁塔二层三金刚之一

千佛铁塔二层三金刚之二

金刚面部特写

金刚面部特写

千佛铁塔二层三金刚之三

崇文塔

陕西咸阳市泾阳县永乐店崇文中学校内的崇文塔，建于明万历二十一年（1593年），高81.7米，平面八角十三层砖构密檐式，其高是我国密檐塔的冠军。

塔按八挂悬顶的古代建筑原理设计，结构严谨。塔的造型为八棱形，底层每边长9米，周长72米。面南门楣上刻“崇文宝塔”四字。每层塔墙四方辟券门，另四方设佛龛，上下层交错。佛龛中供石刻佛像。倚角砖砌圆柱，腰檐以砖砌叠涩外伸。塔二层内置金属铸佛立像一尊。塔内设砖梯可登临。塔顶铜制八面城堞状立墙围着石砌莲座，上置5米高的铜葫芦。

据塔碑记：明万历十九年李世达（号渐庵）主持筹建，年筑一层，每层刻捐资人姓名。至九层时李去世，由其女李翠云继续主持修建，于明万历三十三年（1605年）竣工。

昔时当地民俗，每年农历正月二十三、二十四两日，为群众登塔会期。登上塔顶，可俯瞰泾、渭流域风貌，长安古城历历在目。

崇文塔高大、挺拔、雄伟、壮丽，显示了我国劳动人民的智慧和才能。

荆州万寿宝塔

湖北荆州市城西荆江大堤象鼻矶的万寿宝塔，始建于明嘉靖二十七年（1548年），历时四年完工，是嘉靖皇帝为祝毛太妃60寿辰而建，具有“镇江”之意。

塔高40米，平面八角七层砖石结构楼阁式。底层原有门，可入塔，后因修建荆江大堤塔下四周被土掩埋，故平视只见六层，但下坡后仍可由底层正门进塔室而登临。塔的额、枋、斗拱皆仿木结构，下叠涩出檐上叠涩收檐，檐上平台再起建上一层塔壁，各层收敛明显，近似锥形。塔身外壁各层均饰有汉白玉雕刻的佛像计94尊供于94龛，内壁也有砖雕嵌于塔身。佛像端坐或肃立，千姿百态，各尽其妙。据说这些佛像是嘉靖皇帝下诏让各地进贡的，因而汇集了各地的风貌特色，极富观赏价值。塔上还有汉、藏、满文的注说，至今能辨。塔顶装着鎏金塔刹，上刻《金刚经》全文。

万寿宝塔制作细腻，塔身简洁，造型端庄稳重，雄峙美观。

桂平东塔

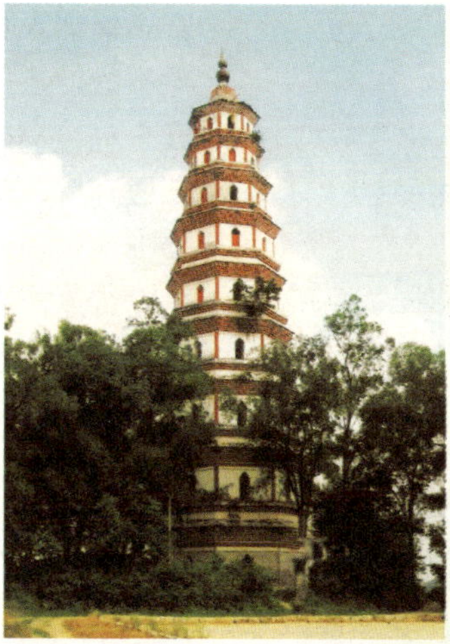

广西壮族自治区桂平县城东4千米黔江、郁江、浔江交汇的南岸的东塔，始建于明万历年间知县刘万安起建，不料塔至二层刘去世，直到崇祯年间（1628～1644年）御史李仲熊和知府葛元正续建完工。

东塔高约50米，平面八角九层砖筑楼阁式。塔身底径12米，墙厚近4米，每层由下至上逐渐收分，层高依次递减，形成有节奏的变化。塔檐叠涩外挑，檐上每层起级处用青砖砌成纹饰，涂以朱砂；各层每面辟细长拱门或小窗，拱门亦涂朱砂；塔壁每面转角砖砌倚柱。塔内中空，铺作木板楼梯以供登临。顶置铜葫芦为塔刹。

塔屹立三江口之滨，红白相间的塔身鲜艳壮观，特别是雨过天晴之时，古塔如新；色彩鲜明，旧县志谓之“雨新不雨旧”，“东塔回澜”为桂平八景之一。

三元塔

广东德庆县（古康州）德城镇白沙山上的三元塔，建于明万历二十七年（1599年），当时建塔的初衷是期盼康州人才辈出，寄于“三元及第”的美好愿望。据传，未建塔前，每届科举考试康州榜上无名，此塔建成以后，果真有人科举考试“连中三元”。因此三元塔名声大噪。

塔高58米，平面八角形，外观九层，内实为十七层，砖筑楼阁式。塔基须弥座用红砂岩和花岗岩砌筑，各面刻有浮雕图案，座八角石雕八尊托塔力士。塔身各层叠涩挑檐，檐上穿壁绕平座，座上置四柱三枋栏杆。塔身每层各面分别辟券门或假门，塔内有盘梯可以登临。塔顶八角攒尖，上置八角须弥座和铁葫芦组成塔刹。

三元塔装饰独具特色。塔身外壁采用纸筋白灰批荡，檐梁、角柱、门帮采用银朱批荡，红白相间，线条明朗，色彩鲜亮，故有“只新不旧”之美誉。

据史料记载，三元塔由知州沈有严倡建。当时募集资金，首富吝伯却大唱反调，认为凭本地人出钱出力事必不成，他不仅一毛不拔，还放出狂言：“塔建不起，分文不出；若塔建起，批荡钱全包。”州人闻之，众志成城，很快一座高塔平地而起。吝伯不敢食言，怕犯众怒，只得倾家荡产交付银朱批荡费用。塔上银朱批荡用银朱999斤，这笔费用是塔身造价的10倍，吝伯落个哑巴吃黄连，成为众人笑柄。

三元塔由下至上整体收分均匀，线条柔美，建筑技巧和风格独特，又处于西江之滨，成为康州古城一个倩秀的标志。

相关链接：三元是指在我国封建制度下科举考试的三个阶段即乡试、会试、殿试中的第一名分别为解元、会元、状元，合称“三元”。明代则以廷试中的前三名为“三元”，即状元、榜眼、探花。

三元塔的选址还有一段动人的传说。相传北宋末年金兵南下，宋著名宰相李纲上书皇帝，力主抗金，却遭到主和派的攻击，被昏君贬黜。当他路过康州横翠亭时，面对青山连绵碧水东去的大好河山都将沦落异族之手，感慨万分，挥笔写下了一首题咏《横翠亭》，表达了对祖国的无比热爱。三元塔就坐落在诗人当年吟诗的地方。

镇海塔

浙江海宁县盐官镇东南海塘边的镇海塔，原名占鳌塔，正处观潮胜地，俗称观潮塔，建于明万历四十年（1612年）。

徐敬宾/摄

塔高50米，平面六角七层砖木结构楼阁式。塔底层塔衣檐廊，二层以上飞檐翘角，平座外建回廊翼栏。塔壁由梁柱分为三间，中间各层交错辟拱门。塔内中空，置石磴盘旋登临。顶由须弥座、相轮、露盘、葫芦、浪风索组成塔刹。

镇海塔高耸海塘之上，远眺东海一览无余，既为航海标志，又是观潮胜处，游人不绝。

瑞云塔

福建福清县东南小孤山瑞云寺遗址的瑞云塔，建于明万历三十四年（1606年），是用雕琢精致的花岗岩砌筑。

塔高31米，平面八角七层仿木构楼阁式。底基为生灵雕饰的须弥座，第一层北面开门，其余七面设佛龛；二至六层两面开门，六面设佛龛；七层四面开门，四面设佛龛。塔顶八角攒尖上置覆钵宝珠。塔体外作八角空心室，各层转角倚柱凿成海棠式，柱顶斗拱二层，叠涩出檐。塔的各层细部皆浮雕武士、比丘、罗汉、飞禽、走兽、花卉和佛教故事等图纹。

瑞云塔由当时名匠李邦达主持设计施工，立面纤巧，造型均衡，雕工精雅，素享“凌霄玉柱”的盛誉，是明代石雕艺术珍品。

峨眉山紫铜华严塔

四川峨眉山报国寺七佛殿前的紫铜“华严塔”，铸造于明万历年间（1573～1619年）。

塔高7米，14层，造型别致。石筑方形束腰基座承托塔身。塔肚为六面形高身仰钵，上铸大小两层叠加八角披檐，小檐上叠涩外出平座，座上起三层六柱楼阁，阁顶是一层出挑伸展的八角飞檐翘角，将塔分成上下两部分，再上又起五层六柱阁，恰似两座楼阁式塔相叠加；然后以三层轮盘刹顶。塔身铸有高浮雕手法的小佛像四千七百余尊及《华严经》经文全部。既表现了我国古代亭台建筑的特征，又体现了佛教建筑的特色。它是研究我国佛教史、冶炼史和建筑史极其珍贵的文物。

显通寺双铜塔

山西五台山台怀镇北显通寺内的铜塔，铸造于明万历年间（1573～1619年），原有五座，暗含五台之意，现存东西两座。

双塔造型相同，皆由覆钵、楼阁、亭阁三种塔式组合而成。塔高8米，建在雕琢精美的石质须弥座上。喇嘛塔状的覆钵上，是六角形十三层的楼阁式塔身，楼阁的顶端加一座重檐亭阁，塔刹则立于亭阁的顶端，形制秀美，铸造精巧，在中国古塔中颇为罕见。

鸡鸣寺塔

江苏南京市玄武湖南崖鸡鸣山东麓的鸡鸣寺塔，建于明洪武二十年（1387年），始建五级，后重修增至七级。

塔体二层以上八面有门，四隐（假门）四现（真门），倚柱、间柱、梁枋上施斗拱挑出飞檐翘角，檐上平座木栏绕塔，顶檐八面攒尖，上置仰钵、相轮、露盘、葫芦及八条浪风索组成塔刹。整体造型简洁柔美，具江南古塔风格。

五台山大白塔

山西五台山台怀镇塔院寺中心的大白塔，全名释迦牟尼佛舍利宝塔，建于明万历年间（1573～1619年），是闻名中外的五台山标志。

大白塔高56.3米，状如藻瓶，以砖砌筑，和北京北海白塔相比，有着明显的承上启下的过渡特征，它既有早期妙应寺白塔的壮硕，又有晚期北海白塔的秀丽，因而被称为“第二代喇嘛塔的典型实例”。塔的基座方形，上筑雕刻壶门纹饰的须弥座，座上是半圆形覆钵座，高约8米。覆钵圆座上承托20多米高的塔身，塔身顶部又有浮雕曲棱圆形小须弥座，上为逐层向上收分的相轮“十三天”，相轮上的顶冠华盖、仰月和宝珠皆为铜铸，塔腰周围共悬252枚风铎，风吹铃响，余音不绝。

大白塔腹内藏有台怀镇原先的慈寿塔。相传慈寿塔是印度阿育王所铸分传于世的8.4万座装有佛祖舍利子的五金塔之一。

大白塔誉为“清凉第一胜境”，“浮图屹立奠坤㚑”，历来引人神往，是朝山僧侣和信士必然礼拜之地。

漓江三塔

普贤塔

广西桂林市漓江风景区的象鼻山、木龙洞和宝塔山，分别耸立着普贤塔、石塔和寿佛塔，是桂林山水漓江风光的一道靓丽的风景线。

普贤塔，位于桂林市内阳江和漓江汇流处的鼻象山顶，远看如宝瓶，又似一柄插在象背上的剑，故俗称宝瓶塔、剑柄塔，建于明代。普贤塔和象鼻山的外轮廓是桂林山水的标志。

普贤塔为藏式喇嘛塔，总高14米，砖筑。底层为两层八角形的基座，下层每边长3米，上层每边长2.45米。座上为覆钵体塔身，塔脖子顶为圆形伞盖，伞盖上置六角形出檐平台，平台铺作两层圆形相轮和一个小覆钵刹顶。

塔基第二层北面嵌有青石板匾额，上刻“南无普贤菩萨”像，普贤是我国佛教四大菩萨之一，故名普贤塔。

石塔，位于桂林市木龙洞外，漓江岸边，始建于唐，为唐代遗物。塔高4.3米，巨石雕成，分塔基、塔身和塔顶三部分。基为须弥座，刻仰覆莲花纹，工艺精巧，花纹细致；身如巨大的圆形宝瓶，四面雕拱形浅龛，东西龛内雕佛像，南北龛内雕菩萨；塔顶为十二层相轮，上雕六角形伞盖和葫芦形宝顶。塔身南面刻有清光绪十一年（1885年）水文资料。

寿佛塔，位于桂林市东南小东江岸边一座独立的小山上，故又名宝塔山塔，建于明代。宝塔山远看像一艘军舰，山左侧的穿山月岩，南北通透，像一轮皎月高挂天际。塔屹立山顶一柱擎空，构成一个独特的画面。

木龙洞石塔

塔身13.30米，平面八角七层砖筑楼阁式。八角形石筑塔基建于山顶巨大的岩石山，上承实心塔体，底层北面嵌有一方青石，上刻佛像，佛像旁刻“南无无量寿佛”六字。塔身六级腰檐和一级顶檐，上置葫芦形塔刹。塔各层八面虽未设假门假窗，但整体造型不失古朴雄伟。

宝塔山左的穿山与隔江的龟山对峙，像两只跃跃欲斗的雄鸡，在朝覆映照下，更显得形象逼真。宋吴儆诗赞穿山月岩：“安得短篷岩下漱，长看清影照寒波。”明孔镛诗赞穿山与龟山：“巧石如鸡欲斗时，昂冠相距水东西。红罗缠颈何曾见，老杀青山不敢啼。”宝塔倒影西映入漓江，东投小东江，远望翠嶂落影，碧波荡漾，峻姿挺秀。塔与穿山并称“穿山塔影”。

寿佛塔

真觉寺金刚宝座塔

北京西直门外白石桥东侧真觉寺遗址的金刚宝座塔，建于明成化二至九年（1466～1473年），清代因避讳世宗胤禛雍正帝名而改称寺为大真觉寺，俗称五塔寺，塔亦改称大真觉寺或五塔寺金刚宝座塔。它是我国第一座直接仿自印度菩提迦耶城的佛陀伽耶塔。

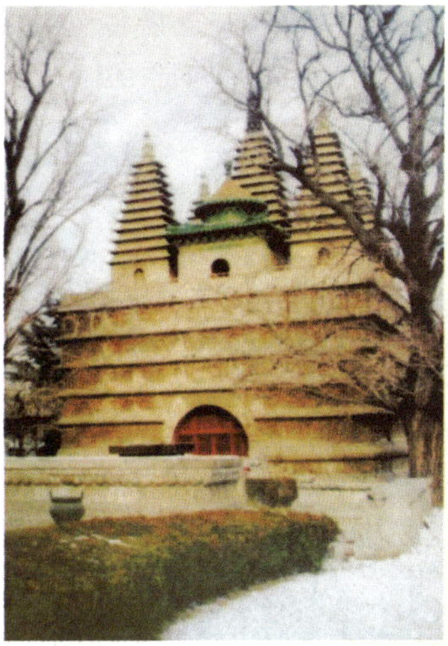

塔和宝座全部用汉白玉建造，通高15.7米，由两部分组成。下部为石筑方形体量高大的宝座，宝座共六层高7.7米，底层仿须弥座，上下沿口雕刻莲瓣，束腰雕十六根花纹石柱，柱间刻佛八宝纹饰。须弥座上五层短檐，檐下塔壁每层每面横排雕二十根顶柱，柱间雕十九个佛龛和十九尊坐佛，南北宝座壁正中开拱门，内装双十字红漆木质枋柱和四扇格棂门、一排横头窗。拱门内有步级石阶盘旋而上，通向宝座顶部。宝座上南向正中建一琉璃罩亭，下方上圆；同上建五座密檐方塔，正中一座十三层，高8米，四隅塔十一层，高7米。中间大塔须弥座的南面正中刻着一双人足大小的佛足，足心向外，托在一朵莲花上，称为“佛足石”。佛足石起源于印度，相传为释迦牟尼涅槃前将足印留在一块石头上，象征佛祖足迹遍天下。五塔底层较高，南面正中辟拱龛，内供坐佛，两侧壁间雕侍立菩萨和九果玉树，二层以上塔壁横雕一排排立柱和坐佛，全塔共饰精美雕刻佛像500余尊以及各种雕刻图案。其造型虽仿印度传统，但结构和雕刻手法则具我国传统的民族风格。

相关链接：金刚宝座塔属佛教密宗塔式，具有很强的象征意义。它的五塔象征佛教须弥山五形，也代表五方佛，和佛教的宇宙学说有直接关系。据说五塔是供奉金刚界五部主佛舍利的，中为大日如来（是最高佛主，故塔也最大），东为阿门，南为宝生，西为阿弥陀，北为不空成就佛。这种塔式最初在印度菩提伽耶城建造，为佛祖释迦牟尼悟道成佛处的纪念塔。我国明初，印度高僧班迪达，来中国传教，后进京向明成祖贡奉印度佛陀伽耶塔图样，才为国人所知。明宪宗即位后，成化初年下诏准建印度式宝座，从此兴建金刚宝座塔在北京首开先河。

但中国建筑匠师在营造此塔时，仍按我国传统变化吸收，对塔身的造型和细部加以修改，印度伽耶塔基座并不很高，中间主塔和四隅塔体量相差极大。为了强化金刚塔的整体气势，结合我国传统的高台技术，将宝座造得十分高大，又减小座上五塔的体量差别，更富有创造性的在宝座的南部正中，添修了一座完全中国式的重檐琉璃瓦罩亭，亭壁全用琉璃砖贴面，檐口为上圆下方攒尖琉璃瓦顶，闪亮富丽的小亭与后边的五座石塔正好是一个强烈的对比。更具特色的是宝座和塔身的装饰雕刻，掺入了大量喇嘛教题材和风格，从而成了中国式的金刚宝座塔。这是我国古代建筑善于吸收外来文化的又一例证。

兰州白塔

甘肃兰州市黄河北岸岗阜起伏，蟠结城郊，拱抱金城、玉迭二关，为古代军事要冲，因山上有白塔而谓白塔山，依山势而建一、二、三台建筑群参差错落，1958年辟为白塔山公园。山顶白塔寺内的白塔，始建于元代，明景泰年间（1450～1456年）重建。

塔通高17米，平面八角七层砖筑。形制为覆钵、楼阁组合。崖基上筑圆形平座，座承托高大的钵体（宝瓶），钵顶筑八角形平座承托楼阁塔身。塔壁东、西、南、北面从下至上同向辟方形门洞，余面无饰。腰檐一至四层叠涩挑出平檐翘角，五至七层仿木斗拱叠涩平檐翘角，角下各悬铜铃。塔顶置铜铸相轮、宝珠、尖针组成的绿色塔刹。白钵、橙楼、黑檐、绿顶构成一道独特的风景线。

鹿峰塔

湖南桂阳城东鹿头山上的鹿峰塔，又名东塔，始建于明嘉靖十年（1531年），万历元年（1573年）完工，历时四十二年。

塔高25米左右，平面八角七层青条砖平砌楼阁式。塔基及台阶青石筑建。塔身底层辟一拱门，门额题刻“寿山福海”四字。二层以上各层每面分别间错设券门或假券门，腰檐下无斗拱，而是砖砌出线三道，上复用斜砖叠涩砌三角形纹饰承托出檐，各檐转角从塔壁挑出石枋，微向上昂，类似檐的翘角。塔顶置金属相轮、宝瓶。塔身中空，有石阶可登临。

塔的造型朴实庄重，在湖南明代砖塔建筑中别具一格。

邵阳北塔

湖南邵阳市资水北岸的北塔，建于明万历元年（1573年），与南岸宋时始建的双清亭、登云阁等一遍建筑群遥遥相望，为风光秀丽的风景区。

塔高26米，台基广阔，可容数百人。塔体平面八角七层砖构楼阁式。塔底层正面辟拱门，两侧砖砌护壁，上筑额框，二层亦仅正面设一券门，三层以上每面上下交错设券门或假窗，门窗两侧设小佛龛。腰檐以砖砌叠涩外伸较短，塔刹简置覆钵、葫芦。塔体一二层收分较缓，三层以上各层收分较急，整体造型粗壮古朴，故有对联曰：“云带钟声穿树去，月移塔影过江来。”

慈寿寺塔

赵程久/摄

北京海淀区八里庄慈寿寺内的慈寿寺塔，原名永安万寿塔，亦称八里庄塔，建于明万历四年（1576年）。塔高约50米，平面八角十三层砖构密檐式。塔基须弥座高大，八角三层束腰，方或长方形壶门内雕有多种乐器；座上双层细莲瓣承托塔体。塔底层较高，正南面辟拱门，其余各面设拱形佛龛，门龛两侧浮雕力士、菩萨、协侍等立像，每面转角圆形倚柱，柱顶雀替、包拐斗拱挑出椽檐；每根檐椽都挂有铁制风铎。塔刹为钢制鎏金宝瓶。

海会寺琉璃双塔

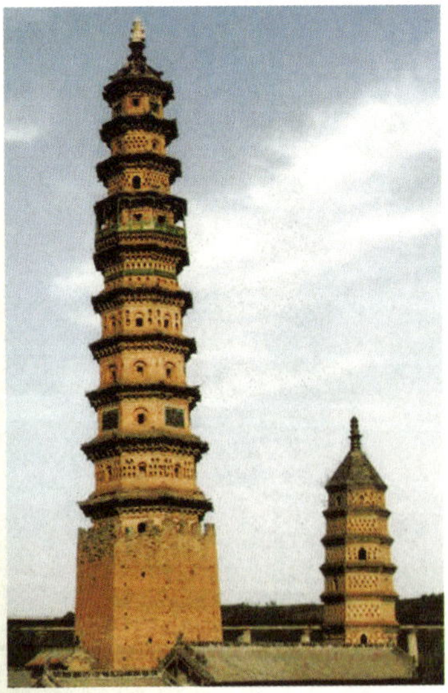

山西阳城县东15千米大桥村海会寺内的琉璃双塔，相距约30米，东西对峙。

唐塔高20米，平面八角七层楼阁式。每层辟有拱门，壁面满镶三排规整的小佛像，工艺精巧，造型古朴。

明塔高50米，建于明嘉靖四十年（1561年），平面八角十层楼阁式。三层方形台基，周匝置栏墙，上承托塔体。塔底层辟门，仿木斗拱出檐，各层八面镶琉璃佛像和花纹图案，第十层置平座檐柱栏杆构成美观楼阁，塔内有梯可盘旋登临观光。

双塔饰以绿蓝色琉璃砖，色彩鲜艳夺目，深藏村野古刹鲜为人知。

雁塔

山西霍县南郊塬上雁塔寺遗址的雁塔，因塔上燕子巢甚多，故名。寺依塔名现已无存。塔始建年代无考，明嘉靖四十二年（1563年）对塔曾有修葺。

塔高16米，平面八角五层砖构楼阁式。塔身底层较高，南面辟一券门，内空。第一层腰檐下每面包括转角砖雕斗拱三攒（单面感观四攒），八面共二十四攒，第二层以上每层各面包括转角砖雕斗拱二攒（单面感观三攒），八面共十六攒，全塔腰檐砖雕斗拱总计八十八攒。塔身逐层收分，下大上小，造型和谐挺拔，简洁秀气。

相关链接：在大同市南城墙东段，也有一座同名的雁塔，建于明代，高约10米，平面八角七层密檐式。塔身下部和塔顶局部用石料组合，其余以砖砌成，整体端庄稳重，精巧秀丽。

龙珠塔

江西瑞金县西南赤珠岭上的龙珠塔，建于明万历三十年（1602年）。据《瑞金县志》载：“明万历壬寅，知县褚奎临首先捐俸更募，邑人捐助会同邑绅钟撰、赖聘等分理其事，塔成，额曰龙珠，其塔基址，系廖应贤、廖应台义施。”又曰：“龙珠塔日久剥落，（清）道光十八年西关杨氏捐资重建（修），费千余金……”

塔高24米，平面六角九层砖构楼阁式。塔无台基，平地起立。底层正面辟拱门，上额匾刻“龙珠塔”三字，塔中空，可登临。二层以上各面设券门，三明（真门）三隐（假门），各层明隐交错。腰檐砖砌叠涩外伸，每角微翘。塔顶六角攒尖，上置金属葫芦。整体造型，从下至上收分平缓，白墙黑檐，简洁明快，浑厚挺拔。

锁江塔

江西九江市江畔的锁江塔，建于明万历十三年（1585年），清以来多次修葺。

塔高35米，平面六角七层砖石结构楼阁式。塔第一、二层南面辟拱门，底层东面内墙上嵌一块明代碑记。塔底层以上门枋与腰檐之间的补间铺作斗拱四朵（包括转角拱），六面共十八朵，全塔共一百二十六朵。腰檐上砖砌叠涩平座。塔身转角为砖砌圆形倚柱。三层以上各层三面交错辟券门，三面交错设假门，两侧门柱顶枋，形成三间。塔顶六角攒尖，上置金属小座、相轮、葫芦。

塔上下整体收分较小，形如玉柱，矗立江天，成为庐山门户的突出标志。

许昌文峰塔

河南许昌市东南隅文明寺遗址的文峰塔，又称文明寺塔，建于明万历二十四年（1596年），清康熙、嘉庆、道光年间相继有所修葺。

塔通高52米，平面八角十三层砖构楼阁式。青石筑基台，上又以青石砌成须弥座，并浮雕覆、仰莲瓣和卷草纹饰。塔体底层南面辟拱门，入内为八角形塔心室，室内原有密宗塑像千手千眼佛，现已无存。二层以上各层东、西、南、北四面辟券门，四至八层券门间面设佛龛，内供小佛。腰檐以仿木构斗拱挑出檐面翼角，砖砌出生头木使翼角翘起，并悬风铎。塔底层内室顶部用砖质小斗、拱头、叠涩砖、菱角牙子砖相间砌出玲珑优美的藻井。其上诸层分设八角形塔心、塔心柱，供奉白衣菩萨或文昌帝君。塔内有环绕梯道可登塔顶。塔顶八角戗脊攒尖，上置筒构陶质覆钵、宝珠及葫芦以作塔刹。

整塔造型巍峨挺拔，橙墙黑檐轮廓优美，结构谨严，为河南二百余座明代砖塔之冠。

渗金多宝塔

北京海淀区万寿寺大殿内的渗金多宝塔，建于明代（1368～1644年），始立于长椿寺，后迁至此。

塔高约6米，平面八角十三层仿砖木结构密檐式。塔由铜、锌、银、金等金属合铸而成。塔体由塔刹、塔檐、塔身、塔基四部分铸件组装。塔基须弥座束腰雕铸壶门及佛像，上下层周边立面铸凸起圆形纹饰。座上仿石板围栏双层大瓣仰莲错叠，每瓣上置小佛莲座一副。塔底层高大，装饰排钉兽首宫门或大窗，两侧侍卫或菩萨，门窗顶额三龙蟠护。各层腰檐间塔壁遍雕菩萨叠坐合十塑像，塔体周身共塑佛、菩萨、罗汉、诸天等雕像四百余尊，造型生动，工艺精湛，反映了明代雕塑艺术水平和风格。

赵程久/摄

白塔庵塔

赵程久/摄

北京海淀区西三环路东中国画研究院内的白塔庵塔，又称建文帝衣钵塔，建造年代不详。相传明惠帝朱允炆于建文元年（1399年）继帝位后，其叔朱棣燕王起兵“靖难”，1402年破京师（今南京）夺取帝位，建文帝趁乱逃出京师，削发为僧，晚年到北京，圆寂后葬于山之西，并在此建衣钵塔。

塔高25米，覆钵式。塔基为石筑单层须弥座，座上叠砌六层青石雕成的仰莲，塔身青石所砌，四面辟有拱门佛龛，内供石雕坐佛。塔肩置莲瓣形小座，上以环行石料垒砌十三天，铜制华盖和宝瓶为塔刹。

圆照寺金刚塔

山西五台山台怀镇北隅圆照寺后塔院中的金刚宝座塔，建于明宣德九年（1434年），为印度高僧宝利沙者舍利塔。

大喇嘛塔通高5米。塔座方形，砖筑，正南面建门檐，内设殿供佛。主塔基台四角各建一小喇嘛塔，每塔起于方形座，座南面设拱形假门，塔高不过主塔底座，五塔整体造型未遵金刚宝座塔式规范，而是藏、汉合璧，简朴庄重。

衍福寺双塔

黑龙江肇源县茂兴大庙村衍福寺遗址的双塔，建于清太宗皇太极（1626～1644年）时期，相传皇太极曾御驾茂兴大庙祭祀，故建寺塔。

双塔高约15米，东西排列，间距30余米，四面五级砖构覆钵式。由台基、塔座、塔身、相轮、塔刹组成。台基方形，上承方形雕绘精致的双狮、宝珠等纹饰的须弥座上为椭圆形覆钵，南向辟一壶门（眼光门），钵体雕刻藏文咒语。塔身上为相轮十三重，其上为金属质地日、月和宝珠塔刹。

双塔造型近似北京北海白塔但早于白塔，装饰具有藏、蒙、汉各民族融为一体的艺术风格。

北京北海白塔

北京西城区北海公园琼华岛山的白塔，清顺治八年（1651年）建于元代广寒殿旧址。康熙十八年、雍正九年均因地震塌毁，先后两次重修。

白塔高35.9米，砖石木结构覆钵式。下为高大的砖石台基，塔座为折角式须弥座，座上三层圆台，其上承托覆钵式塔身，南面有红底黄字藏式图案的佛龛，装饰精细华丽，称为“眼光门”，又称“时轮金刚门”，眼光门内用藏文刻“时轮咒”，音译为“杭恰嘛啦哇”，蕴含吉祥如意的祝福。塔身上部为细长的十三天和两层铜质伞盖，边缘悬小铜钟14个，塔刹为鎏金火焰宝珠。

白塔前有一仿木结构的重檐琉璃建筑名“善音殿”，上圆下方，面宽4.4米。上层圆亭式顶部为铜质筒瓦，镏金宝顶。下层方形楼阁顶部为绿琉璃筒瓦黄色剪边，配上三交六碗的四扇格扇铜门，显得典雅富丽。该殿和白塔紧靠一起，高踞在万木葱茏的琼岛之上，衬以一平如镜的湖水，上下左右浑然一体，使白塔更为隽雅秀美。

相关链接：北海白塔和妙应寺白塔是老北京城最为亮丽的人文标记，在造型上虽同为喇嘛塔，但建筑风格不同。北海白塔清秀典雅，妙应寺白塔则粗犷壮伟；北海白塔的覆钵修长精雅，妙应寺白塔则宽大肥壮；在塔刹设制上，北海白塔用天盘、地盘、日、月、火焰代替传统喇嘛塔所用的华盖、流苏和喇嘛小塔。

五世达赖灵塔

西藏拉萨市西北玛布日山布达拉宫内红宫大殿中五世达赖阿旺罗桑嘉措灵塔，始建于公元1690年2月（清康熙二十九年），塔殿藏语称“藏林静吉”。

塔高14.85米，覆钵式。塔由塔顶、塔瓶、塔座三部分组成。顶部为十三阶，称为十三太保，上串两层天地盘，再上镶以日、月和火焰轮，据说日象征智慧，月象征法力；塔瓶即钵体，内瘗藏五世达赖肉身，钵体正面辟有一道眼光门。塔身全部用金皮包裹，通体饰以珠玉宝石镶嵌的各种图案。据《五世达赖灵塔目录》记载，建造红宫藏林静吉塔殿花费白银104万1828两，而包裹灵塔所用黄金达11万9082两，镶嵌1500多颗宝石。塔尖冲殿顶而

出，光彩夺目，富丽辉煌，被称为“卓林空加”，意为世界一大装饰。

相关链接：五世达赖阿旺罗桑嘉措（1617～1682年）享年66岁，其一生在政治、宗教、学术上大有建树。他用清廷所赐纹银，兴建大寺十三座，完善了寺庙的管理机构，将阿里、拉达克收为治下，并潜心著述《西藏王臣记》等二十一种。公元1682年他在布达拉宫圆寂，主持西藏政务的第巴桑结嘉措匿丧不发，8年后红宫落成，高耸于拉萨红山（玛布日山）之上，五世达赖金质塔殿灵塔成为日后葬入布达拉宫历世达赖灵塔的先例。

七塔寺七佛塔

浙江宁波市江东区百丈路箕漕街东的七塔寺山门前七佛塔，建于清康熙二十年（168年），它是表征禅林的显著特征。

据记载，禅寺创建于唐大中十二年（858年）。始由江西分宁（今江西修水县）宰官任景求施舍宅院给佛门，敦请天童寺退住方丈、神门宗匠马祖道一法孙心镜藏奂禅师开山，初名东津禅院。唐大中十四年（860年）裘甫叛乱，侵占浙东一些城镇，肆意掠夺，一日，二千余叛军入寺抢劫，众僧逃散，在此危难之时，心镜禅师于大殿内安坐入定，神色泰然，众兵见状心怯，作礼退之。翌年郡守向朝廷奏报心镜禅师高德，皇帝下诏改东津禅院为栖心寺。宋大中祥符元年（1008年）又改名崇寿寺。明洪武二十年（1387年）因倭寇作乱，海上不宁，朱元璋派名将信国公汤和，将舟山一带民众迁居宁波江东，将普陀山僧众及观音菩萨迎入寺内供于大殿，改寺名为补陀寺，亦称小普陀。清康熙二十年寺前建七座佛塔，而改名七塔报恩寺，俗称七塔寺，为浙东佛教四大丛林（天童寺、阿育王寺、延庆观宗寺）之一。

七佛塔高约2.5米，形制相同，平面六角单层石雕亭阁式。据说在释迦牟尼之前，先后有六尊佛出现于世，七石塔代表七尊佛，从东到西一排分别为：毗婆尸佛塔、尸弃佛塔、毗舍浮佛塔、拘留孙佛塔、拘那舍牟尼佛塔、迦弃佛塔、释迦牟尼佛塔。

寺内还有一座心镜禅师墓塔，分塔座、塔身、塔顶三部分，塔座正面刻“唐敕赐心镜禅师真身舍利塔”，塔身与顶圆形，造型庄严。

七塔寺山门前塔式

摄影：蔡胜

①毗婆尸佛塔

②尸弃佛塔

③毗舍浮佛塔

④拘留孙佛塔

⑤拘那舍牟尼佛塔

⑥迦弃佛塔

⑦释迦牟尼佛塔

塔尔寺大银塔

青海湟中县鲁沙尔镇西南莲花山塔尔寺内的大银塔，是大金瓦寺内纪念喇嘛教格鲁派（黄教）创始人宗喀巴的建筑物，始建于元至正末年（1357年后）。相传宗喀巴（1357—1419年）出生时，其母将其胞衣埋于地下，后来这里长出一株菩提树，树上生长十万片叶子，每片叶上现出“狮子吼佛像”一尊，其母心疑，本着敬爱之心，在此建立一座小塔，后人在小塔的基础上建起了大银塔。

大银塔高12.5米，基座方形三层，第二层较高，其上沿下束腰内，每面砖雕十三个佛龛和佛像，第三层基座束腰四面共有花头立柱十三根，八个柱间共立小喇嘛塔八座。基座平台承托覆钵体，塔脖子上由相轮、覆莲和仰莲、仰月、宝珠组成塔刹。从基座二层至塔身正面上下一线辟尖拱形三个壶门，内供佛像。基座二、三层另三面同样另辟三个尖拱形壶门，内供佛像。以后起建的大金瓦寺和扩建的寺院命名为塔尔寺，都是在塔的基础上形成的。

相关链接：塔尔寺藏语称“衮本贤巴林”，意为“十万狮子吼佛像的弥勒寺”，是为纪念黄教鼻祖宗喀巴（1357～1419年）而建立的。元代至正十七年（1357年）宗喀巴生于湟中县，17岁到西藏拉萨等地访师问道，他的母亲想念儿子，托人给他带去一封信，还附去一绺白发。宗喀巴一心改革并创立黄教，没有回家，只写一封回信，附有一幅自画像和一座“狮子吼”佛像，告诉他母亲：如果想念他，就在他诞生的地方建一座塔，安上佛像，并在旁边种上菩提树。宗喀巴母亲从此发愿决心筹建佛塔，明洪武十一年塔在宗喀巴家牛圈地上建成。后来，宗喀巴的信徒们便在塔的附近建庙宇和僧舍，到十八世纪末逐渐扩建成大型寺院，此为塔尔寺的来历。

塔尔寺如来八塔

青海湟中县鲁沙尔镇西南莲花山塔尔寺广场的如来八塔，又称八宝如意塔、如意宝塔，建于清乾隆四十一年（1776年），是为赞颂佛教始祖释迦牟尼的一生八大功德而建造的。

如来八塔的布局奇特，并排八座，列成一行，造型大同小异，塔高约6米，塔身白灰抹面，腰部装饰着经文，每塔的塔身南面有一佛龛，陈列着佛意梵文。八塔从东到西分别为：莲聚塔（纪念释迦牟尼生时行走七步，步步开一朵莲花）、菩提塔（纪念释迦牟尼修行成正觉）、四谛塔（纪念释迦牟尼初转四谛法轮）、神变塔（纪念释迦牟尼降伏外道时的种种奇迹）、降凡塔（纪念释迦牟尼从天堂返回人间）、息诤塔（纪念释迦牟尼劝息诸比丘的争端）、胜利塔（纪念释迦牟尼战胜一切魔鬼）、涅槃塔（纪念释迦牟尼入涅槃，不生不灭）。

迎旺塔

海南三亚市（古崖州、崖城）城西小学旁的迎旺塔，始建于元代，后毁。清咸丰元年（1851年）崖州知州徐咏韶发起捐资重建。

塔高约20米，平面六角七层青砖砌筑楼阁式。底座周长13.2米，塔墙厚52厘米。底层正南拱门门额石匾刻“迎旺塔”，第二层正南门两旁嵌有对联，以上各层虚设圆或方形小卷窗。塔身中空，青砖叠涩外伸塔檐。塔顶六角攒尖，上置宝珠为刹。

整体造型呈锥形，各层收分明显，塔壁内倾，保存完好。塔虽古拙简朴，旧时却是崖州人士宴游胜地，现为三亚市唯一的古塔。

王闰年/摄

相关链接：热带风光秀丽的海南岛，随着唐代佛教的传入，寺塔建筑逐时增多。据史料，宋代海口的琼山已成全岛佛教中心，琼山天宁寺誉为“海南第一禅林”，海口市振东区白龙乡明代建造的昌明塔（1937年被侵琼日军毁）号称“琼州第一塔”。宋、元、明、清各时期所建寺塔百座有余。由于台风、地震、战争，特别是“文革”浩劫，大量寺庙塔碑等文物遭毁。今《海南古今佛教寺塔碑像大观》收录尚存迎旺塔、见龙塔、斗柄塔、文峰塔、美郎双塔等12座，残存塔5座，和尚墓塔2座，有名无塔8座，共计27座。

见龙塔

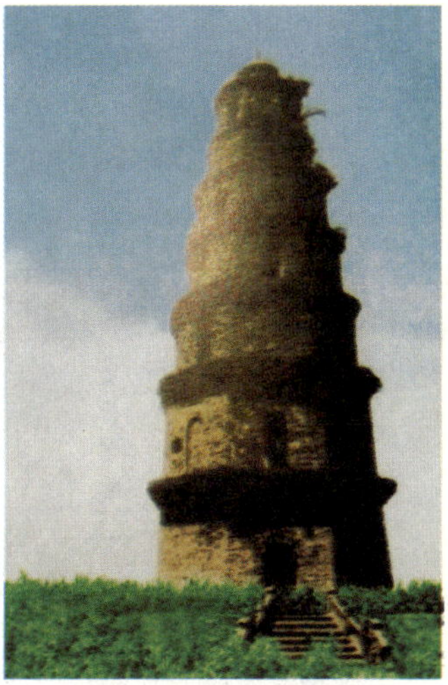

海南安定县定城镇东南仙沟龙滚坡上的见龙塔，俗称仙沟塔，清乾隆十六年（1751年），由知县伍文运和乡绅林起鹤等捐资创建，未竣。乾隆三十二年（1767年）继由知县吴先举和乡绅莫纮等续建而成。

塔高25米，平面八角七层砖构楼阁式。塔底层外围每面长3.52米，墙厚2.73米，内径3.92米，正门题额刻“见龙塔”，余面刻“风调雨顺”、“国泰民安”等祝词。塔身二至顶层每层每面上下交错辟真假拱门。腰檐以砖砌叠涩外伸，塔内空心，有旋转阶梯通向塔顶。塔壁分别砌有“日、月、星、辰、天、地、玄、黄”等字刻砖。

塔各层收分明显，塔体呈锥形，造型简朴庄重。

汾阳文峰塔

山西汾阳县东郊建昌村文湖广场附近的文峰塔，建于清康熙年间（1662～1722年），是一座有别于佛塔的中国风水塔。

塔高84.97米，平面八角十三层砖构楼阁式。塔基占地面积217.8平米，塔座（须弥座）用条石砌筑，石上雕刻竹节、仰莲、卷草等图案，塔身青砖砌建，底层正南辟券门，由方台步阶导入塔内，第三层以上各层，八面皆辟券窗。腰檐砖雕椽、斗拱、飞檐，出檐较短。塔顶八角赞尖，上置平座、覆钵、宝珠组成塔刹。

整塔造型简洁、高昂、雄壮，游人可循塔内

梯道登临。值得一提的是该塔除底层塔心室供一尊观音塑像外，从第二层起依次供祀鼠、牛、虎等十二生肖塑像，这在我国古塔中实属罕见。

妙相亭佛塔

赵程久/摄

北京西城区北海公园万佛楼西侧妙相亭内的佛塔，建于清乾隆三十五年（1770年），高6.88米，底座平面八角形，塔身为十六面，塔冠为十六瓣仰莲，全石结构，单层亭阁式。

塔的形制独特，底座八面雕刻云龙纹饰，塔身各面摹刻五代十国时期后蜀名僧贯休所画的十六应真像和乾隆皇帝御题的十六像赞，仿木圆柱中上两道穿枋，枋顶外伸三十二椽，承托圆形顶盖，盖沿与柱头对应位置浮雕十六只兽首，承接塔冠。十六尊罗汉像石刻工艺精湛，为石刻艺术的珍品。

回澜塔

四川邛崃县东南3千米南河中沙碛上的回澜塔，初名镇江塔，后改名回澜文风塔，始建于明万历四十四年（1616年），邛州知府袁昭文倡创，明末遭毁，清乾隆、同治、光绪年间先后重建及修葺。

塔高75.48米，平面六角十二层砖构楼阁式。塔身一至六层每面正向拱门，上嵌门额，内刻吉祥颂词，七至顶层拱门无额匾。腰檐细短，佛龛稀小，塔刹简洁，塔体醒目突现，雄伟壮观。

苏公塔

新疆维吾尔族自治区吐鲁番市东郊2千米葡萄乡木纳格村台地上的苏公塔，又名额敏塔，建于清乾隆四十三年（1778年），是一座造型新颖别致的伊斯兰教古塔。

清朝名将吐鲁番郡王额敏和卓，是该地区维吾尔族的首领，他的家族世代坚持反对外来侵略和分裂割据，受到当时清政府的奖赏，被封郡王。后其次子苏曼（又名苏来满）继位，为纪念其父功绩，自出白银7000两立塔。

苏公塔呈圆柱形，通高44米，底部直径14米，顶呈盝形，以黄色方砖砌筑。为避免黄砖沉闷单调的视感，工匠艺人不断变换砌砖的手法，或横或竖或斜或凸或凹，砌出了各式菱格纹、山纹、水花、团花等波纹、变体四瓣花纹等几何图案，共有15种之多，都是维吾尔族的传统纹样，美观大方，富韵律感。塔体在不同方向和高度砌有14个窗口，塔内无一基石，亦无木料，全凭砖砌螺旋形中心支柱承担整个塔身重量，还有挑砖旋梯72级，可登临塔顶，顶有10平方米穹窿楼阁，四面有窗远眺，整个吐鲁番大地的胜景尽收眼底。塔门旁立有维、汉两种文字的石碑，碑文说明修建额敏塔为恭报清王朝对额敏和卓一家的“天恩”，并使额敏和卓一生的业绩“以垂永远，可为名教”。塔与清真寺紧紧相依，构成一个统一的整体。

奎光塔

四川都江堰市（原灌县）城区的奎光塔，建于清道光十一年（1831年），是为振兴当地文风而建的文峰塔，高50余米，平面六角十七层，是我国古塔中层数最多的塔。

奎光塔为密檐式砖塔，其造型将高大挺拔与纤细清秀两种风格融为一体。一座石筑方形低矮的台基承托全塔。底层塔身高大，其一面辟一券门，二层以上各层塔身的叠涩砖檐紧密相间，各层每面皆开尖顶门，有真门，有虚设假门，整座塔无装饰，显得洁雅稳重，高耸壮观。

金刚座舍利宝塔

内蒙古自治区首府呼和浩特市旧城东南部的金刚座舍利宝塔，又名五塔，蒙古语名为“塔奔·斯普日嘎”。原为喇嘛台庙慈灯寺内的一座重要建筑，建于清雍正五年（1727年），后寺毁，唯遗五塔巍然独立。

金刚座舍利宝塔主要由金刚座和上部五个方形舍利宝塔构成，通高16.5米。金刚座平面呈“凸”形，砌筑于高1米的台基上。下层是须弥座，束腰部分为砖雕，雕饰有狮、象、法轮、金翅鸟和金刚杵等图案花纹，座身下部镶嵌有蒙、藏、梵三种文字刻写的《金刚经》，刻工精细，字体工整。须弥座的上部是宝座，形如一座巨大的长方体佛殿。宝座外部有7层短挑檐将宝座分为上下8层。下面一层较高，但壁面素净，只有塔门的两侧雕刻着几尊佛像，以上各层相对间距较短，四周布满1119个小佛龛，龛内塑有神态各异的鎏金佛像。金刚座南面凸出部分开有拱门，门上嵌有用蒙、藏、汉三种文字书写的“金刚座舍利宝塔”汉白玉匾额。拱门内为无梁殿，东南隅设有通向宝座上方的阶梯。宝座上面设置五座方形舍利宝塔，中央一塔七层，高6.62米，四隅四塔五层，均为密檐式，五塔身上密布佛像、菩萨、菩提树等雕饰。塔的北边照壁上嵌有三幅刻石，其中一幅是用蒙文标写的各种天文学名称的天文图，这是中国迄今发现的唯一少数民族天文图，是研究清代天文学史的珍贵文物。

金山寺慈寿塔

程红/摄

江苏镇江市金山寺山顶的慈寿塔，始建于唐代。相传由唐武宗的名相李德裕始建，宋哲宗元符年间（1098～1100年）大臣曾布在唐塔故址为其父母建造荐寿塔与荐慈塔，双塔南北相对，明初双塔倒毁，隆庆三年（1569年）和尚了明在北坡荐慈塔遗址上重建一塔，各取原塔一字名慈寿塔，清同治年间又遭毁。清光绪二十六年（1900年）寺主持隐儒禅师募化资财，重建慈寿塔。

塔高40米，平面八角七层砖木结构楼阁式。基台石砌，上起塔体，每层八柱横梁穿枋斜撑飞檐翘角，端头悬铎，檐上平座木栏。每层四面交错开券门佛龛，走廊绕塔，楼梯盘旋而上。塔顶八檐攒尖，上置相轮、铁环、宝珠收顶。

塔的整体造型具有江南唐塔风格，雄伟秀丽。

双耳喇嘛塔

内蒙古自治区呼和浩特市旧城石头巷席力图召内的双耳喇嘛塔，建于清康熙年间（1662～722年），结构最完美，是内蒙古现存喇嘛塔中第一巨制。

“召”蒙语意为“寺庙”。据记载，明万历年间，席力图一世呼图克图希体图噶因深谙佛教典籍，并精通蒙、藏、汉三种文字，受到顺义王阿勒坦汗的推崇，召中香火日盛。四世达赖喇嘛幼年从希体图噶学习经典，万历三十年（1602年）又由希体图噶护送回西藏坐床。据传希体图噶曾坐在达赖喇嘛的法座上，藏语称法座或首席为“席力图”，他从西藏归来，便称他创立的寺庙为席力图召，清初起陆续扩建，始具现在规模。

双耳喇嘛塔用白石雕砌，高约15米。石筑方形台基高大，上围以十五根石柱，东西北三面柱头雕饰葫芦，南面四柱头雕饰坐狮，空缺一柱作步级扶栏登临通道。四面柱间镶空花和浅雕纹饰的石栏板，形成僧侣信士朝拜走廊。台基中间为一座雕刻精美的方形而高大的须弥座，座的四角立四根悬空的雕龙柱，每面内壁浮雕四根间柱和花饰。须弥座上下沿壁以及座上四层叠涩梯形台座沿壁全部浅雕纹饰。台座上为覆钵体塔身，其正面辟雕刻精美的大型眼光门，门外圈装饰显眼的佛八宝图纹。塔身上部阳刻半圈硕大的六字真言，从笔划繁杂上看，可能是西夏文字。塔身上高耸细长的彩色勾勒图案花纹为相轮（十三天）。相轮上为宝盖、小须弥座、仰月和宝珠。

此塔独特之处是从宝盖垂下两个镀金的双耳铜饰，长度达“十三天”的半数，上端紧靠相轮两侧，下端往外自然伸展，使其造型比其他常见的喇嘛塔更为突出，别具一格。

拉卜楞寺塔

甘肃夏河县城西拉卜楞寺（旧称扎西奇寺）内的喇嘛塔，俗称金塔，建于清康熙四十八年至六十一年之间（1709～1722年），是一座瘗藏舍利的佛塔。

塔高12米，砖筑。三级高大的方形台基上不设须弥座，而是砌筑五级重台，层层逐级收分，形成方坛状，坛正中置方形塔座，承托塔身，塔身下部为六道八角形逐层收分的金刚圈，塔身上端置六角形小座，上立细长的相轮（十三天）、宝盖、宝珠。整体造型简练协调，稳重大方。

相关链接：清康熙四十八年始建的拉卜楞寺，是我国喇嘛教格鲁派（黄教）的六大寺之一，建筑规模和珍藏文物、藏文经典和书籍册数均在数万以上，在全国喇嘛寺中名列前茅。

颐和园多宝琉璃塔

北京海淀区颐和园万寿山后山坡上的多宝琉璃塔，建于清乾隆年间（1736～1795年），是清漪园的遗物。

塔高约16米，平面八角七层重檐楼阁式。塔屹立于石筑台基上，外周圈护宫墙。塔身由下向上，每两层有竖向矩形窗，各层均为飞檐翘角，一、三、五层台基或檐上平座外沿置绕塔石栏。塔壁八面宽度不等，正四面宽，间四面窄，一层宽面塔壁设横排九个拱形小龛共七行，窄面塔壁设横排五个拱形小龛共七行；三层宽面设横排七个拱形小龛共七行，窄面设三个拱形小龛共七行；五层宽面则横五龛七行，窄面横二龛七行。一、三、五层塔壁宽四方辟拱形假门，内供坐佛12尊。各面小龛内刻浮雕佛像共596尊。塔身和塔檐分别用五色琉璃砖和筒瓦镶砌，自上而下各层分别为黄、蓝、天蓝、酱紫、绿、黄等色。塔刹由镀金露盘、覆钵、相轮、尖针组成。

赵程久/摄

整体造型呈楼阁与密檐互补的形式，但楼阁式观感尤甚，疏密相间，别具一格。

香山多宝琉璃塔

北京海淀区香山宗镜大召庙之南的多宝琉璃塔，建于清乾隆四十五年（1780年）。当时是乾隆皇帝为接待西藏六世班禅来京而建。

赵程久/摄

塔高40米，平面八角七层楼阁式。塔基八角形石筑，外沿周围饰有汉白玉雕栏。塔座高10余米，座顶汉白玉雕栏下护以宽大的塔衣檐廊。塔座起承塔身，全部用黄、蓝色琉璃砖砌成。底层每面辟上中下三列拱形佛龛，上一中下各三，内供坐佛，二层以上各面辟一拱形佛龛，内供坐佛，共塑佛104尊。黄色倚柱梁枋和叠涩斗拱挑出飞檐翘角。塔顶八条檐脊承托黄色琉璃宝瓶。每当旭日东升，朝阳直射塔上闪闪发光，艳丽夺目；夕阳斜照，山梁背阴浓墨重色，塔体受光面瓦鲜砖亮，明暗相交，瑰丽醒目。似一柄宝剑插于山间，光焰熠熠。

程冰/摄

莲性寺白塔

江苏扬州市瘦西湖五亭桥南岸莲性寺内的白塔，建于清乾隆年间（1736～1795年）。寺创于元代，原名法海寺，清康熙皇帝一次南巡至此，见寺四面环水，南有藕香桥，桥下莲藕花开，清香四溢，遂改寺名为莲性，当时寺内无塔。相传以后乾隆皇帝一次南巡到扬州，游瘦西湖时，指着四周景色对侍从说："这里多像北京北海的琼岛春阴啊，可惜就差一座白塔。"当时有个姓江的盐商总纲，得此消息，为讨好皇上，贿皇帝侍臣白银万两，得白塔图样，然后召集工匠，一夜之间用盐包建成一座白塔，乾隆再次游湖见塔，大为惊异，问及原委，不禁感叹扬州盐商的财力与聪慧。

白塔高25.75米，砖筑，分上下三层。下层台基呈正方形，每面有三个小龛，每龛内雕一生肖像，共十二生肖；台基四周有栏板，前有小台，小台北面和两侧均筑步阶以供登临。塔位于台基中央，底为砖雕须弥座，上为宝瓶形塔身，南面辟眼光门（佛龛）内供白衣大士像一尊。塔身上端为折角形塔脖子，其上是十三层细长的相轮，顶上八角大盖铜盘，角端悬铃，盘上置青铜鎏金葫芦塔刹。晴空映衬之下，白塔高耸，金顶耀日，与五亭桥组成一横一竖，一金一玉，一南一北的趣味景观，为瘦西湖增添了楚楚英姿。

壕股塔

浙江嘉兴市南湖北岸的壕股塔，又作濠罟塔、濠孤塔，塔名源于壕股禅寺近临城壕，濠河水曲如股而得名。塔的始建年代无考。据古籍载，大约在五代(902～960年)或北宋时期，明代重建。

塔高十丈约34米，身方形，共七级。顶如笔，砖木构楼阁式，建工巧，势伟。塔下为寺院，相传苏东坡曾到寺饮茶，与文长老晤谈；元代四大画家之一吴镇的《嘉禾八景》将壕股塔绘入图中，并题"苏堵玲珑插壕股"。清凌大田还写下《壕股》诗

古壕股塔残影

：“清流一脉曲，百仞涌城濠。影藻玻璃碎，风铃柳外高。”

古壕股塔因年久失修，于上世纪70年代倾圮。由于旅游业的发展，2002年南湖名胜发展有限公司投资1200万元在距原塔旧址800米的南湖勺园故址重建壕股塔，2004年1月19日对外开放。新塔沿袭古塔型制构建，高63．4米，身方形，共七级，砖木结构，出檐戗角悬28只风铃。纯铜鎏金的塔刹高5．5米，耗用纯金3000克。塔内设179级木梯盘旋至顶层，游客登临可览嘉兴全景。

今壕股塔靓影

碧云寺金刚宝座塔

北京海淀区香山东麓碧云寺内的金刚宝座塔，建于清乾隆十三年（1748年），仿真觉寺塔的形制按西藏传统样式全部用汉白玉石建造。

塔通高34.7米。塔前有照壁式四柱三墙三拱门三排楼白石牌坊一座，阔34米，排楼及左右矮墙上部横雕34根花纹小顶柱，上为斗拱飞檐琉璃筒瓦，比例匀称庄重，是进入塔区的山门。

塔的宝座平面呈倒凸形。塔基共两层，基台上的宝座为三层，座壁层层佛龛，内有刻工精致的佛像和兽首。宝座南面一至二层正中开拱券门。昔日门内为孙中山灵柩停放处，现用汉白玉石封闭，中嵌石碑，上书“孙中山先生衣冠冢”，孙中山先生的衣帽封藏于内。

塔的宝座顶沿围以石栏，座前部稍小方形台座上，前面两侧各置一座圆形喇嘛塔，后置一座小金刚宝座塔，五小塔皆覆钵式，座后部大方形台座上为五座密檐方塔，当中大塔为十三层，上以覆钵、华盖、宝珠组成塔刹；四隅小塔皆十一层，塔刹与大塔同。整个宝座上十二座塔尖参差高耸，轮廓极为丰富。这种群塔集中耸立，对比强烈的造型和布局，在中国古塔绝无仅有。整个宝塔遍布精致的佛像、天王、飞龙、雄狮、白

象、神兽和云纹梵花浮雕，特别是覆钵式塔的宝瓶部位，一改传统的单个眼光门而为四面拱门佛龛内雕坐佛的形式。

塔下外围有绕塔步级石阶可登临宝座平台，以供僧侣，信士和游人礼拜细瞻诸塔。

清净化域塔

北京朝阳区安定门外西黄寺的清净化域塔，建于清乾隆四十七年（1782年）。前二年西藏六世班禅进京为乾隆七旬祝寿而卓锡西黄寺，后因病圆寂，其舍利金龛奉送回藏，高宗为纪念六世班禅特于寺后楼前建衣冠石塔，故名。

赵程久/摄

塔高7米，用精美白石砌成，建于高3米多的石台基上，四角各有塔式石经幢一座，幢身下层绘制经文，四周设石护栏。塔台中央为主塔，塔基八角形，基上为八角形须弥座，座立面雕饰佛传奇画面，有神人、罗汉、信徒，并衬以屋宇、山石和树木背景，座上下叠涩层饰以卷草、莲瓣、云纹、蝙蝠等花纹，座八角各雕力士像一尊。须弥座上承托覆钵体塔身，正面设佛龛，内供浮雕三世佛，龛旁分雕八尊菩萨，塔身以上由折角小座承托莲花座、相轮、华盖和宝瓶组成塔刹。

清净化域塔造型属印度佛陀伽耶式，即金刚宝座塔，但主塔结构却是我国西藏喇嘛塔式，佛传奇人物、建筑以及雕刻花饰都是我国汉民族的传统手法。高超的艺术风格融汇一体，成为清代佛塔建筑艺术上的精品，是汉藏两族人民友谊的象征。

注：“清净”出自佛典《俱舍论》，“远离一切恶行烦恼垢故，名为清净。”

鸡足山楞严塔

云南宾川县西北40千米的鸡足山，又名九重岩，因山势背西北而面东南，前伸三支，后出一趾，形似鸡足，故名。以天柱山峰为最高，海拔3240米。登临其山，可东看日出，南观祥云，西望苍山洱海，北眺玉龙彐山。蜀汉时建有小庵，唐代扩建，盛时有大小寺宇百余座，明代建有悉檀寺、石钟寺、华严寺和铜铸的金顶寺等。现仅存位于全山中心的祝圣寺（清建）、金顶寺山门及明万历二十八年（1600）建现代重修的楞严塔。

塔高41米，方形十三层砖筑密檐式。底层高大，南北辟拱门，上部仿木斜撑挑檐，二层以上各层每面辟三拱门，中间真门较大，左右假门窄小，腰檐层层叠涩收分出檐。塔顶四面攒尖，上置铜铸顶柱露盘葫芦塔刹。

塔全身涂饰白泥，屹立于天然岩壁之上，寺宇之中，高出云表，雄伟壮观。

寒山寺普明塔

江苏苏州市阊门外5千米枫桥镇大运河枫桥湾南面不远就是名闻中外的六朝古刹寒山寺，始建于南北朝·梁天监年间（502～519年），原名妙利普明塔院，相传唐贞观年间天台山国清寺高僧寒山来此住持，遂更名寒山寺。寺之扬名在于唐天宝年间诗人张继途经枫桥写下《枫桥夜泊》一诗："月落乌啼霜满天，江枫渔火对愁眠。姑苏城外寒山寺，夜半钟声到客船"名句，从此诗韵钟声千古传颂。普明塔虽始建于南朝，却鲜为人知。

寒山寺和普明塔曾多次毁于战火，现存寺、塔为清光绪至宣统三年陆续重建。

普明塔高40米，方形五层砖木结构楼阁式。底层四面有塔廊、长廊围护。其东侧别筑一座附亭，亭座与塔底层等高，二层为叠涩斗拱平座，座沿四周立十三柱及雕格栏杆，形成绕亭回廊，亭角倚柱额枋雀替斗拱高挑飞檐翘角，重脊筒瓦，攒尖方形小座上承覆盘宝珠。整体装饰白粉墙、红柱门窗枋斗拱和黑瓦飞檐，醒目和谐生动，是塔的最佳陪衬。

普明塔造型和装饰与附亭相仿，所不同的只是各层每面塔壁四柱三间，中间辟方形门，左右两间各设方形直棂窗，额枋设三丫二人状支承。塔顶小座、相轮、华盖、仰月、宝珠、浪风索组成塔刹。

塔亭组合，一高一低，如僧伴佛，和谐富丽，在古塔建筑中独具风格。

宁寿塔

徐敬宾/摄

青海西宁市北，湟水之滨的北山顶峰宁寿塔，又称北塔，是北山风景区诸多自然景观和佛窟、寺庙、道观、楼阁等人文景观之一。塔建于清代，砖筑，高13米，平面六角五层，密檐式。

基台花岗岩石护砌，上起双层塔座接砌塔身，逐渐向上收分，多层叠涩外挑翘角腰檐，檐面铺作筒瓦，小巧覆钵、葫芦组成塔刹，全塔实心无门窗，唯第四层塔墙嵌有一块塔名碑。整体造型简朴无华，庄重灵秀，有别于辽代密檐式结构，近似于楼阁式风韵，是一种独具风格的密檐式砖塔。

大同法华塔

山西大同市城东北隅塔寺街的法华塔，为大同唯一的喇嘛塔，建于清代，后经重修。

塔高约12米，砖筑覆钵式。六角形高3米的台基，一边辟券门，门上砌匾额刻“小洞天”三字。台基之上承托瓶形塔身，塔身上部四面辟壶门，外饰券门式土黄底色，两旁雕刻红色力士，上额雕刻红色菩萨、飞龙、神兽。钵顶置圆形须弥小座，束腰雕十二个小龛和坐像佛。座上叠八圈相轮、六角台座的六尊立佛、覆盘上置小座又环立小佛，中柱顶仰莲、宝珠组成造工复杂精细的塔刹，这在喇嘛塔塔刹的造型上则独具一格。

文笔塔

云南建水县（哈尼族彝族自治州），古称步头，亦称巴甸。据史载，自元代以来文教昌盛，人才辈出。元泰定二年（1325年）在城内北隅创建庙学，明、清相继仿山东曲阜孔庙的布局扩建，形成规模。时为临安府，相继创建学政考棚、府学、州学、县学等书院义学，有“临半榜”之称，即云南科举考试中榜者中，监安学士竟占一半，有“滇南邹鲁”、“文献名邦”之盛誉。城中的文笔塔，清道光八年（1828年）所建。

塔高31.4米，平面四方八棱尖锥体，砖砌结构，底部宽大厚实，向上逐渐收分，顶部另筑长方体以作塔刹，造型近似西方建筑模式，在中国古塔建筑中独具风格。

镇海寺塔

山西五台山台怀镇南5千米，两山夹峙，中峰微缓，古柏苍翠，风光秀丽，寺藏其间。寺侧一清泉，长流不息，名“海底泉”。相传此泉即海眼，龙王九子贪恋民女，横溢成灾，文殊菩萨发觉，降大锅镇之。清康熙五十年（1711年）于此建寺，故名。

寺南有永乐院，清时封为章嘉活佛的住所。章嘉活佛是内蒙古地区藏传佛教格鲁派的最大转世活佛。章嘉为青海北藏族地区（今西宁市互助县）一村名，又作“张家”、“章佳”，是章嘉一世的出生地，号称张家法王。在信徒心目中，章嘉被视为文殊化身，并与哲布尊丹巴呼图克图并称为蒙古二大喇嘛。章嘉活佛转世，至今已有十九世，而以阿噶旺罗布桑却拉丹为此职位的实际鼻祖，由他开始才确立章嘉呼图克图为内蒙古政教统辖者的地位。清

乾隆五十一年（1786年）在永乐院建造十五世章嘉佛塔，俗称镇海寺塔。

塔高约8米，塔座、钵体及相轮皆白石雕筑。钵体周雕佛传故事，上部为四方佛像。铜铸华盖、仰莲及叠加莲瓣纹饰宝珠，称之“金顶玉葬”。塔周设廊屋，画十大明王和十二圆寂菩萨。

赵程久/摄

玉泉山妙高塔

北京海淀区玉泉山北侧山峰上的妙高塔，建于清乾隆年间（1738～1795年），高约17米，是一种形制特殊金刚宝座塔，中央为覆钵式，高大挺拔；四角小塔塔刹尤为细长，其状如锥，故四小塔俗称锥子塔。底层总座为方体，四壁外加罩亭门，大塔宝座为十字形方体，四面绘假门，四角小塔位于大塔宝座折角间，底座亦为方体，四面绘假门，是殿阁亭的建筑艺术与藏式建筑的组合，在我国现存古塔中唯一的形制。

颐和园过街塔

北京海淀区颐和园后山即万寿山北坡，从北宫门过三孔石桥，就是松堂、须弥灵境、香岩宗印之阁、四大部洲，成为一条中轴线。在中轴线上的香岩宗印之阁内，有白、绿、红、黑四座覆钵式过街塔。四种颜色代表佛教所称“四智”，典出佛经构成世界的地、水、火、风四种元素。

四塔形制相同，高约15米，均由台基、穿堂（高大的方形殿式建筑）、须弥式塔座、双层叠加塔身、相轮、华盖露盘、仰月、宝珠等组成。穿堂拱门内空，为过街塔门式，但南北不相通，是清乾隆年间（1736～1795年）仿西藏三摩耶式寺庙建筑。

绿塔

黑塔

白塔

红塔

阇城八塔

河北承德避暑山庄普乐寺内的阇城，建于清乾隆三十一年（1766年），是曼荼罗（坛场）式的变体，城分三层，上建殿。第二层台上四角和四面共有八座喇嘛塔，四角的为黄色，东西南北四面分别为黑、青、紫、白四色。八塔颜色各异，而形式相同，都是由莲花雕饰方形须弥座承托塔体。

阇城全景

阇 城二层台东面紫塔

阇城二层西面青塔
和西北角的黄塔特写

普宁寺四塔

河北承德避暑山庄普宁寺大乘阁外四角红、绿、黑、白四座过门式喇嘛塔，形制相同，唯塔身覆钵造型各异。因塔座为方形殿状，南北辟拱形门，属过街式。

绿塔

黑塔

白塔

红塔

永佑寺舍利塔

河北承德避暑山庄万树园东侧永佑寺舍利塔，建于清乾隆十九年（1754年）。乾隆十六年高宗弘历南巡时，见杭州六和塔、南京报恩寺塔挺拔秀丽，遂令在避暑山庄仿建。

塔高65米，平面八角十层砖石结构楼阁式。塔身四面券门四面券窗，上下层间交错设置，腰檐砖砌叠涩外伸，斗拱采用琉璃饰体。塔顶八角攒尖，上置叠加覆钵，倒形相轮和宝珠组成塔刹，干净利落。整体造型雄伟，突破了万树园的横野平空。

剑江文峰塔

贵州都匀市剑江西岸文峰公园内的文峰塔，原名文笔塔，据传，明万历年间，这里曾有一座五层木塔，像一杆擎天之笔，旁边剑江的龙潭如一方大砚，后木塔因风雨侵蚀腐变而倾圮。清道光二十年（1840年）在都匀籍陕西布政使兼巡抚陶廷杰首倡捐资，募集资财在木塔原址重建石塔，即现存之塔。

塔高33米，平面六角七层磺石结构，实心楼阁式。塔基为宽大的石筑方台，四周设石栏，塔身由下至上收分明显，腰檐石雕翘角筒瓦，外伸短浅。全塔上下无门窗，第一层正面假门门额嵌一青石匾额，上刻“文峰塔”三字。塔旁立有清代重修、民国补修和陶廷杰手书咏塔诗碑三方。

秦溪白塔

贵州黎平县敖市镇秦溪村白塔，又名凌云塔，始建于清乾隆年间，咸丰年间遭“逆苗”所毁，1918年农历戊午在秦溪重修。

塔高28米，平面八角五层砖筑楼阁式。青砖塔基高1.5米，塔身白色，由斗拱挑檐，檐面盖小青瓦，翼角高翘，悬山式塔顶置铁葫芦为刹。

塔的第一层檐中央镶竖匾，上书“凌云塔”，其下镶一横匾，上书行体“秀启秦溪”。塔门正面泥塑龙、狮、虎、豹、鱼、鸟、虫、蝦，入塔门中空，有梯可供登临。塔室各面壁塑二十四诸天，十八罗汉，魁星点斗等佛像，二层以上各面辟拱形窗，窗两侧分别书“凭栏观天边风月，开窗见万里河山”、“凭观珠宝换素月，远看塔影卧清波”等对联，塔体宏伟壮观。

1934年红军长征路过秦溪，曾在白塔院围墙写有“武装起来，行动起来，要打倒土豪分田地”革命标语，至今犹存。

绒布寺白塔

西藏定日县中尼边境珠穆朗玛峰下北坡的绒布寺和白塔，建于清光绪二十五年（1899年），由藏传佛教的红教喇嘛阿旺丹增罗布创建，海拔地理位置4980米，很多登山专家认为此处正是观看珠穆朗玛峰的最佳位置，是世界上海拔位置最高寺塔。

塔在绒布寺东侧的坡上，比五层寺宇还高，须弥座正方形，上起五组方形向上收分塔座，承托圆形钵体，塔肩相轮、宝盖及宝珠，砖石结构，是一座简洁无华的覆钵式佛塔。

华严塔

上海金山县松隐镇东北的华严塔，又名松隐塔，始建于明洪武十三年（1380年），历时四年建成。

塔高约50米，平面方形七层砖木结构楼阁式。塔原破损，外檐全部朽落，经大修，现已面貌复原。塔内藏有由僧道谦以其血书写的华严经八十一卷。故名。

开元寺三塔

台湾台南市大北门外的开元寺，创建于清康熙年间，为台南市四大古刹之首，寺为三殿建筑，规模宏大。寺后舍利藏，内有三座僧人的舍利塔。

三塔建于一个基座上，成“品”字形排列，中间大塔六角五层，大塔前两侧的小塔六角三层，均为楼阁式。塔身每层各面为圆、菱、方形窗装饰，檐脊卷翘，华丽精致，色彩鲜艳，富有浓厚的地方建筑装饰特色。

三塔共一座，排列三角点，这种形制全国罕见。

普陀宗乘之庙门五塔

河北承德市避署山庄正北的普陀宗乘之庙五塔门，始建于清乾隆三十三年（1767年）。普陀宗乘是藏语“布达拉”的汉译，故该庙又有“小布达拉宫”之称。

这座五塔门是进庙必经之处，按佛经义，过街塔的作用，是每日增加僧人、信众顶礼教拜的次数。门上五座喇嘛塔，形式各异，象征佛教中的五个教派：红塔为小乘派；绿塔为密宗的一派；黄塔为密宗；白塔为显宗；黑塔为自成佛派。

香格里拉松赞林寺白塔

云南西北部的滇、川、藏三省区交汇处，“三江并流”腹地，在雪山、峡谷、草原、高原湖泊、原始森林和民族风情融为一体的和谐自然秘境的迪庆州香格里拉县城北5千米佛屏山麓，有座康区“十三林”大寺之一的噶丹•松赞林寺，是云南规模最大的藏传佛教格鲁派（黄教）寺院，由五世达赖喇嘛奏请清康熙皇帝敕准修建并赐名，继有雍正皇帝赐汉名“归化寺”，仿西藏拉萨布达拉宫建造，规模宏伟。寺外，建有一座藏式白塔，昭示着藏、纳西东巴、满、汉等各民族文化在此荟萃结出的金果。

相关链接：“香格里拉”一词来源于美籍英国作家詹姆斯•希尔顿在一本名为《消失在地平线》小说中描写的一处神秘和谐的自然秘境——雪山、冰川、峡谷、森林、草甸、湖泊、纯净空气的汇萃地，这里佛教寺庙、基督教堂、天主教堂、道观和儒教同堂和平共存，是人和自然和谐相处、祥和、宁静的世外桃园，是人类美好理想的归宿。长期以来，有关香格里拉的传说和寻找，就一直没有停止过。

1997年云南省人民政府向世界郑重宣布，人们寻找已久的“香格里拉”就在云南迪庆州中甸县。2001年12月，国务院批准中甸县更名为香格里拉县。

猴子塔

湖南邵阳市西区九井湾后山的猴子塔，建于清乾隆三十九年（1774年），咸丰三年重修，是全国唯一以石雕猴子作塔刹的古塔，故名。

塔高15米，平面六角七层砖构实心楼阁式。塔身周围满封，无门窗，也无装饰。塔顶置一只高70厘米大理石雕塑的猴子，此乃我国古塔中仅此一例。这只栩栩如生、玲珑可爱的猴子，蹲在塔顶，托腮远望，憨态可掬。当地传说：这只猴具灵性，每年农历除夕之夜，会大叫三声，叫时面对哪一方，来年这一方向定会五谷丰登，六畜兴旺。于是人们常以面对为喜，以示吉祥。由于传说的渲染，猴塔更富神奇色彩。

镇龙塔

新疆乌鲁木齐市区红山的镇龙塔，又名红山宝塔，建于清乾隆五十三年（1788年）。

塔高约12米，平面八角九层砖石结构楼阁式。塔身无门窗，下大上小，下三层粗犷壮实，以上各层逐渐收分，塔顶为巨大的八角形宝顶镇压塔身。腰檐以砖砌叠涩短出，造型雄伟。

建塔原因，传说此地常有恶龙出没，威胁人畜，故建塔镇之。塔高耸红山之巅，成为乌鲁木齐市的标志。

建水崇文塔

云南建水县，古称步头，亦名巴甸，今属红河哈尼族彝族自治州。在县城寺庙内的崇文塔，建于清道光八年（1828年）。

塔高约36米，平面方形十五层砖构密檐式。石筑方形基台，上起双层方形须弥座承托塔身，塔底层高大，四面辟拱形门，四壁无装饰；二层以上各层亦四面开券门，上下对直成一条直线；腰檐用菱角牙子一层、叠涩砖层一道形成密檐，至第十五层塔身略高，做一个方型平直的板檐，作为伞盖，每面吊挂铜铃三只，顶安葫芦塔刹。

白塔上下收分明显，形成尖锥体，各层塔身做出曲面，成“弧身”，各层塔檐略做挑角，虽方形却显精巧。

恬淡守一真人塔

北京西城区广安门外白云观内的恬淡守一真人塔，是座道教法师墓塔，建于清雍正三年（1725年），高约7米，平面八角单层亭阁式。全塔用石材雕刻砌成，基台为仰莲须弥座，座沿围以白石镂雕栏杆，塔身四正四隅面下部刻方框角花套圆框花饰，中央小圆内分别刻☰（乾）、☷（坤）、☳（震）、☴（巽）、☵（坎）、☲（离）、☶（艮）、☱（兑）象征道教的八卦图案；上部（离）面蟠龙雕饰碑，其余七面雕拱形对开棱格门，各面转角雕圆形倚柱，柱间顶枋上五朵雀替撑檐枋，继两挑斗拱飞檐，檐面筒瓦，檐口滴水瓦饰，檐脊各列吉兽雕塑，共三重檐，塔顶置八角形平座、覆钵、覆莲瓣、宝珠组成塔刹，整体造型典雅美观。

赵程久/摄

相关链接：道教是中国本教，主张修炼成仙，它不像佛教崇拜舍利。但作为佛教建筑的佛塔，自传入中国后得到了发展和改进，成为一种时尚，对中国土生土长的道教也产生影响，道门中人袭用建塔瘗骨的事例也时有发生。据资料，随着儒、道、释思想的相互渗透、融合，从明代开始道门袭用建塔为墓，但只是形式的借鉴，而教义上仍固有自己的内容和风格，如八角形塔体每个立面分别雕饰八卦图，塔刹则置放象征道教的“太极”圆珠。然而，到了近代，道门中人有的直接袭用佛塔形式为墓塔，如甘肃敦煌县莫高窟对面建于1931年的王圆箓道士墓塔（如图）就没有一点道教的内涵了。

转轮经藏塔

四川绵阳市平武县龙安镇（古龙安府）的报恩寺，全称“敕修报恩寺”。据史料载，为龙州宣扶司六品士官王玺及其子王鉴相继所建。始于明正统五年（1440年），至正统十一年就初具规模；景泰三年（1452年）再行扩建，至天顺四年（1460年）全部竣工。寺背依高峭的箭楼山，面临奔腾的涪江，座西向东，主体建筑在一条中轴线上，由东向西，次第升高，建筑面积三千五百多平方米，2008年5月12日汶川八级大地震中安然无恙，是我国目前保存最完整的明代初期古建筑群之一。寺的建筑独具特色，其中珍贵的楠木建筑，精巧斗拱、细刻的千手观音被誉为“三绝”。全楠木结构是报恩寺一大特色，寺内所有柱、额、梁、枋、檐、檩以及转轮经藏塔等皆用上等金丝楠木构成，整个建筑物没有使用一颗钉，全由方形的斗、升、拱、翘、昂组成，至今保存完好的共有18种类型斗拱2730余朵，有各式各样的雕绘蟠龙9999条。

报恩寺华严殿内一座巨大的转轮经藏，重约4吨，全为金丝楠木结构，高11米，平面八角，外观八楼四层，实为七层。底层最大直径7米，占地面积22.06平方米，由下至上逐层向内递收、由藏轴、藏针、斗拱梁枋框架、板壁和天宫楼阁组成，形如佛塔。我国现存几座木质转轮经藏，唯此座完好，一人推力可使其正常转动。

转轮经藏塔结构复杂，制作奇特，雕饰繁华，工艺精巧，整个造型既严格按照宋时法式，又灵活运用地方艺术，为目前国内所罕见。

中国佛教禅宗
祖师塔

5

中国佛教禅宗祖师塔

禅宗，中国佛教派别之一，以专修禅定为主，故名。“禅”是梵文Dnya-na（禅那）的略称，意译作“思维修”、“弃恶”等，通常译作“静虑”。

禅宗始祖相传为南天竺人菩提达摩（？—528或536年），简称达摩。南北朝·宋末（约公元510年前后）达摩航海到广州，又往北魏（旧说达摩过金陵时与梁武帝面谈不契，遂渡江北去）洛阳，再往嵩山少林寺，面壁打坐九年。后遇慧可立雪断臂求学，授以《楞伽经》四卷。慧可承受了达摩的心法，于是禅宗得以流传。

慧可（487～593年）俗姓姬，名光（一说神光），河南洛阳人。为弘扬达摩禅宗学说，他于南北朝·北齐太宁元年（561年）卓锡皖司空山（今岳西县店前境），以石室为缘地，开阐正宗，使禅宗佛法日盛，司空山便成为“中国禅宗第一山”，慧可则谥之为中国佛教禅宗二祖。遗憾的是，禅宗始祖达摩的法身或舍利未建塔瘗藏。

从禅宗二祖慧可、三祖僧璨、四祖道信、五祖弘忍、六祖慧能到七祖行思、贞禅皆建塔以志。

禅宗至第五世弘忍门下，分成北方神秀的渐悟说和南方慧能的顿悟说两宗，有“南能北秀”之称。但后世唯南宗顿悟说盛行。主张不立文字，教外别传，直指人心，见性成佛。至第六世慧能门下，有南岳怀让、青原行思两系。后南岳系下分为沩仰、临济两派；青原系下分为曹洞、云门、法眼三派，世称五家；在临济下又有黄龙、杨岐两派，合称五家七宗。南宋以来，唯临济、曹洞两派盛行，且流传日本，余均不传。

佛教禅宗始祖达摩

佛教禅宗二祖慧可

佛教禅宗三祖僧璨

禅宗四祖道信

禅宗五祖弘忍

禅宗六祖慧能

二祖舍利塔

河北邯郸市成安县城十八里外芦村（二祖村）元符禅寺内的二祖慧可真身舍利塔，始建于唐开元二十年（732年）、二十四年（736年）竣工、塔高54米、其中莲花顶4米、八角形砖筑楼阁式、共三级七层（高低双层为一级）、顶层封实、上立一座6米高的小塔。塔基周长29米，塔身一、三、五层南、北对开券门，每级塔室均有佛像，塔角飞檐悬铜铃。塔底层南门内设佛殿一间，供奉二祖慧可塑像。

二祖舍利塔经一千二百余年风雨，历尽沧桑。唐宪宗元和十二年（817年）及天复二年（902年）五月、宋嘉祐二年（1057年）五月先后三次重修。元末战乱、塔毁于兵燹。明永乐十三年（1415年）在唐、宁塔基上重建“二祖禅师灵感塔”。清康熙三十九年（1700年）磁州知县蒋擢对二祖塔修葺。抗日战争中塔又遭火焚，致塔顶跌落，成了一座残塔。中华人民共和国建立后的三十年间，由于“左”的思潮影响，视寺、塔为迷信之物，难得维护，加上1966年3月8日、22日的邢台大地震，造成塔基至塔顶通体发生8公分宽纵向裂缝，部分塔体倒塌，特别是“文革”时破“四旧”，拆毁二祖塔和元符寺，其砖石用于建校舍，队屋和牲畜棚。1969年初夏，塔砖搬光后发现塔基中央有块

明永乐十三年重建的
二祖禅师灵感塔

八角形的青石板，撬开后发现下有地宫，于是逐级报告大队、公社、县、省，两天后省文物部门到现场清理。地宫八角形，深约3米，周边长约30米，南面有小门；八面墙壁上彩绘着佛教经典故事，“飞天”灵气飘逸，人物栩栩如生；宫顶双鹤翱翔，色泽艳丽，形态逼真；地宫中央置一石桌，上放一具石椁，椁盖上刻：“大宋重建二祖禅师灵感塔记”铭文，四周刻图案；石椁内充注水银（汞），托浮一具精美的银棺，其周匝有两圈银丝串连的珍珠环带，银棺左右侧分别刻文：“二祖院主僧惠金”、“银匠王明银匠颜演”；石椁前置长明灯两盏，左右分别置一只铁铸狮象，四周列八男八女铁俑、数十枚唐、宋铜钱，其中含唐“五铢钱”。另有一方高1米的石碑，正面刻：“大宋重修塔记”，碑文叙述自唐至宋主持修塔的法师以及修塔地宫的皇帝年号、干支岁次、月、日、时辰。

今二祖禅师灵感舍利塔

二祖塔地宫故物全由省文物部门收去，数日后地宫被折毁，所有壁画化为尘埃。改革开放后，国内外佛教信众纷至沓来元符寺遗址朝拜禅宗二祖，渴望慧可祖庭恢复。当地政府和佛教界筹资1.2亿元人民币，于2007年5月开工重建元符寺和二祖灵感舍利塔，2009年一期工程完工，已对外开放。

相关链接：据说，二祖慧可在传法于三祖僧璨之后曾说：“吾往邺都还债。”隋开皇十三年（593）三月十六日，因教派斗争，被辨和等传统佛教势力以“护法”为由而诬告公堂，遭成安令翟仲侃误杀后弃于漳河。由于二祖慧可曾在邺城周边游化传法五十余年，多次到过距离邺城只有四、五十里的成安县境，在民众中影响颇大，威望上升。明万历《成安县志》有云：“偿债成安，逆流漳水”。二祖慧可法体在漳河水中浮而不沉，逆水而至成安县城外十八里的芦村只是传说，后人推测，可能是信众用小船俏俏将慧可法体运到芦村，葬于一座旧庵内。五十年后，隋亡唐兴，贞观十六年（642）尉迟敬德奉旨在芦村为慧可建寺，开元二十年（732）寺内建塔，安奉慧可大师灵骨，贞元六年（790）德宗追赐二祖慧可为“大祖禅师”。

三祖觉寂塔

安徽潜山县天柱山风景区野人寨凤凰山顶三祖寺内的觉寂塔，来历久远。据《潜山县志》载，中土佛教禅宗二祖慧可于司空山（今岳西县境内）传衣钵于僧璨（？～606年），僧璨卓锡凤凰山（今潜山县天柱山下）而为禅宗三祖。唐玄宗天宝四年（745年）舒州别驾（官名）李常访得三祖僧璨之墓，启真仪火化，得五色舍利三百粒，以百粒捐俸建塔，并模塑僧璨像于塔下层南龛中（像"文革"中毁）。代宗大历元年（766年）扬州牧御史大夫张延尝奏请朝庭得册，谥号曰觉寂，赐以"鉴智禅师"法号，寺亦得名"三祖寺"，并有唐文学家、常州刺史独孤及撰文立碑记其事。唐武宗会昌年间灭佛法，塔和寺皆毁。唐宣宗大中年间，塔复置。

明嘉靖年间，寺僧了莹自谒南海归，见塔陈旧募缘重修。今所见塔身为明嘉靖时修，塔顶仍用宋制原体。

塔高30米，平面八角楼阁式砖筑，外观五层，内分楼七级。每层有四门相对，两虚两实；外部有平座栏杆，飞檐斗拱相承；塔内龛中置佛像，每方四至八尊，大小不一，排列有序；瓴盖筒瓦，整齐划一；塔刹由铁制五节相轮、葫芦、宝瓶、浪风索组成，这都是宋代黄氏三娘祖孙三代捐资安奉。

游人循梯登塔，凭栏远眺雄秀峻峭的天柱群峰，鸟瞰县城鳞次栉比的楼宇，俯视潜河往来如织的竹筏叶舟，放眼塔下松竹翠浪、曲溪清流、峰谷云烟，令人陶醉萦怀。

程红/摄

四祖毗卢塔

湖北黄冈市黄梅县西15千米西山（破额山）四祖寺西侧山坡上的毗卢塔，又名慈云塔、真身塔，建于唐永徽二年（651年）。

据记载，寺为唐初大医禅师禅宗四祖道信（580～651年）的道场。四祖道信永徽二年圆寂，五祖弘忍遵道信大师法旨，在寺院西岭起造毗卢塔，将四祖真身安放塔内。

塔高约15米，方形仿木结构砖石砌筑，重檐亭阁式。塔基略呈正方形，深9.6米，边宽10米。基上砖砌高大的须弥座，雕刻线条流畅的莲瓣和忍冬草纹饰。塔身东、西、南三面辟高大敞开的莲弧门，入内为塔心室。四面墙头砌有雕字砖，铭记诸佛法号。檐下饰有莲瓣卷草花纹砖雕砌成额枋，斗拱、檐、椽亦系砖制。塔顶为四注式，中覆以铁镬。

毗卢塔体态稳重，气势轩昂，是佛教胜地四祖寺遗存的重要古迹之一。唐代柳宗元游此赋诗曰："破额山前碧玉流，骚人遥往木兰舟。春风无限潇湘意，欲采萍花不自由。"

五祖塔

湖北黄梅县城东12千米东山（冯茂山）五祖寺的五祖塔，全称大满禅师石塔，建于唐高宗仪凤年间（676～679年），内瘗弘忍佛骨。

塔高5米，石构，覆钵式。原塔位为寺西山坡，现于塔后新建一座"大满塔院"，使苍苔遍体，形制古朴的大满禅师石塔焕然一新。

相关链接：佛教禅宗五祖弘忍（602～675年），法号大满禅师，唐代浔阳（今江西九江）人。一说蕲州黄梅人。俗姓周，七岁依蕲州（今湖北蕲春）双峰山西山寺道信（四祖）出家。唐咸亨年间（670～674年）在湖北黄梅县东山创建东山寺即后称五祖寺，尽传其禅法。

六祖发塔

广东广州市红书北路光孝寺内的六祖发塔，又名瘗发塔，建于唐先天二年（713年），时寺住持僧法才将慧能的头发埋在菩提树下，上建塔并立碑以志。

塔高7.80米，平面八角七层砖砌楼阁式。石筑八角形三层台基，上砌八角形砖构塔座，座上起塔。各层塔身低矮，八面辟拱门。塔壁每角作倚柱横枋，上叠涩斗拱挑出飞檐翘角，檐作筒瓦。顶以葫芦封刹。整体造型简洁厚重，小巧玲珑。

相关链接：佛教禅宗六祖慧能（638～713年），唐代高僧，佛教禅宗的南宗开创者，俗姓卢，世居范阳，出生南海新兴（今广东）。幼家贫，以打柴为生。有一次入市卖柴听人诵《金刚般若经》，才发心学佛，投禅宗第五祖弘忍门下，弘忍见其悟性不凡，命其下碓房作舂米工，经八个月。一日，弘忍为觅衣钵传承人，命门徒作偈语。门下高僧神秀作偈："身似菩提树，心如明镜台，时时勤拂拭，不使惹尘埃。"弘忍觉得神秀尚未悟禅本性。正在这时，廊下有一童子，和韵一偈："菩提本无树，明镜亦非台，本来无一物，何处惹尘埃。"表示对佛理的体会。弘忍听了，遂问吟者何人，答乃舂米僧慧能。当夜传慧能入禅室，弘忍便将禅法秘授于慧能，并付与法衣。

唐仪凤元年（676年）慧能归南海，在法性寺（即后来的光孝寺）出家，受足戒。次年赴韶阳（今广东韶关市）在漕溪玉林寺大倡顿悟法门，宣传"见性成佛"，一般称其为南宗，传承很广，成禅宗正系。他去世后，弟子们所编慧能语录称《六祖坛经》。法性寺住持僧法才则将收藏的慧能受戒时剃下的头发埋于菩提树下，上建塔以作纪念。

七祖塔（禅宗南系正宗）

江西吉安市郊河镇东乡的青原山，唐代始为佛教胜地，开元二年（714年）禅宗六祖慧能使行思禅师从韶州南华寺来青原山开辟佛堂，广聚僧徒，弘扬顿悟禅法，使佛教从少数人的学问修行变成多数人的道德修行。行思在青原山净居寺弘法二十八年，其弟子湖南衡山的希迁和尚、浙江天台的韶国师、山西五台山的释钦禅师继而各辟禅宗道场，创立了“曹洞宗”、“云门宗”、“法眼宗”三派，人称“禅宗青原派系”，经数百年传承，“曹洞宗”遍及全国，远至日本。

开元二十八年（740年）被门徒尊为禅宗七祖的行思圆寂，便在净居寺后山建塔以祀。

七祖塔六角七层，木结构，现保护在七祖塔殿内。

七祖塔（禅宗北系旁宗）

河南汝州市东北9千米的风穴山中，有座千余年的古刹，俗称风穴寺。相传寺东南山崖间有石洞，每当台风来袭之前，洞内会预先发出吼声，然后风从洞中涌出，猛烈不可抵挡，故山名为风穴山，寺称风穴寺。寺内现存的最早的建筑是座七祖塔，保存完好。

风穴寺隋末被毁，唐开元年间贞禅（生卒不详）师募化重建。

七祖塔名为唐玄宗所赐，建于唐开元二十六年（738年），方形九层密檐砖塔，总高约27米。塔身自下而上由细变粗，至中部又由粗渐细。底层塔身宽4.9米，建筑在高1.5米的基台上，辟一券门导入塔心室，可登至六层，其上三层为实心。塔叠涩出檐较长。覆钵、相轮、宝盖及火焰组成塔刹，外型比例匀称，略呈抛物线形，显得清秀挺拔。

塔墙

6

桑耶寺塔墙

西藏扎囊县雅鲁藏布江北岸的桑耶寺，寺周围有1008米长的院墙，高4米，厚1.2米，墙顶间距一米就有方座砖构白色小喇嘛塔一座，总共1024座，是中国最大的塔墙。

桑耶寺正面门楼、围墙上塔墙特写

桑耶寺西侧院墙上的塔墙

长青春科尔寺塔墙

四川甘孜藏族自治州理塘县城北长青春科尔寺依山势而筑的阶坡式围墙上，一坡一座或数座白塔，共260余座。

长青春科尔寺塔墙

指云禅寺塔墙

云南省丽江市玉龙县拉市乡海南村秣度山中的指云寺　　蔡卫萍/摄

指云寺塔墙共346座白塔　　蔡卫萍/摄

塔公寺塔墙

四川甘孜州康定县北113千米塔公草原中心的塔公寺，其四周台阶状围墙上排筑双道500余座，东、南、西、北方向分别为白、黄、红、绿喇嘛塔，独具一格。

塔公寺塔墙

7 塔林

一百零八塔

宁夏回族自治区银川市南60千米的青铜峡水库西岸一个向东的陡峭山坡上，有个塔群，依山临水，蔚为壮观。

塔群由108座喇嘛塔组成，始建年代已无可考。明代宁夏方志和《大明一统志》称其为古塔。今文物考古工作者据塔的形制与北京元代的妙应寺白塔十分相似，认为百零八塔始建元代，但据塔基下出土的西夏文题记的帛书和佛祯，西夏时期（1038～1224年）本地区佛教盛行，建了不少寺庙，而且喇嘛教也曾风行，推测塔群建于西夏亦有可能。

一百零八塔依山势从上到下按一、三、三、五、五、七、九、十一、十三、十五、十七、十九的奇数排列12行，形成总体呈三角形的巨大塔群。一百零八塔属于喇嘛式实心砖塔，自第二行以下，塔身下部均有一个单层八角形须弥座，塔顶为宝珠形，塔的高度，除第一层一座较大，高3.5米外，其余约为2.5米左右。塔体形制，大致四种类型：第一行一座，塔体较大，塔基呈方形，塔身为覆钵式，面东辟有一佛龛；二至四行为八角形鼓腹尖锥状；五至六行塔身呈葫芦状；七至十二行塔身为宝瓶状。塔心立一木柱，内填土坯，外砌青砖，塔体涂敷白灰。

一百零八是佛家惯用数字，佛教认为，佛祖释迦牟尼于狮子座上宣讲过一百零八种法门，此数为“阳数元极”的12倍，人生的烦恼有一百零八种，为除人间烦恼，念佛要一百零八遍，数珠有一百零八颗，敲钟应一百零八响。这里的一百零八塔也可能与佛教密宗《金刚经》中卢舍那佛一百零八尊法身有关。

中国道教文化也对一百零八非常看重，将星宿划分为三十六天罡，七十二地煞，合起来一百零八；认为仙人有三十六宫，七十二府地，合起来一百零八个神仙居所；认为九天之上有三十六宫，七十二殿，合为一百零八宫殿；道教并解释一百零八与岁月有关，一年十二月、二十四节气，七十二侯（五日为一侯），合为一百零八为一整年，象征着完整和圆满。

一百零八简单的自然数在人们心理中如此神奇奥妙。

少林寺塔林

河南登封市西北13千米嵩山茂密丛林中的少林寺，建于北魏太和十九年（495年），为天竺（古印度）佛徒来中国传教而建。后来南天竺高僧菩提达摩也到此传教，使少林寺得到扩展。少林寺又是我国武术史上少林派的发源地。据史载，擅长少林拳的寺僧曾参加唐王李世民的队伍，为创建大唐天下立过汗马功劳，致使少林寺的发展达到鼎盛，寺院规模最大时竟有屋宇五千余间。

少林寺塔林一角

在少林寺西侧的山坡上，是少林寺历代知名和尚的墓塔，共有248座，其造型多姿多彩，按层级，有单层和多层，最多七层；按高度，最低一米左右，最高十四米；按平面形状，有正方形、长方形、六角形、八角形、圆柱形、圆锥形、宝瓶形等；按形制，有密檐式、亭阁式、覆钵式等。大多数是砖石砌成，也有整石雕凿的。塔的规格，按当家住持和尚的佛家修养和地位的不同而不同。每座塔正面都有塔额，标识塔主名号；有的塔上有塔铭，少数“功德”卓著或颇具影响的高僧墓塔旁竖立碑刻，记载墓主生平事迹、嗣法传承，以及立塔人立塔年代等内容。塔林中唐塔2座、宋塔3座、金塔6座、元塔40座、其余为明、清塔。许多塔体上还有精美的石雕艺术装饰。

唐代同辉禅师塔

少林寺塔林是中国佛教道场中现存规模最大、数量最多的塔群。它是研究中国佛教史、古代建筑、书法、雕刻艺术、中日和中印文化交流历史的珍贵宝库。

灵岩寺塔林

山东长青县方山南麓灵岩寺西的墓塔林，有自唐至清灵岩寺历代住持僧的墓塔167座，其形制多样，数量众多，为国内罕见。是一处造型精美、风采动人的艺术之林。

墓塔林是研究我国历代佛教史的珍贵资料。其中最早的慧崇塔建于唐天宝年间（734～755年），高5.3米，重檐单层亭阁式石塔，塔身南面辟券门，门内一人，半露作启门状，东西两侧作假门。门上雕刻狮头、乐伎、飞天、武士等图像。塔顶出檐两层，以石板叠涩挑出又逐层内收，上置露盘、仰莲、宝珠组成塔刹，古朴优美。其他还有北宋的墓塔六座，金代的五座，其余均系元、明、清遗物。每座墓塔皆由塔座、塔身、塔刹组成。座呈方形、圆形、八角形等，式样不一，一般都有浮雕装饰。塔身较高大，上刻僧人法名年号。其塔身形状则根据墓主圆寂时辰的不同而各异，晨间圆寂为钟形，暮间为鼓形，白天为方形。塔座下瘗藏骨灰，塔旁立墓碑，记载高僧的经历。墓塔林中还有墓铭古碑81块，其中一块是元至正元年（1314年）的《息阉禅师道行碑》，为留学中国20年的日本和尚邵元所撰书，碑文洋溢着中日两国人民的深厚友谊，是中日自古友好往来的珍贵实物资料。

风穴寺塔林

河南汝州市东北9千米的风穴山中的风穴寺始建于北魏，名香积寺，隋代改名千峰寺，唐代扩建为白云寺，俗称风穴寺。寺院周围有元、明、清各代的和尚墓塔115座，分布在寺的东、西、南三处，是河南省仅次于少林寺的第二处较大的塔林。塔形有正方、六角和八角形；大的高达十多米，小的仅一米高左右；建材有用青砖砌筑，有用青石建造，其中七祖塔是塔林中最高大保存较完好一座唐塔。

潭柘寺塔林

潭柘寺塔林一角
赵程久/摄

北京门头沟区潭柘寺山门外南山坡上的僧人墓塔共78座，建造时间为金、元、明、清代，其中元世祖忽必烈的女儿妙严公主的墓塔也在这里。据寺志记载，原来寺西北莲花峰上有唐天宝年间建的华严和尚塔，寺西南莲花峰山腰有后唐从实禅师和清代源谅律师的墓塔，寺南还有南辛房村塔院，均因年代久远而无存。现有墓塔造型及风格各异，林中古塔比较集中，保存基本完好，是北京最大的一处塔林。

银山塔林

北京昌平区海子村西南银山南麓古延寿寺遗址，现存18座唐、辽、金、元、明时期佛塔，其中金、元时期的居多，塔的造型各异，大小不一；构筑材料分别有砖、砖石、块石砌筑。布局匀称，场面壮观，可称之为“佛塔博物馆”。

塔林中比较集中的有7座，其中5座为辽金时期建造，两座为元代建造。

辽、金时建造的五座佛塔，以金刚宝座方位排列，居中主塔名佑国佛觉大禅师塔，高约20米，平面八角十三层砖构密檐式，基台为八面砖线分隔的五层须弥座，底层叠涩上收起座，二层每面直砖线隔成三窄两宽佛龛，三层束腰较高，每面内作仿木斗拱，中间十字斗，左右转角共梁双斗，挑出砖檐，上叠两层座壁，每面壶门内嵌花饰砖雕。须弥座上浮雕三层错叠的宽大莲瓣平座，承托塔身。塔底层高大，四面开拱券门，内饰双扇菱格门，另四面作方形窗洞，内饰直棂窗。八角倚柱辅作五檐石经幢。门窗上额枋垂饰如意，枋上叠涩斗拱挑檐，檐面筒瓦，檐角各饰雕塑小立佛一尊，塔顶八檐攒尖置六角形小座，上作相轮、宝珠为塔刹，整体造型庄重富丽、挺拔秀美。

主塔南左名晦堂佑国佛觉大禅师塔，南右名故懿行大师塔。两塔高度和体量略小于主塔，形制均为平面八角十三层砖构密檐式。

主塔北左名圆通大禅师善公灵塔，北右名故虚静禅师实公灵塔。两塔高度和体量小于主塔，形制均为六角七层砖构密檐式。

主塔北面双塔台基下左右分立的覆钵式塔，建于辽代，砖结构，方形基台上作方形须弥座，座上三圈逐层内收平座承托塔钵，钵顶方形小座起筑相轮（十三天）和宝盖，塔刹已失。

塔林东山坡及西南等处还有元、明时期所建墓塔十一座，形制分别为砖、石砌筑的平面六角七层密檐塔、六角三檐上加覆钵的组合塔和覆钵式塔，所有塔刹已失，有的覆钵塔相轮以上遭毁，成了斩腰塔。

银山塔林

七塔区内，辽金时所建五塔，以金刚宝座方位排列，居中主塔名佑国佛觉大禅师塔，高约20米，其四角四佛塔体量略小于主塔。

佑国佛觉大禅师塔
赵程久/摄

五塔区塔阵图

七塔区塔阵图

上方山塔林

北京房山区上方山国家森林公园内，有历代僧人墓塔五十余座，多以方形、六角形石塔和八角形楼阁以及覆钵式砖塔为主，始建于金代，仍为古时原貌，其中最早的为辽代洁如泉公和尚塔，距今已900余年历史。

赵程久 / 摄

栖岩寺塔林

山西永济县城西南20千米中条山上，南北朝·北周武帝建德年间（572～575年）建寺，隋仁寿元年（601年）文帝杨坚六十寿辰时，奉送舍利于三十州，诏令各州于十月十五日同时起塔，栖岩寺即在此时建塔。隋唐时寺况极盛，宋以后各代屡有修葺，于山巅、山腰、山麓分置上中下三寺。抗日战争中寺宇遭毁，唯仁寿二年所立舍利塔铭碑及二十六座砖塔尚存，其中唐、五代、宋塔各一座，元塔二座，余为明清塔。除一宋塔外，余皆禅师墓塔。

唐大禅师塔，天宝十三年（754年）建，总高8米，基座高达4米，占全塔之半。塔身圆形实心，正南面设假门，背面镶有塔铭。

五代石塔，后唐庄宗同光三年（925年）建，高3.5米，平面八角单层，基座束腰，雕造富丽。塔身中空，正南面辟门，两旁雕二金刚像，侧面雕刻陀罗尼经。塔体积不大，雕工秀美。

宋代舍利塔，通高17米，平面六角五层砖构密檐式，底层高大，正南面辟券拱门，檐下仿木构建筑砖雕斗拱、椽飞，二层以上叠涩出檐，造型简洁庄重。

元代塔总高6米，平面六角二层砖构楼阁式，基台须弥座，塔身雕假门及窗，檐下雕斗拱。造型小巧玲珑。

明清各塔比例和谐，雕造精细，造型多样。

立塔林高处，远眺黄河波涛，近览群塔耸立，极富古趣。

宏福寺塔林

徐敬宾/摄

贵州贵阳市西北郊黔灵山公园宏福寺，为开山祖师赤松和尚于清康熙十一年（1672）创建，规模宏大，香火兴盛，是全黔寺庙之冠，高大的山门牌坊上有匾额，刻曰："黔南第一山"。

宏福寺后山有历代和尚墓塔十八座，形制大体相同，均为石雕楼阁或密檐式，三、五、七层不等，腰檐各异，有仿木飞檐翘角，多数为平檐，塔身六面，无门窗佛龛和其他雕刻饰纹，简洁古朴。

卡玛多塔林

西藏昌都地区类乌齐县西25千米，317国道右侧的卡玛多塔林，依山傍水，古木参天，风光秀丽，传说过去有108座塔，后毁。现恢复修建的塔数十座，既有要求严格的纪念释迦牟尼八件大事的8座白塔，又有方形怪塔；既有7米或8米高的大塔，也有3米以下的小塔，犹如棋子，罗布塔林中。在苍松翠柏林中有座别致的小经堂，经堂后是巨大的玛尼堆，整齐有序层层排列百余小喇嘛塔，形成塔墙，还在堆墙书有密宗流传的很多功法中的"六字真言"。

千山塔林

辽宁鞍山市东20千米的千山，原名千华山，又称积翠山、千朵莲花山，为东北地区三大名山之一。山中奇峰叠起，塔寺棋布。相传始建于唐，明代兴盛。

千山塔林现存祖师、葛公、许公、真和尚等墓塔20余座，还有祖越寺塔，香岩东山双峰塔、香岩寺塔和千山塔等名塔数座，形成“松门塔影”、“空塔迎风”、“花香浮塔院”等自然与人文景观。

千山宝塔（楼阁、覆钵多形组合）

双峰塔始建于唐，金代重修，砖体，楼阁式

祖越寺塔密檐式

岩寺塔高20米，八角九层，密檐式

塔堆

8

塔尔寺菩提塔堆

青海湟中县鲁沙尔镇西南莲花山塔尔寺内的菩提塔，是塔尔寺的开山塔，建于明洪武十一年（1378年），为纪念喇嘛教格鲁派（黄教）创始人宗喀巴而建。

塔尔寺形成之前，先有大银塔、菩提塔，后逐渐扩建为寺，依山势起伏，由大金瓦寺、小金瓦寺、小花寺、大经堂、大厨房、九间殿、大拉浪、如意宝塔、太平塔、时轮塔、过门塔等大小建筑组成，至明嘉靖三十九年后才成为完整的藏、汉结合的建筑群，是我国喇嘛教格鲁派六大寺院之一。

菩提塔的建造规模宏大。塔高26米，由基台、塔座、塔身、塔刹四部分组成。其中基台四级、第一级高大宽阔，东西两侧台面分列十一排每排四座小喇嘛塔，横排三座大喇嘛塔，东西大小塔共九十四座；第二级基台四面排列小喇嘛塔十三座，四角分立四座石狮；第三级和第四级基台四面分别排列小喇嘛塔二十四和二十八座。四组基台总共立大小塔一百五十九座，加上菩提塔，一百六十座，是中国最大的塔堆。

菩提塔第二、三级基台内部为穹窿整体大殿，供有佛像、小型铜质镏金宝塔，还有雕像砖十万块，每块砖上精心雕刻佛像一尊，计十万佛，寓意十万狮子吼佛像。塔外狮子雕塑，象征宗喀巴母亲的看牛狗，相传当年宗喀巴之母的牛圈就设在这里。

甘孜寺塔堆

四川甘孜藏族自治州北部甘孜县甘孜寺旁的塔堆，由一百零八座喇嘛塔围立于圆形六级的高坛上。

塔堆从顶至底排列次序与塔数为3的奇数倍数：堆顶与二层3×（1+3），三层3×5，四层3×7，五层3×9，六层3×11。各层环堆围排塔数分别为：顶1+二层11为12、三层15、四层21、五层27、底层33，共108。

拉日玛塔堆

四川甘孜藏族自治州新龙县东64千米高原上的拉日玛乡扎宗村，俗称石板藏寨，其街后松多巴神山下，扎宗寺右侧的拉日玛塔堆由两部分组成：一是正方体底座，每边长18米，用大大小小的石块砌筑六层台阶（喻意六重天）；二是每层台阶围筑喇嘛塔，由上至下分别设置数为：1、4、12、24、32、40，共113座，塔堆通高11米。每塔造型虽大同而有小异，装饰五色花环和吉祥图案，塔内皆藏一部《丹珠尔》经书和一尊佛像。塔堆左侧筑有一道嵌满130幅七彩佛像的石墙，以壮其观。

拉日马塔堆

9 塔群

云居寺塔群

北京房山区老城西南75千米水头村云居寺外及周边区域共有十七座不同形制的古塔和墓塔，其中隋塔一座，唐塔八座，辽塔四座。云居寺著名的双塔，建于辽代，抗日战争期间，南塔毁于战火，唯北塔幸存。

云居寺北塔周边的喇嘛塔群

云居寺石经山南台顶的金仙公主塔

云居寺西北山顶上的老虎塔

拉萨塔群

西藏拉萨市是藏传佛教圣境，市区及周边寺庙塔影星罗棋布。玛布日山（红山）上宫堡式建筑群布达拉宫，依山叠筑，蜿蜒至巅。殿宇重叠，巍峨耸峙；金顶辉煌，气势雄伟。宫内现有五座灵塔，分别是五世达赖罗桑嘉措、七世达赖格桑嘉措、八世达赖强白嘉措、九世达赖隆朵嘉措和十三世达赖士登嘉措的灵塔及塔殿，每座塔殿的殿顶均以鎏金小铜塔装饰，金碧辉煌，十分壮丽。布达拉宫西北玛布日山的半山腰一排三座大白塔，点缀着山坡佛性。玛布日山最高点的法王禅定宫后一座白塔，为山上最早的建筑。市中心著名古寺大昭寺（古称白哈尔）系宏伟的藏式石木结构，占地二万一千多平方米，经堂、佛殿雕梁画栋，主殿四层，殿顶饰以流金铜塔，气势雄伟壮观；拉萨西北5千米根培乌孜山南麓的哲蚌寺措钦大殿侧室伦布拉康内三座银皮包饰的银塔，分别为达赖喇嘛和第巴陈烈嘉措的法身塔；寺后大殿四楼觉拉康，主供释迦牟尼佛，两旁列银塔十三座；拉萨东21千米达孜县甘丹寺是佛教格鲁派第一座寺院，格鲁派创始人宗喀巴遗体及历代甘丹赤巴遗体瘞藏的灵塔和历世格鲁派教主甘丹赤巴等遗体灵塔90余座保存完好；拉萨北郊帕帮喀寺（巨石宫）内供文成公主和尺尊公主塑像，其大殿外有一排三座白塔；拉萨西12千米堆龙德庆县楚布河畔楚布寺外有白塔数座，大殿内有空住佛银塔一座，高10米；林周县北帮多镇热振寺外一排并列喇嘛塔七座；特别是拉萨东南扎囊县雅鲁藏布江北岸的桑耶寺，塔的数量多得惊人，寺周1008米长的围墙顶，间距1米就有一座小喇嘛塔，总共1024座，寺内乌孜大殿四角，立红、白、绿、黑塔四座，第一殿还置有从印度迎来的高9.4米铜塔，第二殿供奉高8米释迦佛铜塔，寺院内东南西北四方又有红、白、绿、黑塔四座，寺东树林中又有小喇嘛塔数座。据不完全统计，拉萨市辖区内，大型灵塔、银塔和砖塔结构大喇嘛塔约一百三十余座，殿内供奉的小金、银塔和墙头小喇嘛塔约1030余座，总计1160余座。此外，宫殿饰顶的鎏金小塔比比皆是，形成了浓厚、庄重、肃穆的佛地氛围。

拉萨布达拉宫

远眺布达拉宫

拉萨玛布日山（红山）西北部半山腰三白塔

金塔

十三世达赖士登嘉措灵塔，位于布达万宫灵塔殿内，高14米，耗用黄金1万8870两。

巨石宫外三塔

拉萨市北郊帕邦喀寺（巨石宫）内供文成公主和尺尊公主塑像，寺山门外三座白塔一排并列。

银塔
拉萨市西北哲蚌寺措钦大殿三银塔之一，另二座形制高度相同

空住佛银塔
拉萨市西堆龙德庆县楚布寺大殿内，高10米桑耶寺塔群

金顶喇嘛塔
拉萨市西堆龙德庆县楚布寺外

桑耶寺塔群

拉萨市辖区南部扎囊县桑耶寺乌孜大殿上下内外共有大小塔二十四座。

桑耶寺乌孜大殿内金塔之一

桑耶寺外东南树林中白塔

桑耶寺乌孜大殿内金塔之二

黑水城塔群

内蒙古阿拉善盟额济纳旗境内鄂木纳河东岸的戈壁上，原有一座西夏王国的故城，名黑水城，公元1036—1226年曾繁荣一时，后被成吉思汗率10万大军夺取中原之前，经黑水城先灭夏。到十四世纪中叶，因气候变化，河流干涸，绿洲沙化，成为荒漠。从此尘封近七百年，黑水城内及周边遗存的官署、街坊、民居、庙宇及三十余座佛塔成了西方“探险队”觊觎盗宝之地，黑水城大量珍宝和文献资料被掠一空，三十余座佛塔的地宫、基座和塔体遭到野蛮挖掘。

黑水城山上的塔群

黑水城塔群遭受盗掘后的惨状

盗掘废弃的黑水城郊的佛塔

名经幢

10

地藏寺经幢

云南昆明市拓东路南侧市博物馆内的地藏寺遗址上的经幢，又名大理国经幢，俗称古幢，建于唐代。时南诏王（大理国君）属下布燮（宰官）袁豆光为已故昆明鄯阐候高明生超度亡魂而建。

幢平面八角七层，由五段砂石组成，通高6.5米。基座平面是一个八角形须弥座，座上是鼓形幢基，鼓侧壁雕天龙八部造像，每两条龙为一组，龙头相对，共戏一珠。底层界石上刻有慈济大师段进全撰写的《敬造佛顶尊胜宝幢记》，记载了建幢的目的和经过。幢第一层雕塑四大天王立像，在四大天王之间的幢柱上镌有古梵文《佛说般若波罗密多心经》；第二层八角平座上，四角分雕四神及释迦座像，刻有《佛顶尊胜宝幢记》、《大日尊发愿》；第三层八角平座上，雕佛像、菩萨和协侍，北龛雕36只手观音一尊，观音宝冠华服，神态慈祥，36只手各持不同法器环于身后，整座雕像仅仅刻在手掌大的石块上，令人惊叹；第四层八角平座上，雕大小不一的八尊坐佛；第五层八角平座上，卧灵鹫雕塑；六至七层分别是八角石板塔檐，六层内雕仿木结构的庑殿四座，每殿内供三世佛及佛弟子共五尊，极其精细，连原殿檐下的古式斗拱都明晰地雕刻出来；第七层幢身为柱形，上雕小佛像。幢顶为莲瓣承托的圆球。全幢共雕佛母、佛、菩萨及天龙八部像共300尊。

石灯幢

黑龙江宁安县渤海镇西南兴隆寺遗址内的石灯塔，又名渤海石灯塔、石灯幢、石浮屠，是唐代保存下来的最为完整的佛教石刻建筑艺术品。

塔（幢）原高6.4米，后因原刹损坏而重修，现高6米，平面八角单层玄武岩雕琢叠筑亭阁式。由塔刹、相轮、檐盖、塔室、莲花托、中柱石、莲花座和底座等部分组成。基座为须弥座，八角形，束腰刻唐式壶门，座上莲瓣覆盆，上鼎立巨型圆柱，柱顶置莲花托，三层莲瓣错叠，犹如巨莲盛开。仰莲承托八角形灯室，灯室镂空，八面刻八扇长方窗孔，其上有气窗。塔室与形似八角亭榭的檐盖相接，相接处雕刻半拱，具有我国木结构建筑特点。檐顶雕椽、脊、瓦垅，顶以相轮作塔刹成攒尖亭顶。

整座石塔比例硕壮，雕琢精致，凝重端庄，浑然一体，体现了唐代东北地区工匠高超的石刻技艺，是我国东北地区的文化艺术全面接受中原文化濡染熏陶的实物例证。

铁经幢

湖南常德市滨湖公园乾明寺故址的铁经幢，铸造于北宋年间，高4.335米，作圆柱形，下大上小，其底部直径为0.9米，重1520.8千克，立于1.42米高的方形石雕云莲纹饰的须弥座上。幢的结构分二十层，仿木形式。第八、十一两层的上部俱有出檐，八面挑角。下端除铸浮雕半身力士像和佛像外，还饰有金刚杵状花纹、连珠纹和龙、虎等动物图案。中段则铸《般若波罗蜜多心经》和捐资造幢人及其官司职。白口铁所铸幢型，厚实凝重，富于变化，工艺精湛，保存完好，是我国现存经幢中一件珍品。

珍宝工艺塔

11

珍宝工艺塔

大金塔　高1.33米，塔座为金漆莲花瓣须弥座，覆钵式。该塔共用黄金170千克，绿松石、青金石和珊瑚石300多块，刹宝盖由1000多粒小珍珠串成，制造于清代。现藏于北京故宫博物院。

金佛塔　高0.92米，须弥座四角分别设置四对小金佛塔，整塔铸制于清代，覆钵式。北京故宫博物院藏。

小佛塔　北京雍和宫藏品

金发塔　北京故宫博物院珍宝馆藏

金凤冠喇嘛塔　北京雍和宫藏品

木刻小塔　北京雍和宫藏品

象牙塔　北京故宫储秀宫藏品

陶质琉璃舍利塔

高98厘米，方形七层，密檐式。宋代文物，河南密县博物馆藏品。

鎏金喇嘛塔　南京市博物馆藏品

陶塔

塔身圆柱形，四层檐，正面每层设佛龛，内刻佛像。北京法源寺藏品。

银佛塔

青海湟中县塔尔寺菩提塔内殿供奉的精品。

景泰蓝工艺三塔

北京法源寺大殿内景泰蓝三只工艺塔，均为清乾隆年间制作，高约3米，工艺精致，造型美观。

六棱镜塔

四方佛塔

喇嘛塔

法门寺三珍塔

陕西扶风县法门寺珍宝阁内的三珍塔，分别是汉白玉阿育王塔、明代铜舍利塔和铜浮屠。

阿育王塔，高79.8厘米，汉白玉浮雕彩绘，四面方形，四角立柱，每面中间设门，两侧浮雕菩萨，塔刹为铜铸葫芦，为唐咸通年间制品。

铜浮屠，又称铜精舍，全称宝刹单檐铜精舍，是珍瘗佛骨舍利器物，出土时套在阿育王塔内，正方形1底座四面有栏，二十四柱，柱头铸狮，阶墀精巧，四门八窗，每门左右皆力士，顶有相轮十二环，宝刹高耸，通高39.9厘米。

铜浮屠

铜舍利塔

汉白玉浮雕阿育王塔

萨迦寺十九铜塔

西藏萨迦县萨迦寺佛殿及大经堂供奉的十九铜塔，铸于元代，均为覆钵式（喇嘛塔），但风格式样多有变化，或从塔基开始，塔肚、塔刹全为圆形；或将十三天（相轮）扩大；或将塔刹的伞盖上部增添花样；或在塔肚与相轮之间加上一个受花层，这种不拘泥形制桎梏的艺术创新，反映了西藏地区銅铸佛塔的发展历程，是研究古代铸铜技艺的实物例证。

现代仿古塔

12

千佛铁塔与千佛石塔

广东梅州市东山岭上的千佛铁塔，五代·南汉大宝八年（965年）铸造。塔高约7米，方形七层，上有千佛浮雕，第一层铸有建塔的铭文，上有琉璃瓦亭覆盖，为南汉时遗物。

千佛铁塔

为保护千佛铁塔，梅州市政府于1992年1月在东山岭上动工兴建千佛石塔。1996年12月竣工。

石塔高36米，平面八角九层楼阁式。塔体底层直径10米，八角形的面宽9.24米，塔壁厚2米，往上逐层收薄，第九层壁厚1米，塔刹为七层小石塔。整塔以红、白花岗石砌筑。底层正面设拱门，门额刻石“千佛塔”，二层以上各层每面辟券门或佛龛。腰檐叠涩挑出，檐面作筒瓦、翘角，上置平座石栏。绕塔回廊，与塔室相通。南汉千佛铁塔安放在石塔第一层的塔心室，可供游人观赏。

千佛石塔

千佛石塔外景

西泠印社华严经石塔

浙江杭州市西湖孤山风景区西泠印社的华严经石塔，建于清光绪二十九年至宣统三年间（1903～1911年）。

塔高11.5米，平面八角十一层密檐式。基台石筑，围以石栏。台上置八角须弥座承托塔身。底层高出，仿木枋叠涩斗拱出挑腰檐，檐作筒瓦并翘角，各檐皆同。塔顶由覆钵，倒立宝瓶、相轮、露盘等组成塔刹。塔壁刻《金刚经》、《华严经》及十八应真佛像。整体造型纤细精致，简洁柔美。

西泠印社是我国研究金石篆刻的著名学术团体。筹建于清光绪二十九年，次年就绪。1913年召开成立大会，公推吴昌硕为社长。

极乐寺塔

黑龙江哈尔滨市南岗极乐寺东院的砖塔，当地俗称七级浮屠塔，1924年佛教禅宗五家之一临济宗的四十四传弟子在建寺的同时建塔。

塔高29.7米，平面八角七层砖构楼阁式。塔底层有塔衣檐廊，与地藏殿相通，殿和塔檐下的雀替为龙、凤、狮、鹤等浮雕，造型生动。塔壁东、南、西三面从下至上皆辟券门，北面三层以上辟券窗，其他侧向各面设拱形佛龛，内供浮雕罗汉等塑像三十余尊。腰檐叠涩挑出，平剪檐口小角。塔顶八角攒尖，上置小座、相轮、葫芦塔刹。塔内中空，有木梯可供登临观光。

三藏塔

江苏南京市北京东路小九华山公园覆舟山顶的三藏塔，虽为近代所建，却有一段曲折的情缘。相传宋时天禧寺的和尚可政，从陕西紫阁寺得玄奘顶骨、指甲、头发归，在中华门外报恩寺南建塔瘗藏，大报恩寺在清咸丰中毁于战火，大报恩寺琉璃塔于1856年太平天国杨韦内讧之际被毁。1943年2月，侵占南京的日军高森部队在中华门外大报恩寺旧址建稻垣神社时，发现铜匣石函，里面藏有玄奘顶骨及北宋天圣五年（1027年）和明洪武十九年（1386年）二葬志，被日军盗掠运往日本。汉奸褚民谊得玄奘残余顶骨，当时这在佛教界是件大事，褚借以沽名钓誉，便选址小九华覆舟山建塔瘗骨，1943年底动工，1944年塔成，取名三藏塔。

三藏塔高20.3米，方形五层砖筑楼阁式。下筑高大台基，基上起塔身，每层有立柱、额枋和斗拱，青砖叠涩外伸塔檐，每层四面铺作三间，中间拱门，塔顶铁刹较小。

整塔制作粗糙，建筑艺术价值不大。但因塔位高出明代城垣，山下又是风景秀丽的玄武湖，远望塔的轮廓却很优美。

滦州起义纪念塔

赵程久/摄

北京海淀区温乡显龙山上的滦州起义纪念塔，建于1937年，是为纪念1912年1月2日（农历辛亥十一月十五日）滦州新军王金铭、施从云、冯玉祥、白毓崑等领导的滦州起义，宣布独立，正式成立北方革命军军政府的历史事件和牺牲的烈士。

塔高12.2米，平面八角七层石构密檐式。塔座南刻“精神不死”，北刻“浩气长存”八个大字，为冯玉祥将军所书。

灵谷塔

江苏南京市钟山左独龙岗灵谷公园灵谷寺后的灵谷塔，原名国民革命军阵亡将士纪念塔，始建于1930年，1935年落成。

塔高60余米，平面八角九层楼阁式，全部以钢筋水泥仿木结构建筑。各层八面有门，四隐（假门）四现（真门）上下交错。塔壁倚柱梁枋、平座栏杆、叠涩斗拱、飞檐翘角脊兽一应俱全，檐上覆以绿色琉璃筒瓦。塔心室设螺旋式扶梯，可循级登临塔顶，举目远眺，冈峦城阙，如影历历，似入画境。

龙兴舍利宝塔

四川彭州市北大门的龙兴寺内的龙兴舍利宝塔，二十世纪八十年代兴建。

龙兴舍利宝塔全名龙兴舍利金刚宝塔，由五座大塔组成。主塔高81米，是目前东南亚最高的金刚舍利宝塔。四隅陪塔高27米，是主塔高度的三分之一。形制仿印度菩提伽耶城的佛陀伽耶塔，五塔占地面积900平方米，塔外壁四周层层供奉佛像共1080尊，主塔内以石雕、泥塑、铜铸、布贴、唐卡等多种传统工艺布置装饰，并设扶梯直上塔顶，供人礼佛、观光。

相关链接：龙兴寺是座具有1300多年历史的丛林古刹，相传始建于东晋义熙年间（405～418年），初名太空，唐武后天授二年（691年）易名大云寺，神龙二年（705年）又改为中兴寺，神龙三年复改龙兴寺沿用至今。寺几度兴衰，历经沧桑。鼎盛时期占地80余亩，房屋150间，僧众100余人。当时主体建筑有天王殿、大佛殿、大雄宝殿和藏经楼，另附客堂、祖堂、方丈室。为川西一等大寺。现寺藏有日本赠《碛砂藏》、清初《大藏经》、斯里兰卡国王赠的佛舍利及《贝叶经》、缅甸玉佛等珍贵文物。

七宝塔

上海闵行区七宝镇的七宝塔，全称七宝琉璃玲珑塔，始建于宋代，塔因七宝教寺而得名。

七宝教寺，始名陆宝院，创于西晋，宋初迁至蒲汇塘北横沥港西（今七宝镇址），镇因寺得名，又因寺盛而繁荣，先有寺而后有塔，后毁，现塔为2002年重建。

塔高47米，平面八角七层楼阁式。塔内底层供奉佛教称“护世四天王”中的北方多闻天王，护财守富；二层供奉南海观音菩萨；三层供奉消灾延寿药师佛；四层供奉阿弥陀佛（即阿弥陀婆佛陀，大乘佛教的佛名，西方“极乐世界”的教主，常与释迦、药师并座，成为三尊）；五层供奉地藏菩萨；六层供奉文殊菩萨；七层供奉文曲星君。塔前左右两侧沿河分别建立两排七座单层亭阁式小塔，形成两列塔墙，使人感觉塔区有一种洁净、神秘而又优美的氛围。

博雅塔

北京大学校园内未名湖畔东南小丘上的博雅塔，建于1924年7月。当时，北大前身的燕京大学为向全校供水，急需建一座水塔，有人提议，在燕园的古典建筑群中，应建一座古塔式的水楼，才能与未名湖畔风景相协调，但却引起争议。因在中国，视塔为佛教或五行家匡扶风水的建筑，校园建塔不伦不类。后来燕大校方向社会名流征求意见，得到赞同才决定建立塔式水楼。

塔的设计参照通州燃灯佛塔的形制。由于当时燕京大学校园内的建筑都以捐资人的姓名命名，水楼是燕大哲学系教授博晨光的叔父（美籍华人）捐资，遂名“博雅”。

塔高37米，平面六角十三层密檐式。塔除基座外，全钢筋水泥结构，内设螺旋梯直通塔顶。井深164尺，喷水量每小时16000加仑（合60560升），水质清澈。

北京大学内的博雅塔，是使用功能、艺术造型和环境协调三方面高度统一的建筑杰作，象征着北大的“博”和“雅”，已成为凝聚北大精魂的不朽图腾。

童明玉/摄

高雄龙虎塔

台湾高雄市九如四路的龙虎塔，公元1976年兴建。塔高21米，平面八角七层钢筋水泥与砖木混合结构楼阁式。

龙虎双塔形制相同。一至二层塔体外面立柱八根，二层以宽大的平台石栏代替腰檐，八柱上作四座琉璃瓦亭。龙塔罩亭顶饰四条滚龙雕塑；虎塔罩亭顶饰四只奔虎雕塑。二层以上枋梁斗拱斜撑挑出飞檐翘角，檐上平座栏杆。塔身每层间开拱门或多边形门，与回廊相通。七层檐顶置须弥座，上立七层小塔为塔刹。

龙虎塔底层左右分别塑置高大的伏龙和立虎，龙口虎嘴怒张。游人登塔，龙喉为入口，虎口为出口，寓入龙喉出虎口逢凶化吉之意。双塔外观造型生动明亮，内部刻画浮雕别具一格，龙塔内画有中国传统的二十四孝子等图，虎塔内则画有中国十二贤士等图。

珍奇形异的古塔

13

珍奇形异的古塔

中国古塔初源是佛教的崇拜建筑，自然带有神秘的色彩。随着塔的建筑艺术的发展、创新，珍奇形异的古塔便应运而生，形成古塔建筑艺术的多样化、个性化。现列举一些实例，以飨读者。

花塔

此类塔鲜为人知，是一种昙花一现自成一类的建筑形式，我国现存十余处，分布于京、晋、冀、甘、粤，大都建于宋、辽、金代。河北正定县广惠寺千年花塔、涞水县庆化寺花塔、北京长辛店镇岗花塔和房山区坨里云蒙山万佛堂花塔都是造型最特异、装饰最华丽的名塔。

图1洞庭湖口镇江塔

斜塔

我国斜塔共八座。山西阳城县六桥村海会寺内琉璃双塔之一的唐塔，建于唐末，重修于宋。据传塔起不久便发现向东南方向倾斜，为世界古塔建筑史上最古老的一座斜塔，比意大利的比萨斜塔至少早200余年。还有，广西崇左县左江中的右岛上的归龙塔、上海市松江县天马山护珠塔、山东济宁市铁塔、江西赣州市北宋天圣元年建的慈云塔和安徽池州市白牙山塔皆为斜塔。江苏苏州市阊门外云岩寺内的虎丘塔，建于一块南高北低的巨石上，建塔前先在巨石上填土，南填土厚1米，北填土厚10米，然后夯实，建塔伊始，其基就向土层松软的北端倾斜，尽管工匠们建塔时逐层纠编，但最终还是一座全国闻名的唐代斜塔。而斜度最著名的是江苏南京市江宁区方山的下定林寺塔，到2003年斜度达到7° 59′，比4° 的意大利比萨斜塔高出3° 59′，已逼近8° 倒塌“死亡线”，经抢救现已拉回到5° 35′。可以说是世界第一斜塔。

亚字塔

宁夏银川市北郊的海宝塔，为平面十字迭加方形，楼阁式砖塔，简称亚字形塔，平面十二折角，为我国古塔中所仅见。

塔叠塔

山东兖州城东北隅的兴隆塔、河南开封市南郊的宋代繁塔和安阳市天宁塔都属于塔叠塔结构

塔中塔

浙江湖州市城北的飞英塔，内塔是座舍利石塔，外是木结构塔；杭州六和塔也是内外两层，内塔是南宋绍兴年间重建的七层砖石结构塔，清光绪年间又在原塔外添加木壳外罩，形成塔体庞大的塔；辽宁朝阳市北塔内包有隋代始建唐代维修的一座砖塔，被称为“五世同堂”的关外第一塔；广东梅州市东山岭石筑千佛塔，内罩一座7米高五代·南汉大宝八年（965年）铁铸方形千佛塔。

湖中塔

湖南沅江县东35千米处的洞庭湖中，有座镇江塔（图1），塔立中流，远揖七十二峰之狱色，近临八百里之洞庭湖波，可谓沅江门户之华表、洞庭舟辑之导标。

异形塔

北京西黄寺班禅六世塔、采用了多民族艺术手法、是一座象征民族团结的建筑艺术杰作。此外云南大姚县磬锤塔、山东历城县柳埠村白虎山下的龙虎塔和灵鹫山的九顶塔均是奇异风格。

三影塔

广东南雄县浈江河畔一座宋塔，北宋大中祥符二年(1009年)曾出现异象，立河畔而赏塔姿，可见水中两塔影倒现，一塔影向上，故名三影，为塔景又一奇观。

连理塔

山西太原市蒙山下开化寺内有北宋所建的释迦、如来二砖

塔，均为正方形，但同筑在一个基座上，故称连理。北京怀柔区红螺寺内也有一对汉白玉石雕筑的覆钵式同座双塔，亦是连理。

树包塔

云南德宏傣族景颇族自治州内的潞西县芒市第一小学校园内，矗立着一颗大榕树，从树干中露出部分须弥座及其上部砖砌八角形塔身，塔顶和塔刹全部裹入树身内（图2）。云南普洱县普济寺也有一座树包塔。

图2

无影塔

河南汝南县悟颖塔，据传每年夏至正午阳光下，地面无塔影，为一奇观。

蛙音塔

今人谓之音响塔。山西永济县普救寺内鸳鸯塔，又称舍利塔，如在塔前12米处的石上用硬物敲击，塔中便会传出“咯哇……咯哇”的蛙鸣声。无独有偶，河南三门峡市(陕县)宝轮寺舍利塔，俗称蛤蟆塔同样有蛙音回声，它们与北京天坛回音壁、四川石琴，被称为中国的四大回音建筑。

冒烟塔

山西新绛县龙兴寺塔，据寺碑记，清光绪已亥，塔顶腾烟，佥为青云直上。1972年中秋节前后十天每当黄昏之时，塔顶又现缕缕青烟，后一村民登塔顶观察，才发现是大量蚊虫聚绕塔上，始揭谜底。同样现象在河北涿州市区北面的两座古塔也常发生冒烟现象，当地列为八景之一“双塔晴烟”。

宝箧印经塔

浙江宁波市鄞州区阿育王寺收藏的铜铸宝箧印经塔（图1）

是五代·后周显德初时，吴越王钱弘俶仿效印度阿育王的故事大铸八万四千小铜塔，中纳陀罗尼经颁布境内，铜制，小巧玲珑。福建泉州开元寺也藏有此塔。虽当时颁发量很大，但由于战争和一千多年的化铜消耗，现在存世量极小，十分珍贵。此外，安徽青阳县倒塌的宋塔地宫和其他地方的寺院也出土和收藏有此类铜或银包（图2、图3）阿育王式宝箧印经塔，湖南长沙岳麓山亦发现类似的小石塔。

图1

倒形塔

重庆大足县宝顶山上，有座八角四层上大下小形似倒立的倒塔，又名转法轮塔，塔身每层周围雕有精致的佛龛，为减少日晒雨淋，古代的建筑工匠特意将塔檐向外扩展，使塔的形体看上去如同立锥。河南安阳市天宁寺内的天宁塔亦属此形。

图2

玲珑石塔

我国现存最古的小石塔名为释迦文尼得道塔，又称“高善穆造塔”，系南北朝时期北凉沮渠蒙逊承玄元年（428年）造，1969年在甘肃省酒泉市城区专署街西南石佛寺湾子出土，塔的外观呈圆形，2檐层，通高只有44.6厘米，底径15.2厘米。塔的下部为正八角形基座；塔身圆柱体，上覆一个覆钵，钵体上雕凿出半圆形佛龛和佛像，并饰有莲瓣纹样；覆体之上冠以锥形相轮，上下七重，以扁平的宝珠结顶。

图3

肉身塔

高僧圆寂后，其真身建塔瘗藏的风俗，藏传佛教尤盛，西藏拉萨市布达拉宫现存五座灵塔，分别是五世、七世、八世、九世和十三世达赖喇嘛的真身塔，佛教格鲁派创始人宗喀巴遗体和历代甘丹赤巴遗体以及其他历世达赖喇嘛法身，分别在甘丹寺，哲蚌寺等寺院建有灵塔，其真身立塔时间分别在明、清和民国时期，我国最早的肉身塔则是浙江天台山国清寺隋代天台宗开宗祖师智者大师的真身塔，其次为安徽青阳县九华山神光岭（南台）肉身殿内的古新罗国王子（今朝鲜）金乔觉（地藏菩萨化身）的真身塔。

马犬塔

我国古塔中有二座为兽而筑的塔，一座是白马塔，位于甘肃敦煌市西郊敦煌故城南的党和乡，是天竺籍龟兹高僧鸠摩罗什的坐骑死后建塔。二是白犬塔，坐落于安徽九华山的后山九子岩华严禅寺旁，名为“谛听方塔”，建于南宋，石筑，塔的形制仿朝鲜塔式，在古塔中实为罕见。谛听原是地藏王菩萨身边的白犬，后来也修炼成佛，因建此塔。

生肖塔

山西汾阳县东郊建昌村“文湖广场”附近的文峰塔，为平面八角形十三层砖筑楼阁式塔，内设塔心室，第一层供奉观音塑像，从第二层起依次塑有鼠、牛、虎等十二生肖像，是我国罕见的以生肖塑像作供祀的宝塔，俗称“生肖塔”。江苏扬州瘦西湖莲性寺白塔方形基台四方立壁，每方辟三龛，每龛内雕一生肖像，共十二生肖。

半面塔

河南鹤壁市西南15千米淇河北岸玄天洞石塔，建于明正德年间，高约12米，平面四角形，但不是正方形，而是长方形，九层，楼阁式。整体造型像一座方塔从中剖去一半，南北面边长是东西边长的一倍，呈碑牌状，俗称半面塔，这在我国现存古塔中仅此一例，珍奇罕见。

猴子塔

湖南邵阳市西区九井湾后山的猴子塔，建于清乾隆年间，高15米，平面六角七层青砖结构楼阁式，塔身四周上下满封，既无灰泥刮壁，也无券门、棂窗、佛龛、菩萨画像等装饰；既无八卦文图、八仙画事，也无动植物、云水纹饰。塔顶无铜、铁所铸的覆钵、相轮、露盘、宝珠、尖针、浪索等组成的塔刹，只是安置一只高20厘米大理石雕塑的猴子，托腮远望，憨态可掬。据民间传说分析，此塔非寺塔崇拜的佛塔，也非中国五行家理论的匡扶风水文气塔，而是不含宗教内容的当地民间风俗塔，这在我国现存古塔中是唯一的实例。

中国
古塔之最

14

中国古塔之最

历史最早的古塔

齐云塔，俗称白马寺塔，建于东汉永平十一年（公元68年），原为方形九层木结构密檐式，后毁于火，金大定十五年（1175年）在原塔旧址依木塔形制重建，高25米，方形十三层砖构密檐式。座落在河南洛阳市东10千米白马寺内。

史载最宏伟高大的木塔

河南洛阳市东15千米，邙山洛水之间的永宁寺塔，据北魏《洛阳伽蓝记》载："寺中有九层浮图一座，架木为之，高九十丈，有刹，复高十丈，合去地一千尺，去京师百里已遥见之。刹上有金宝瓶，容二十五石，宝瓶下有承露金盘三十重，上下四角锁上有金铎一百二十枚……扉上有金钉五千四百枚。复有金钚铺首。殚土木之功，穷造形之巧，佛事精妙，不可思议。绣柱金铺，骇人心目，至于高风永夜，宝铎和鸣，铿铮之声，闻及十余里。"北魏熙平元年（516年）建永宁寺，中轴线上主要建筑布局：前有寺门，门内建塔，塔后建佛殿。不幸十八年后即永熙三年（534年）二月，塔为火所焚。现塔基仍存，为方形土台，各边长50米，台高3.6米，土台上残存的石窟内的塔心柱、各种浮雕、壁画，从中可见当时木塔规模。

现存最早的木塔

应县木塔，又名佛宫寺释迦塔，位于山西大同市以南70千米应县佛宫寺内，建于辽清宁二年（1056年），高67.31米，底层直径30.27米，内竖立一尊高约11米的释迦佛座像；平面八角形，共九层，其中外观五层六檐，内夹四层暗层。除塔基和第一层墙壁砖石砌筑外，其余全部用木材构建，使用木斗拱54种，结构精密，体量宏伟。它是中国，也是世界上现存最古老最高大的古代木构建筑。

现存最高的古塔

汾阳文峰塔，位于山西汾阳县东郊建昌村文湖广场附近，建于清康熙年间（1662～1722年），是一座有别于佛塔的中国风水塔。塔原残高80.12米，维修后84.97米，平面八角十三层楼阁式。

现存最高的宋塔

料敌塔（原名开元寺塔），又名瞭敌塔，位于河北保定市南110千米定州，是宋代抵御辽、金借以窥视敌情，故名，始建于北宋真宗咸平四年（1001年），到仁宗至和二年（1055年）竣工。塔高84.2米，平面八角十一层楼阁式，除檐口、平座、门窗外，大面积的壁面全涂白色；塔内各处尚存精细雕刻花纹和生动的彩色绘画。

现存最高的密檐古塔

崇文塔，位于陕西咸阳市泾阳县永乐店崇文中学院内，建于明万历二十一年（1593年），塔高81.7米，平面八角十三层，砖筑密檐式，其高是我国密檐塔冠军。

现存最早的石塔

平城石塔，建于南北朝·北魏献文帝天安元年（466年）。平面正方形九檐层，楼阁式。原珍藏在山西朔县崇福寺弥陀殿里。抗日战争时期，日本侵略者装箱起运劫往日本，一位爱国工人冒着生命危险将高49厘米的塔顶藏了起来（现藏朔县博物馆）。抗日战争胜利后，被日本所劫塔身归还中国，后被国民党运往台北，现存于台北历史博物馆。

现存最早的完整石塔

四门塔，位于山东历城县柳埠村青龙山麓神通寺遗址东侧，建于隋大业七年（611年），高15.04米，平面方形单层亭阁式，每边宽7.4米，全部用大块青石砌成，四面各有半圆形拱门，塔顶用23行石板叠筑，成四角攒尖方锥形顶，塔檐挑出叠涩五层，是我国最早的亭阁式塔。

现存最早的砖塔

嵩岳寺塔，位于河南登封县城西北太室山南麓嵩岳寺内，建于南北朝·北魏正光四年（523年），塔高41米，平面作等边十二角形，外部以叠涩檐分作十五层，使塔身轮廓呈现出轻快秀丽的抛物线造型。塔身俱用青砖摩沿对缝以黄泥白灰粘合而成。底层东西南北四面辟券门，可入塔心室，由室自下而上直达顶部，分为十层，第一层呈十二角形，二层以上改为八角形，整体至今完好无损，是我国最古老的高层砖石建筑。

最大的花塔

广惠寺花塔，位于河北正定县生民街广惠寺内，建于唐贞元年间，金大定年间重修，高40.5米，造型奇特，结构富于变化，第一、二层塔身平面八角楼阁式，第三、四层八面塔体形似巨大的花束，由彩绘浮雕的众多楼台亭阁、佛像及虎豹狮象龙等组成。

最高海拔位置的古塔

绒布寺白塔，位于西藏定日县中尼边境珠穆朗玛峰北坡下的绒布寺白塔，海拔4980余米，很多登山专家认为该处正是观看珠穆朗玛峰的最佳位置，从这里出发经过峡谷、悬崖与怪石到珠穆朗玛峰大本营，步行只需2小时，乘车只需15分钟，它是世界上海拔位置最高的古塔。

最早的八角形砖塔

净藏禅师塔，位于河南登封县城西北6千米会善寺山门西边的山坡上，为佛僧净藏禅师墓塔，建于唐天宝五年（746），平面八角单层重檐，立在高大台基上，通高9米许，须弥座上的塔身特点，各隅均立有凸出、壁面呈五角形的椅柱，柱头承托一斗三升斗拱，两柱头之间作人字拱。塔正南面开圆券门，内辟八角形塔心室，北面嵌塔铭一方。塔檐平面八角叠涩一层外伸，其上置圆形须弥座、仰莲，以火焰宝珠收顶。

现存最早的铁塔

光孝寺东西铁塔，位于广东广州市区光孝寺内大殿前，殿东的称东铁塔，殿西的称西铁塔。东铁塔铸于五代·南汉大宝十年（967年），以南汉主刘鋹的名字铸造的。西铁塔是刘鋹太监龚澄枢与邓氏三十三娘于大定六年（963年）联名铸造。形制东西铁塔相同，铸造工艺精湛。

最高的铁塔

咸阳千佛铁塔，位于陕西咸阳市北15千米北杜镇，铸造于明万历十八年（1590），高33米，平面六角十层楼阁式。第一层为砖筑，体形高大，第二至九层以及塔刹铁铸组装，塔身铸塑金刚力士、对开宫门的花边、棂格及兽环及门框、格窗、间柱等纹饰以及珍禽、神兽、奇花异草、铸文，形象生动，铸艺精湛。

最早的金刚宝座塔

官渡金刚宝座塔，原名妙湛寺金刚塔，俗称穿心塔，建于明天顺二年（1458年），清康熙二十三年（1696年）重修，是我国唯一用砂石构筑的覆钵式金刚宝座塔。形制与我国现存的其他金刚宝座塔相似，不同的是高大的立方体基座四面设拱门券洞，作十字形贯通，可供人马通行。它与北京海淀区真觉寺金刚宝座塔相比，虽时间早十五年，但建筑工艺真觉寺金刚宝座塔更为精湛完美。

最早最高的琉璃塔

祐国寺琉璃塔，位于河南开封市，建于北宋皇祐元年（1049年），八角十三层，高54.66米，外壁贴饰的褐色琉璃砖近似铁色，俗称“铁塔”。

现存最精致的琉璃塔

飞虹塔，位于山西洪洞县东北霍山南麓广胜上寺内，始建于汉（一说北周），屡经重修。以琉璃重建始于明正德十年（1515年）至嘉靖六年（1527年）竣工。塔高47.31米，全塔从顶至各层间的脊筒、椽檐、斗拱、铺瓦等均彩色琉璃砌筑，壁间又分别镶嵌以琉璃门框、角柱，尤以佛像、菩萨、金刚形象最为传神，是我国最完整精致的一座琉璃塔。

最早的陶塔

涌泉寺双陶塔，位于福建福州市鼓山涌泉寺天王殿前，建于北宋元丰五年（1082年），东塔名庄严劫千佛宝塔，西塔名贤劫千佛宝塔，双塔形制相同，高6.83米，平面八角九层陶质仿木结构楼阁式，塔身装饰1078尊佛像。

最高的石塔

开元寺双塔，位于福建泉州市开元寺，东塔名镇国塔，高48米；西塔名仁寿塔，高44.06米。双塔均为楼阁式。

现存最古的小石塔

高善穆造塔，1969年出土于甘肃酒泉城内专署街西南石佛寺湾子，塔外观呈圆形，双层檐，通高44.6厘米，底径15.2厘米，塔下部为八角形基座，塔身圆柱体，顶置大覆钵，钵体上浮雕半圆形佛龛（眼光门）和佛像，并饰有莲瓣纹样。钵肩冠以锥形相轮，刻纹七重，以扁平宝珠结顶。塔身刻发愿文和经文36行，还落有“高善穆为父母报恩立此释迦牟尼得道塔”的题款，发愿文中提到造塔时间为承玄元年（公元428年、南北朝·北凉沮渠蒙逊时期）。

最早的喇嘛塔

妙应寺白塔，位于北京西城区阜成门内大街北妙应寺内。据说元世祖忽必烈定国号“元”的那年在一座辽代建造的旧佛塔内发现“舍利二十粒，青泥小塔二千以及佛器、经文”，以为天佑于元，便大兴土木建塔，将塔的设计和建造委以在京入仕元朝的尼泊尔工艺美术师阿尼哥，并诏旨塔要造得“角垂玉杆，阶布石栏，檐柱华鬘，身络珠网，制度工巧，古今罕匹。”阿尼哥在中国工匠的帮助下，于元至元八年（1271年）建成了这座古今无双的佛塔。

现存级数最多的古塔

奎光塔，位于四川都江堰市（原灌县），建于清道光十一年（1831年），高50余米，平面六角十七层，比云南大理三塔中的千寻塔多出一层。

最大的塔墙

桑耶寺塔墙，位于西藏扎囊县雅鲁藏布江北岸桑耶寺，寺周围有1008米长，高4米，厚1.2米的院墙，墙顶间距一米就有方座砖构白色小喇嘛塔一座，总共1024座。

最大的塔林

少林寺塔林，位于河南登封县城西北少室山五乳峰下少林寺以西，有自唐至清千余年间少林寺主持和尚的墓塔248座，式样繁多、造型各异的砖、石墓塔，是综合研究我国古代砖石建筑和雕刻艺术的宝库。

最大的塔堆

菩提塔堆，位于青海湟中县鲁沙镇西南莲花山塔尔寺内，菩提塔基台四级，台上共建排列有序的大小喇嘛塔159座，加上菩提塔，总计160座。

最大的塔台

居云关云台，位于北京昌平区居庸关关城中心，为一过街塔基座，汉白玉砌成，高9.5米，下基东西长26.84米，南北长17.57米。台上原有三座喇嘛塔，元末明初先后被毁。

最年轻的瘗藏佛牙塔

佛牙舍利塔，位于北京石景山区西山八大处灵光寺内。传说佛祖释迦牟尼留下四颗牙齿，其中一颗传入中国，于辽咸雍七年在灵光寺内建招仙塔瘗藏。清光绪二十六年（1900年）八国联军侵犯北京，炮毁招仙塔。1958年从招仙塔基中发现“释迦灵牙舍利”，中国政府为佛教徒供奉而动工建造佛牙舍利塔，1964年竣工，6月25日开光。塔高51米，平面八角十三层密檐式，塔身呈桔红色，镏金宝瓶塔刹，雄伟壮观。

佛牙舍利塔

大宁宝塔

最早的伊斯兰教塔

光塔，位于广东广州市光塔路怀圣寺内，它是在唐朝开放海禁后，由前来中国贸易的伊斯兰教徒所建。当时每年五、六月间，常有一些外籍伊斯兰教商人在天明前登上塔顶，祈祷祝愿。

万佛塔

现代新建的最高佛塔

天宁宝塔，位于江苏常州市天宁禅寺，塔高153.79米，平面八角十三层密檐式。2007年4月30日海内外108位大德高僧云集常州举行宝塔开光大典。

现代新建的最高铜饰佛塔

万佛塔，位于安徽青阳县九华山回香阁（华严道场）芙蓉峰巅，于2006年10月落成。塔高33米，平面八角七层，钢筋水泥骨架，全铜外包，体量庞大；内供万尊消灾延寿药师如来圣像。

塔系福建省福耀集团董事局主席曹德旺捐资兴建，为佛山九华设一福肆，添一胜迹。

寿圣宝塔

现代新建东南亚最高的金刚塔

四川彭州市北大门龙兴寺内的龙兴舍利金刚宝塔，20世纪80年代兴建，形制仿印度菩提伽耶城的佛陀伽耶塔，五塔占地面积900平方米，主塔高81米，四隅陪塔高27米，塔外壁四周层层供奉佛像共1080尊。按主塔高度，是当前东南亚最高的金刚舍利宝塔。

现代新建最灵秀的风水塔

寿圣宝塔，位于浙江长兴市水口镇顾渚山寿圣寺前。寺二面环山，一面临溪，唯东南一隅虚缺，按中国传统的“天人合一”追求理想环境的“风水”之见，宜造塔以求空间上的端正、平衡。因此，一座使“青龙抬头”的寿圣宝塔，于2008年7月落成。塔以佛教的“天圆地方”说设计，第一层至第八层呈四方形，第九层呈圆形，高68.99米（寓意地久天长），砖木结构，楼阁式与覆钵式（塔刹）组合，层层叠加斗拱，挑出飘逸的腰檐，檐上置平座围栏，塔体每层各面四柱三间，中方门，两侧直棂窗，形体挺拔灵秀，唐风再现。

中国各地现存古塔简表

15

中国各地现存古塔简表

北京市

特点	塔名	坐落地	始建年代	高（米）	平面角	层	建材	形式	备注
	白塔	西城区北海公园琼华岛上	清顺治八年	35.9			砖石木	覆钵式	
琉璃	琉璃多宝塔	海淀区颐和园万寿山北坡藏式建筑群中	清乾隆年间	16	8	7	砖体琉璃	楼阁式	
	真觉寺塔	海淀区西直门外动物园后五塔寺内	明成化九年	15.7			砖石	金刚宝座式	又名大正觉寺塔
	清净化域塔	朝阳区安定门外西黄寺内	清乾隆四十七年	15			白石	金刚宝座式	
	天宁寺塔	宣武区广安门外天宁寺内	辽	57.8	8	13	砖	密檐式	
	慈寿寺塔	海淀区八里庄慈寿寺内	明万历四年	50	8	13	砖	密檐式	原名永安万寿塔
	碧云寺塔	海淀区香山东麓碧云寺内	清乾隆十三年	34.7			汉白玉	金刚宝座式	
琉璃	琉璃多宝塔	海淀区香山宗镜大昭庙之南	清乾隆四十五年	40	8	7	砖体琉璃	楼阁式	高大基座八角围廊
	玉峰塔	海淀区颐和园西玉泉山巅	清乾隆年间	33	8	7	砖石	楼阁式	又名定光塔俗称大塔
	华藏海石塔	海淀区玉泉山南山坡华藏海禅寺内	清乾隆年间	15	8	7	汉白玉	密檐式	
	妙高塔	海淀区玉泉山北侧山峰上	清乾隆年间	17			砖石	覆钵式	
合金	渗金多宝塔	海淀区万寿寺大殿内	明	6	6	13	铜锌银金合铸	密檐式	原在长椿寺内
	四色过街塔	海淀区颐和园后山（原香岩宗印之阁内），四座高大的塔基如殿，设弧门，上立四座喇嘛塔。							
		白塔及门台	清乾隆年间	15	佛世界之风		砖	过街式	
		黑塔及门台	清乾隆年间	15	佛世界之地		砖	过街式	
		红塔及门台	清乾隆年间	15	佛世界之火		砖	过街式	
		绿塔及门台	清乾隆年间	15	佛世界之水		砖	过街式	
	半截塔	海淀区颐和园西玉泉池内			8	7	石	楼阁式	又名镇海塔、响闸塔
	玲珑舍利塔	海淀区旸台山大觉寺藏经楼院内					砖	覆钵式	
	上方寺玲珑塔	海淀区上方寺遗址北侧	元中统年间（南宋景定年间）	9	6	5	砖	密檐式	塔身各角饰砖雕6角5檐小塔

	澄慧国师塔	海淀区八宝山下	元至正二十六年		8	7	砖	密檐式	又称金安选公灵塔
	四门塔	海淀区车儿营村西	南北朝・北魏太和十三年	10	4	单	石	亭阁式	内藏魏孝文帝石雕像，高2.2米
	瑞云庵塔	海淀区车儿营村瑞云庵内金刚大石上	明	3	6	7	砖	密檐式	大石高15米
	惠帝衣钵塔	海淀区西三环路东中国画研究院内	明	25			青石	覆钵式	传说
	搁衣庵摩崖石塔	海淀区聂各庄乡凤凰岭山麓	明	3.8	在百米高的花岗石岩壁上雕凿塔图			覆体式	
	继升塔	海淀区凤凰岭景区龙泉寺东	清	6.1			花岗石	覆钵式	
	成化万寿塔	海淀区香山东麓	清咸丰年间			单	砖	亭阁式	塔饰黄琉璃瓦，传为明宪宗衣冠冢
	十方诸佛宝塔	朝阳区马房村东北角	明嘉靖二十四年	30	8	9	砖	密檐式	俗称延寿寺塔
	庆寿寺塔	丰台区瓦窑村与栗园村之间庆寿寺院内	明嘉靖年间	15	8	7	砖	密檐式	
花	镇岗塔	丰台区长辛店乡云岗村东面山岗上	金	18			砖石	花塔式	
花	万佛堂花塔	房山区云蒙山南麓也水洞前岗上	辽咸雍六年	30	8	单	砖	花塔式	又名坨里花塔
	多宝佛塔	房山区良乡镇东北燎石岗上	辽	36	8	5	砖	楼阁式	又名昊天塔
	天开塔	房山区岳各庄乡天开村南山岗中部	辽	15	8	3	砖	楼阁式	残
	姚广孝塔	房山区常乐寺村北	明永乐年间	29.7	8	9	砖	密檐式	燕王辅臣
	周吉祥塔	房山区孤山口村北	明弘治年间	18	8	7	砖石	密檐式	明代周太后之弟
	豆各庄塔	房山区豆各庄村西台地上	明	15	8	9	砖	密檐式	
	下寺石塔	房山区下寺村北高山之巅	唐	3.7	4	7	汉白玉石	密檐式	
	谷积山鞭塔	房山区坨里乡北车营村谷积山	辽	7	6	7	砖	密檐式	
	于庄塔	房山区于庄村南土坡上	金	8	6	3	砖	密檐式	
	万佛堂塔	房山区万佛堂村	元	18	8	7	砖	密檐式	
	玉皇塔	房山区高庄村北山顶	辽	15	8	7	砖	密檐式	塔内曾供奉汉白玉雕玉皇大帝像
	照塔	房山区南尚乐乡照塔村东山巅	辽	15	8	7	砖	密檐式	
	镇江塔	房山区尚乐乡拒马河西岸镇江营古文化遗址	明	13			石	覆钵式	

	严行大德灵塔	房山区长沟乡西甘池西北丘陵上	金	5.53	6	7	汉白玉石	密檐式	
	张枋村塔	房山区张坊村小学内	辽天庆六年	6	8	5	石	密檐式	
	燃灯佛塔	通州区京杭大运河畔	北朝·周	53	8	13	砖石	密檐式	清康熙35年重修
	妙应寺白塔	西城区阜成门内大街妙应寺内	元至元八年	50.9			砖石	覆钵式	
	佛牙舍利塔	石景山区八大处灵光寺北院内	1958年始建	51	8	13	砖石	密檐式	1964年春竣工6月25日开光
	招仙塔	石景山区八大处灵光寺内	辽咸雍七年	1900年被八国联军炮毁，塔基内释迦牟尼佛牙移供新建佛牙舍利塔内					
	姚家寺塔	石景山区八大处东姚家寺遗址		10	8	7	砖	密檐式	
	崇国寺塔	石景山区崇国寺遗址		9			砖	覆钵式	
	四方塔	石景山区石府村南	清	10			砖石	覆钵式	
双	红螺双塔	怀柔区红螺寺内					汉白玉石	覆钵式	双塔同立于一长方形基座
	八经幢塔	怀柔区红螺寺内			6	单	石	经幢式	
	火门洞石塔	怀柔区黄花城水库东山上		2.4			花岗石	覆钵式	
	大羊山石塔	昌平区与怀柔区交界的大羊山峡谷中		4			石	覆钵式	
	云台	昌平区居庸关关城中心	元至正二年	9.5			砖石	过街式	台上原并列三座喇嘛塔已毁
	文峰塔	平谷区东高村乡东高村东1华里山顶	明	8	6	3	砖石	楼阁式	清道光24年重修
	开山祖塔	门头沟区桃花庵遗址	明	10	6	5	砖石	密檐式	
三	狼窝港三塔	门头沟区斋堂镇西北狼窝港的山坡上，原有明代僧塔三座，呈品字形排列，一座毁。							
		大塔	明	6	6	3	砖	密檐式	
		小塔	明	2.5	4	单	砖	仿亭阁式	
	太古化阳洞石塔	门头沟区极乐峰下太古化阳洞口	明嘉靖二十九年	6	8	11	青石	密檐式	
	官山喇嘛塔	门头沟区永定镇石厂村东北		5			砖	覆钵式	
	崇化寺过洞塔座	门头沟区城子村西溪水上					石	过街式	塔已毁存基、门
	广智禅寺塔座	门头沟区广智禅寺外必经之门路	明	塔座3.2			石	过街式	塔毁
双	仰山双塔	门头沟区妙峰山乡南樱桃村北的仰山上。原有辽金时期所建栖隐寺，曾有金、元僧塔数十座，后与寺俱毁。							
		栖隐寺密檐塔	元	7	6	3	砖石	密檐式	

		栖隐寺组合塔		7			砖石	密檐覆钵组合	
群	云居寺塔群	房山区城西南75公里水头村云居寺内外及周边区域，共17座不同型制塔。							
		琬公塔（静琬法师）云居寺内	辽大安九年	6	8	3	石	密檐式	由水头村迁入
		北塔　云居寺北侧	辽天庆年间	30			砖石	覆钵楼阁金刚三式组合	
		压经塔 云居寺文物管理处院内	辽天庆八年	5	8	7	石	经幢式	
		三公三塔（圆通和尚三兄弟）　北塔北侧土台下	清	6			石	覆钵式	三塔并列
		三喇嘛塔（寺僧墓塔）寺周坡地	明	4或5			砖	覆钵式	俗称和尚坟
		老虎塔　云居寺西北山顶	辽	9	8	5	砖	密檐式	
		金仙公主塔 云居寺石经山南台顶	唐开元二十八年		4	7	石	密檐式	
		开元石塔　北塔东北角	唐开元十年	4	4	5	石	密檐式	
		太极石塔　北塔东南角	唐太极元年	4	4	5	石	密檐式	
		景云石塔　北塔西北角	唐景元二年	4	4	5	石	密檐式	
		开元石塔　北塔西南角	唐开元十五年	4	4	5	石	密檐式	
		万人塔 云居寺西南军队大院		13			砖	覆钵式	和尚俗姓万
		水头村石塔 云居寺村西山坎上		3			汉白玉石	覆钵式	
		梦堂塔　北塔西侧	唐	1.5	4	单	石	亭阁式	
		小石塔 云居寺石经山东台顶	唐	1.4	4	单	石	亭阁式	
		小石塔　云居寺	隋末唐初	4	4	单	石	亭阁式	
林	潭柘寺塔林	门头沟区群山环列的潭柘山山腰潭柘寺山门外南山坡上，有历代僧师墓塔81座。							
		延寿塔 潭柘寺内昆卢阁东	明	17			石	覆钵式	
		老虎塔　潭柘寺塔院外					砖	覆钵式	
		华严和尚塔 寺西北莲花峰上	唐天宝年间						
		从实禅师塔 寺西南莲化峰山腰	五代十国·后唐						
		源谅律师塔 寺西南莲花峰山腰	清						
		广慧通理禅师塔 寺下塔院内	金大定十五年	22	8	7	砖	密檐式	
		印度僧人底哇若思塔 寺下塔院内	明正统三年	7			汉白玉石	覆钵式	中外佛教交流史之重要实物

		妙严大师塔　寺下塔院内	宋（金）	17	6	5	砖	密檐式	
		纯悦方丈塔　寺塔院外					砖	覆钵式	
		能公仁庵禅师灵塔 寺下塔院内		7	6	单	砖	亭阁式	
		恒公灵塔　寺下塔院内		7	6	单	砖	亭阁式	
		奇公长老塔　寺下塔院内	金	4.75	6	7	汉白 玉石	经幢式	
		了公长老塔　寺下塔院内	金泰和四年	4.75	6	5	汉白 玉石	经幢式	
		西竺源公和尚塔 寺下塔院内	明	15	6	5	砖	密檐式	
		前佛甘泉古涧泉禅师灵塔 寺下塔院		8	6	3	砖	密檐式	
		徐公原力塔　寺下塔院内	明万历四年	9			砖石	覆钵式	
		潭柘龙泉寺林公灵塔 寺下塔院内			6	单	砖	亭阁式	
		慧公禅师塔　寺下塔院内	元至元二十九年	3.5	8	3	石	经幢式	
		言公长老塔　寺下塔院内	金大定二十八年	4	6	5	汉白 玉石	经幢式	
		震环大师塔　寺上塔院内	清康熙三十八年			单	砖	覆钵式	
		海然月禅师塔 寺上塔院内	清	9			砖	覆钵式	
		济生公禅师灵塔 寺上塔院内		4.5			砖石	覆钵式	
林	银山塔林	昌平区海子村西南银山南麓的古延寿寺遗址，现存历代佛塔18座，分别建于唐、辽、金、元、明时期，造型各异，布局壮观，其中七塔区七塔最具代表性。							
	七塔区七塔	佑国佛觉大禅师塔（主塔）	金	20	8	13	砖石	密檐式	塔座8角8个 经幢塔
		晦堂佑国佛觉大禅师塔 （主塔南左）	金		8	13	砖石	密檐式	塔座8角8个 经幢塔
		故懿行大师塔（主塔南右）	金		8	13	砖石	密檐式	塔座无 经幢塔
		圆通大禅师善公灵塔（主塔北左）	金		6	7	砖石	密檐式	塔座无 经幢塔
		故虚静禅师实公灵塔（主塔北右）	金		6	7	砖石	密檐式	塔座无 经幢塔
		喇嘛塔（善公塔前）	辽					覆钵式	
		喇嘛塔（实公塔前）	辽					覆钵式	
林	上方山塔林	房山区上方山国家森林公园内，有辽、金代以来僧人墓塔50余座，多以方形、六角形、八角形砖筑覆钵式塔为主，至今保持原状，未曾修整。其中最早为辽代所建洁如泉公和尚塔，距今900余年。							
	冶仙塔	密云县城北4公里冶山主峰上	辽重熙八年	12	8	3	砖石	楼阁式	
	妙相亭佛塔	西城区北海公园万佛楼西侧妙相亭内	清乾隆 三十五年造	6.88	8	单	砖石	亭阁式	塔身16面雕 16尊罗汉像

道教	恬淡守一真人塔	西城区广安门外白云观内	清雍正三年	7	8	3	石	亭阁密檐组合	塔身八面雕八卦图
双	宝积楼双塔	西城区北海公园宝积楼前东西对峙		8	8	4	汉白玉石	楼阁密檐组合	
	万松老人塔	西城区西四南大街砖塔胡同东口南侧塔院	元	15.9	8	9	青砖	密檐式	清乾隆18年重修
	万佛寺高僧灵塔	门头沟区永定镇万佛堂村南山坡上	明	9	6	5	砖	密檐式	另座小塔残
	桃花庵开山祖塔	门头沟区永定镇桃花庵遗址	明	10	6	5	砖石	密檐式	
	知幻和尚塔	门头沟区马鞍山山坡松塔园内	明		8	9	砖	密檐式	明代戒台寺第一代传戒坛主
	普庵塔	四季青乡四王府东北普陀山南坡	辽	9	8	7	砖	密檐式	
	鹫峰和尚塔	安河乡鹫峰山东南	清嘉庆元年	4.6			砖石	覆钵式	
	悟璋和尚塔	金山古寺西墙外	清光绪年间	2		单	石	覆钵式	
	龙泉寺石塔	聂各庄乡老爷岭下	清	6.1			花岗岩	覆钵式	
	峰香公寿塔	王佐乡瓦窑村、栗园村之间	明嘉靖年间	15	8	7	砖	密檐式	
	下寺石塔	房山区张坊乡下寺村北高山之巅	唐	3.7	4	7	汉白玉	密檐式	
	应公长老寿塔	房山区岳各庄乡天开村北	元大德五年	12	6	5	砖	密檐式	
四	玉虚宫四塔	房山区黄山店乡黄山店村玉虚宫塔院内，其中三座一字形排列，相距7米，另一塔距30米。							
		三塔形制相同	清宣统元年	7	8		砖	墓塔	
		一塔	清宣统元年	7			砖	墓塔	
三	谷积山三塔	海淀区坨里乡北车营村谷积山，三塔分立三座山上。							
		铃铛塔	明		8	原9 今2	汉白玉	楼阁式	
		鞭塔	辽	7	6	7	砖	密檐式	
		东塔　又名和尚塔	明成化十五年	3.2			石	覆钵式	
	周云瑞和尚灵塔	海淀区大觉寺南	明弘治三年	15	8	7	砖	密檐式	即明代周太后之弟周吉祥
	无垢净光宝塔	法源寺西南隅	唐至德二年	3.3			砖		辽清宁3年幽州大地震毁
	无碍禅师塔	大兴区里河村西北灵言寺内	元至元九年	10	6	5	青砖	密檐式	
双	戒台寺双塔	门头沟区戒台寺戒坛院山门外							
		法均和尚衣钵塔	辽大康元年	12	8	5	砖	密檐式	
		法均和尚墓塔（又名抱松塔）	辽大康元年	13	8	7	砖	密檐式	
	尹奉千载寿塔	西山农场内金岗石上	明	4	6	5	砖	密檐式	系妙觉寺第一代主持

	魔王和尚塔	石景山区天泰山慈善寺南山腰上		10			砖	覆钵式	
双	贤良寺双塔	石景山区贤良寺东塔院，二塔坐北朝南，东西排列，相距4米。							
		东塔名吕和尚塔	1912年	7			砖	覆钵式	
		西塔名明公和尚塔	1912年	8			砖	覆钵式	
四	贤首宗社四塔	丰台区长辛店乡芦井村。佛教贤首宗即华严宗，创宗者唐法藏，曾由武则天赐号“贤首大师”，故名。							
		贤首正宗和尚塔	清康熙二十五年	9			砖石	覆钵式	
		贤首二宗和尚塔	清康熙二十九年	8			砖	覆钵式	
		正宗塔西边小塔					砖	覆钵式	
		二宗塔东边小塔					砖	覆钵式	
	迦陵禅师舍利塔	海淀区大觉寺藏经院内	清乾隆二十年	12			砖	覆钵式	
	圆正法师塔	门头沟区田庄乡淤白村北白瀑寺西	金皇统六年	10	6	3	砖	密檐覆钵组合	
水	博雅塔	海淀区北京大学未名湖东南小丘上	1924年7月	37	6	13	砖	密檐式	水塔
纪念	滦州起义纪念塔	海淀区温乡显龙山上	1937年	12.2	8	7	砖	密檐式	
珍宝工艺	大金塔	故宫博物院珍宝馆藏品	清代造	1.33			黄金	覆钵式	
珍宝工艺	金发塔	故宫博物院珍宝馆藏品	清乾隆四十二年造	1.47			黄金	覆钵式	
珍宝工艺	金佛塔	故宫博物院珍宝馆藏品	清代造	0.92			黄金	覆钵式	塔座四周立8个小塔
珍宝工艺	象牙塔	故宫储秀宫内群仙祝寿牙雕假山上		1	6	8	象牙	楼阁式	
珍宝工艺	小佛塔	雍和宫内藏品						覆钵式	
珍宝工艺	六棱镜塔	宣武区法源寺大殿内	清乾隆年间造				景泰蓝	覆钵式	
珍宝工艺	四方佛塔	宣武区法源寺大殿内	清乾隆年间造				景泰蓝	覆钵式	
珍宝工艺	喇嘛塔	宣武区法源寺大殿内	清乾隆年间造				景泰蓝	覆钵式	
珍宝工艺	千佛塔		明	3	8	7	紫檀木		
珍宝工艺	际醒祖师舍利塔	怀柔区红螺寺藏品	清嘉庆年间造	0.6			汉白玉	覆钵式	际醒为净土宗第十二代祖师
珍宝工艺	木刻小塔	雍和宫绥成楼藏品	清代雕造		4	7	木	密檐式	共6座
珍宝工艺	陶塔	宣武区法源寺藏品			圆柱	4		楼阁式	
珍宝工艺	开天小舍利塔	房山区云居寺收藏的开天塔地宫出土文物	辽		4	3	石	密檐式	

珍宝工艺	金凤冠喇嘛塔	雍和宫绥成楼藏品						覆钵式	
珍宝工艺	宝相楼喇嘛塔	故宫慈宁宫花园宝相楼内	清乾隆四十七年造	3			景泰蓝	覆钵式	共6座
珍宝工艺	太极白玉塔	北京市	汉		4	11	白玉	窖垒式	民间收藏绝品

天 津 市

特点	塔名	坐落地	始建年代	高（米）	平面角	层	建材	形式	备注
塔套塔	白塔	蓟县城西南观音寺前又名渔阳郡塔	辽清宁四年	30.6			砖石	密檐覆钵二式组合	塔座八角立8小塔，塔内包砌八角小塔一座，残高21.4米。
六	盘山六塔	蓟县城西北12公里盘山风景区内							
		古佛舍利塔天成寺大殿西侧	唐	22.63	8	13	砖石	密檐式	
		彻公长老灵塔天成寺大殿西南	辽、金				石	经幢式	
		定光佛舍利塔盘山挂月峰顶	唐延和元年	12	8	3	砖	楼阁式	
		多宝佛塔盘山东侧北少林禅寺	明崇祯七年	20	8	13	砖	密檐式	
		太平禅师塔盘山万松寺遗址	明万历四十三年		6	5	砖	楼阁式	
		普照和尚塔盘山万松寺遗址	清康熙年间		6	5	砖	楼阁式	
	福山塔	蓟县五百户乡段庄村东福山上	辽	残高16.14	8	残3	砖石	楼阁式	
	朝阳庵塔	蓟县五百户乡看花楼朝阳庵	明万历二年		6		砖	密檐覆钵组合	
	普亮宝塔	天津市杨柳青镇十六街	清嘉庆八年	12.5	6		砖	覆钵密檐组合	
	灵山塔	蓟县段甲岭乡六庙四村东	明		8	5	砖	楼阁式	
	古浮屠	蓟县城东翠屏湖东岸塔山上	辽	26.06			砖		又名华塔

上 海 市

特点	塔名	坐落地	始建年代	高（米）	平面角	层	建材	形式	备注
	龙华塔	市区龙华古镇龙华寺	三国·吴赤乌年间	40.64	4	7	砖木	楼阁式	宋太平兴国2年重建
	法华塔	嘉定县嘉定镇练祁塘南岸	宋开禧年间		4	7	砖木	楼阁式	又名金沙塔

双	南翔寺双塔	嘉定区南翔镇大街云翔寺遗址	南朝梁时期	11	8	7	砖	楼阁式	东西相对
	松江方塔	松江县城东南三公街兴圣教寺内	宋熙宁至元祐年间	48.5	4	9	砖木	楼阁式	俗名兴圣教寺塔
	西林塔	松江县中山西路西塔弄	宋咸淳年间		8	7	砖木	楼阁式	又名崇恩宝塔、圆应塔
斜	护珠塔	松江县天马山中峰上	宋元丰二年	12	8	7	砖木	楼阁式	倾斜6.525度
	李塔	松江县李塔汇镇	唐		4	7		楼阁式	又名礼塔、杏塔
	秀道者塔	松江县佘山 又名月影塔、聪道人塔	宋太平兴国年间	25	8	7	砖木	楼阁式	底层塔衣檐廊
	华严塔	金山县松隐镇东北	明洪武十三年	50	4	7	砖木	楼阁式	
	万寿塔	青浦县南门外大盈浦沙洲	清乾隆八年		4	7	砖木	楼阁式	俗名南门塔
	青龙塔	青浦县青龙镇吉云禅寺内	唐长庆元年	30	8	7	砖木	楼阁式	残
	泖塔	青浦县沈港镇西南泖河洲上	唐乾符年间		4	5	砖木	楼阁式	
双	松江唐经幢	松江县松江镇中山中路小学校内	唐大中十三年	9.3	8	21	石	经幢式	共2座
双	古猗园双经幢	嘉定县南翔镇古猗园内一南厅着一微声阁前	唐咸通八年	8	6	21	石	经幢式	共2座
	厂头白塔	嘉定区真如镇西北厂头乡	南宋	5	6	3	砖	楼阁式	韩世忠建
	七宝塔	闵行区七宝古镇		47	8	7		楼阁式	现代重建
水	大观园塔	青浦县大观园内	现代		6	7	砖木	楼阁式	仿古水塔
	普同塔	嘉定区南翔镇古猗园荷花池中	南宋嘉定十五年	6.6	8	5	石	经幢式	
	万佛宝塔	嘉定区汇龙潭公园内	宋	4	4	6节	石	楼阁式	又名石佛塔
	四义僧塔	松江县佘山潮音庵后静轩内	明嘉靖年间						反抗倭寇侵扰义僧
	镇海塔	崇明县城东五里金鳌山顶	清光绪十九年	16	8	7	砖石	楼阁式	

重庆市

特点	塔名	坐落地	始建年代	高（米）	平面角	层	建材	形式	备注
	静观石塔	江北	宋乾道二年	35	4	7	石	楼阁式	
	盘龙塔	缙方山北泉公园内	明	2		5	整石雕凿		
	白塔寺多宝塔	大足县城北北山白塔寺前	南宋绍兴年间	30	8	13	砖	密檐式	
	释迦真如舍利塔	大足县宝顶山圣寿寺前	宋	6		3	石	经幢式	
上大下小	宝顶倒塔	大足县宝顶山圣寿寺外一华里小丘上	南宋绍兴十七年		8	4	砖	楼阁式	俗称北塔或白塔
	经目塔	大足县宝顶山圣寿寺小佛湾大宝楼阁石刻院内	宋	7	4	3	石	楼阁式	
	河包白塔	荣昌县河包镇	南宋绍兴二年	16	4	7	石	楼阁式	

	万洲石塔	万洲县			4	3	石	楼阁式	顶刹为石碑
	石宝寨木塔	忠县石宝寨（玉印山）	清嘉庆二十四年	56	4	12	砖木	楼阁式	依山而建

河北省

特点	塔名	坐落地	始建年代	高（米）	平面角	层	建材	形式	备注
	幽居寺塔	灵寿县寨头乡沙子洞村	北齐天保八年	20	4	7	砖石	密檐式	塔刹特殊
四	正定古城四塔	城内各寺内外							
花塔	广惠寺华塔	正定县生民街路东广惠寺内	唐贞元年间	40.5	8	4	砖	花塔式	
	凌霄塔	正定县城内天宁寺　又名天宁寺木塔	唐咸通初年	41.58	8	9	砖木	楼阁式	金正隆6年重修
	澄灵塔	正定县城内临济寺	唐咸通八年	33	8	9	砖	密檐式	又名青塔
	须弥塔	正定县城内开元寺	唐代	39.5	4	9	砖石	密檐式	
中华第二高塔	料敌塔	定州（定县）开元寺内	北宋咸平四年	84.2	8	11	砖	楼阁式	又名瞭敌塔
	柏林寺塔	赵县（古赵州）城内东隅	元天历三年	28.3	8	7	砖	密檐式	
	石塔	平山县				7	石		
	南响堂山石窟塔	邯郸市峰峰矿区西纸坊鼓山南麓石窟近旁	北齐		8	7	砖	楼阁式	
	北响堂山古塔	邯郸市峰峰矿区和村西鼓山之腰	北齐天统至武平年间		8	5	砖石	楼阁式	每二层间加仰莲平座，故外形似九层
	舍利塔	邯郸市武安县东门内	北宋元祐二年	40	8	13	砖	楼阁式	又名常乐寺塔
	普彤寺塔	南宫县西丁乡旧城村	汉永平十年	33	8	9	砖	楼阁式	
	普利寺塔	临城县城关东北隅	宋皇祐三年	30	4	9	砖	密檐式	俗名万佛塔
	李皇甫塔	涞水县李皇甫村东南2公里处	金大定年间	15	8	13	砖	密檐式	
花塔	庆化寺花塔	涞水县北洛平村龙宫山南麓庆化寺遗址	辽	13	下8角上圆	多边	砖	花塔式	
双	涿州双塔	涿州市城内东北隅双塔街							
		北塔名云居寺塔	辽大安八年		8	6	砖	楼阁式	
		南塔名智度寺塔	辽大安八年	44	8	5	砖	楼阁式	
	荆轲塔	易县西南荆轲山上，塔又名圣塔	辽乾统三年	24	8	13	砖石	密檐式	明万历6年重建
	樊於期塔	易县血山村村后山丘上	元中统二年		4	残3	砖	密檐式	半截古塔
	双塔庵东塔	易县泰宁寺村宁山	辽		8	3	砖	密檐覆钵组合	

	双塔庵西塔	易县泰宁山庵西南	元初		8	3	砖	密檐 覆钵 组合	
	泰宁寺塔	易县泰宁山下	辽		8	13	砖	密檐式	
	千佛塔	易县西关外	宋（辽）		8	3	砖	楼阁式	又名白塔
	兴文塔	涞源县东关	辽		8	5	砖	楼阁式	
	净众院塔基	定县城内	北宋至道元年						塔毁
	北魏塔基	定县	北魏太和五年			5			塔毁
	静定寺真身舍利塔基	定县城内	北宋太平兴国二年						塔毁
花塔	车轴山塔	唐山市丰润县南车轴山上	辽重熙年间	28	8	单	砖	亭阁式 花塔	
花塔	修德寺塔	曲阳县北岳庙修德寺遗址	宋天禧三年	20	8	5	砖	花塔式	
	苍岩山塔	井陉县东北南阳公主祠南	隋	10	8	5	砖	密檐式	
双	观音寺双塔	保定市清苑县公营村							
		东塔名舍利宝塔	20世纪 80年代	51	8	9	砖	楼阁式	
		西塔名当阳宝塔	隋、唐		8	7	砖	楼阁式	
五色 八塔	阇城八塔	承德避暑山庄普乐寺后部	清乾隆三十一年	按东西南北分别筑黑、蓝、紫、白、黄塔列于台上				覆钵式	
绿色 琉璃	琉璃万寿塔	承德避暑山庄北须弥福寿庙后万法宗源殿后山上	清乾隆四十五年		8	7	砖体 琉璃	楼阁式	
四色 四塔	普宁寺四塔	承德避暑山庄普宁寺大乘阁四角	清乾隆二十年	布局和周围建筑物仿西藏桑耶寺，四角红、绿、黑、白四座喇嘛塔，造型不同，过街式					
三	安远庙普渡殿喇嘛塔	承德避暑山庄东北武烈河东南	清乾隆二十九年	庙殿正脊中部立三塔				覆钵式	
三	天王殿顶喇嘛塔	承德避暑山庄东北普乐寺山门内	清乾隆三十一年	殿正脊立三塔			琉璃	覆钵式	
	宗印殿顶喇嘛塔	承德避暑山庄东北普乐寺内	清乾隆三十一年	殿脊正中一塔			琉璃	覆钵式	
五	普陀宗乘之庙门五塔	承德避暑山庄正北	清乾隆三十二年	门高10余米，中辟三拱门，墙顶立五塔			门砖筑塔彩色琉璃	覆钵式	
	永佑寺舍利塔	承德避暑山庄万树园东侧	清乾隆十九年	65	8	10	砖石	楼阁式	
二	楠木双塔	承德避暑山庄之北殊像寺内	清乾隆三十九年	6.7	8	3	楠木	楼阁式	共2座
	饶阳店塔	故城县饶阳店村东 15 公里处	唐		8	7	砖木	楼阁式	
	宝云塔	衡水县旧城	隋大业二年	33	8	8	砖	楼阁式	
	红梅寺塔	兴隆县雾灵山南麓红梅寺内	宋	30		8	砖		
	仙人塔	兴隆县雾灵山仙塔沟旁		50		8	砖		
	龙泉寺塔	永清县西南辛阁村龙泉寺内	辽	20		13	白石		
	文峰塔	安阳县古城内大寺前街			8	5	砖	楼阁式	

	文昌宫塔	新城县北关文昌宫西北隅	辽		8	9	砖	密檐式	
	虚照禅师塔	邢台市北门天宁寺西北	元		6	3	砖	密檐式	
	万松大师舍利塔	邢台市北门净土寺大殿西北	元至元十九年	6	8	8	石	密檐覆钵组合	
	水北村石塔	涞水县城外水北村前	唐先天元年	2	4	单	石	亭阁式	
	双塔山塔	承德市西 10 余公里滦河之滨南峰上	辽	5.2	4	3	砖	墓塔	多座
	饶阳店古塔	故城县西南清凉江东饶阳店	唐代		8	7	砖木	楼阁式	
	南阳公主祠塔	井陉县南阳公主祠南隅	明	10	8	5	砖	密檐式	
	下寺塔	井陉县城北绵河西岸	辽、金			9	砖	楼阁式	
	石佛院舍利塔	赵县西南 12 公里东西大里寺村院遗址		7	8	4	石	经幢式	
铜	毗卢殿佛塔	正定县隆兴寺毗卢殿内	明万历年间	6.27		3	铜铸	经幢式	
林	邢台塔林	邢台市旧城西南申家庄村，有唐、宋、金、元、明、清历代高僧墓塔 90 余座							
	静岩院石塔	曲阳县西南静岩院旧址	北宋		4	5	石		
三	嘉应寺三塔	赞皇县东南寺内唐塔三座平行排列，其中东塔方形 5 层，石结构，密檐式							
	源影寺塔	昌黎县城西北隅	辽、金	36	8	13	砖	密檐式	
	景州塔	景县（古景州）城内开福寺	北魏	63.85	8	13	砖	楼阁式	
	普胜陀罗尼经幢	固安县南 20 公里王龙村	金天辅年间	7	8	10	石	经幢式	
	南安寺塔	蔚县城南门外宋家庄	辽	28	8	13	砖	密檐式	

山西省

特点	塔名	坐落地	始建年代	高（米）	平面角	层	建材	形式	备注
双	连理双塔	太原市西南 17 公里蒙山下开化寺内，基座相连。							
		释迦塔	宋淳化元年		4	单	砖	亭阁式	
		如来塔	宋淳化元年		4	单	砖	亭阁式	
双	宣文双塔	太原市东南郝庄村永祚寺内，东西塔相距 48 米，形制基本相同，又名文笔塔。							
		东塔	明万历二十五年	53.3	8	13	砖	楼阁式	
		西塔	明万历四十年	54.78	8	13	砖	楼阁式	
	燃灯石塔	太原市西郊龙山童子寺前	南北朝・北齐	5.3	6		石		
	舍利塔	太原市西郊龙山北麓法华寺处		6		单			
	多福寺塔	太原市西北崛围山多福寺前	宋				砖		
	舍利生生塔	太原市西南奉圣寺北浮屠院内	隋开皇年间	30	8	7	砖木	楼阁式	

	净明寺塔	太原市晋源区古城营村东天龙山石窟前	隋	53	4	13	砖	覆钵式	清康熙年间重修
通体白色	十方三世全佛塔（原名舍利塔）	太原市晋源区大观音堂南毗临晋阳湖		18	6	7	基座汉白玉塔体砖石	楼阁式	2008 年开始重修
	觉山寺塔	灵丘县东南 15 公里山麓觉山寺旧址	北魏太和七年	43.3	8	13	砖	密檐式	又名释迦塔
	壶山塔	广灵县城南壶山上	明	20	8	7	砖	楼阁式	
	圆觉寺塔	浑源县城内圆觉寺遗址	金正隆三年	20	8	9	砖	密檐式	
最古木塔	应县木塔	应县佛宫寺内（又名释迦塔）	辽清宁二年	67.13	8	明5暗9	木	楼阁式	又名释迦塔
铜	万佛阁铜塔	五台山台怀镇万佛阁（文殊殿）	清				铜铸		
双铜	铜双塔	五台山台怀镇显通寺内	明万历年间	8	6	13	铜铸	覆钵楼阁亭阁组合	原有五座含五台山意
木	木塔	五台山台怀镇显通寺无梁殿内	明	15	8	13	木	楼阁式	
字组	华严经字塔	五台山台怀镇显通寺无量殿内	清康熙年间	苏州和尚许德兴历时 12 年以小楷字组成塔形					
双	龙泉寺双塔	五台山台怀镇九龙岗龙泉寺中西院内	宋			单	一砖一汉白玉	覆钵式	其一普济禅师塔尤精
	照壁浮雕塔	五台山台怀镇九龙岗龙泉寺门前	清	0.5	8	4	壁雕	楼阁式	
	令公塔	五台山台怀镇龙泉寺西 500 米	宋	10	6	3	砖	覆钵式	杨业墓塔
	南山寺塔	五台山台怀镇南南山寺内	元・元贞年间						清时由祐国寺、极乐寺、善德堂合并
	印僧宝利沙者舍利塔	五台山台怀镇北圆照寺内	明宣年九年				砖	金刚宝座式	又名白塔
金顶玉葬	镇海寺塔	五台山台怀镇南镇海寺永乐院内	清乾隆五十一年	10			白石铜华盖	覆钵式	十五世章嘉活佛塔
	竹林寺塔	五台山台怀镇竹林寺村竹林寺内	明弘治年间	25	8	5	砖	楼阁式	
双	秘密寺双塔	五台山台怀镇西南维屏山秘密寺前							
		木叉祖师塔	唐	10	6	4	砖		
		玄觉大师塔	五代北汉天会七年		6	2	砖		
双	万佛阁双塔	五台山台怀镇塔院寺东南隅阁内		4			青石	覆钵式	
双	望海寺双塔	五台山东台顶望海寺外	宋末元初				石	覆钵式	
琉璃	三彩万佛塔	五台山台怀镇狮子窝文殊寺	明万历二十七年	35	8	13	砖石琉璃	楼阁式	又名文殊舍利塔
	舍利塔	五台山南台顶普济寺	宋	10		单	石	覆钵式	共 2 座
	灵峰塔	五台山台怀镇东隅普化寺	明		6	5	砖	楼阁式	共 2 座

	舍利塔	五台山中台顶演教寺正殿前	唐	13	4	13	砖石		
特	尊胜寺万藏塔	五台县东北 20 公里西峡村山谷尊胜寺塔院内	唐	45	10	13	砖		十角塔形薄檐罕见
	灵应寺塔	五台山北台顶	宋				石		又名唐邓隐峰塔
	祖师塔	五台县东北佛光山佛光寺内	北魏	8	4	2	砖	亭阁式	
林	佛光寺塔林	五台县东北 32 公里佛光寺东山，有古塔及和尚墓塔 10 余座							
		无垢净光塔　东山坡上	唐天宝十一年		8				
		大德方便和尚塔　东山坡上	唐贞元十一年	4	6	单	砖		
		志远和尚塔　东山坡上	唐会昌四年	5			砖	覆钵式	
		解脱禅师塔　寺西北	唐长庆四年	10	4	4	砖	花塔式	
		许杲公禅师塔　寺西北	金泰和五年		6		砖	花塔式	
		四角砖塔　寺西北	唐				砖石		
		无名墓塔　东山坡上					砖石	印度式	塔多座
	南禅寺塔	五台县西南 22 公里李家庄	唐	0.51	4	5	石		
	普同塔	五台县台怀镇广仁寺外清水河鱼湾	明				砖	内空存僧人骨灰匣，底通流水	
林	碧山寺塔林	五台县光明村前	明				砖或石		
	灵境寺塔	五台县	明正德十四年				砖	覆钵式	
最早石塔	平城石塔	大同市东北古城	南北朝·北魏天安元年		4	7	石		
石窟中塔	云岗石窟塔	大同市西 16 公里武周山南麓敦煌云岗石窟编号 1-4 窟塔洞	南北朝·北魏		4	5	雕石	楼阁式	石窟塔心柱
	云岗第六窟塔	大同市西 16 公里武周山南麓第六窟内	南北朝·北魏	16	4	2	雕石	楼阁式	石窟塔心柱
塔基高9米塔身高6米	灵牙塔	原平县西南水油沟村北林泉寺前	宋	15	8	4	砖	密檐式	
	雁塔	大同市东南隅	明天启年间	10	8	7	砖石	密檐式	
	禅房寺塔	大同市西南七峰山南丈人峰上	辽、金	15	8	7	砖	密檐式	实心
	焦山寺塔	大同市高山堡北山坡上	明	10	4	3	砖	楼阁式	
	法华塔	大同市内东北隅塔寺街	清	12			砖	覆钵式	
	吉祥寺石塔	繁峙县五台山中台吉祥寺殿前	元				石	覆钵式	
	宏济塔	介休县南 5 公里宏济寺内	明万历年间	31	8	10	砖		
	白塔	太谷县城内普慈寺（无边寺）	北宋元祐五年	50	8	7	砖木	楼阁式	

双	法兴寺双塔	长治县法兴寺经楼前	唐咸亨四年		8	3	石		双塔 左右分立
	燃灯塔	长子县慈林山法兴寺内	唐大历八年	2.4	8		石雕		
石刻	石刻造像塔	沁县城北30公里南涅水村，石刻系北魏永平3年至北宋天圣9年间积累民间石雕200方							
花	柏底石塔	闻喜县	唐		4	单	石	花塔式	
	振风塔	河津县汾河与黄河会流处	明崇祯十七年	26	4	13	砖	楼阁式	
	曲沃大塔	曲沃县万户村东南		25	圆	8	砖	楼阁式	
	感应寺塔	曲沃县城西	宋乾道年间	残 44.1	8	原12 今8	砖	楼阁式	元大德7年 洪洞大地震 坍4层8层裂
	大明宝塔	曲沃县		13	8	9	砖	楼阁式	
	杨谈文峰塔	曲沃县万户村	清	25	圆	7	砖	楼阁式	塔顶圆形 攒尖
	河曲文笔塔	河曲县郊大墩梁上	清乾隆五十九年		圆	柱	砖	立柱式	毛笔状
	襄陵文峰塔	襄陵县	清	30	8	9	砖	楼阁式	
	空王佛山塔	榆社县西北空王佛山顶	唐	2.52	4	单	石	亭阁式	
	青龙寺塔	榆社县道檐沟青龙寺遗址	宋	4.7		2	石	经幢式	
	万卦山 南华严经塔	交城县万卦山主峰西南	唐	4	8	单	石	经幢式	
	大愚禅师塔	高平县舍利山开化寺内	五代后唐 同光三年		4	单	石	亭阁式	
	清化寺塔	高平县羊头山清化寺遗址	唐	1.6	4	单	石	亭阁式	
	清化寺南塔	高平县羊头山清化寺遗址后山	唐	4	圆	4	石	楼阁式	
	郭峪文峰塔	阳城县郭峪村西南山顶	清乾隆年间	26	8	7	砖	楼阁式	
	三圣瑞献塔	陵川县古积镇古禅寺西院	金		4	14	砖	密檐式	
	尊宿无表 舍利塔	沁水县南大村	宋	2		单	石	经幢式	俗名 南大石塔
	玉溪塔	沁水县玉溪镇	唐	6.3	4	5	石	楼阁密 檐组合	
	招福寺 禅和尚塔	运城县王范村北招福寺遗址	唐咸通七年		圆	单	砖	亭阁式	
琉璃	阳城塔	阳城县	明	35	8	10	琉璃砖	楼阁式	
	玄中寺塔	交城县西北10公里石壁山中	宋	12	8	2	砖石	楼阁式	
	襄汾石塔	襄汾县博物馆内	唐	2	4	3	石	楼阁式	
	岩峙壁画 宝塔	繁峙县东南40公里天岩村岩峙南殿北壁东隅	金大定七年作		8	7	绘画	宫廷画师王逵所作	
	栖岩寺石塔	永济县西南20公里中条山栖岩寺塔林中	五代后唐同光三年	3.5	8	单	石		
	栖岩寺 舍利塔	永济县中条山栖岩寺塔林中	宋	17	6	5	砖	密檐式	
	栖岩寺大禅 师塔	永济县中条山栖岩寺	唐天宝十三年	8	圆	单	砖		

	慈相寺塔	平遥县东北冀郭村慈相寺后	宋庆历年间	45	8	9	砖	楼阁式	金天会年间重建
双	天宁寺双塔	平定县南关土垣上寺址东西对峙	宋熙宁年间	30	8	实4像7	砖	楼阁式	重檐
林	天宁寺墓塔林	交城县北八峰山天宁寺东							
	秋容塔	交城县西北石壁山玄中寺东			8	2	砖	密檐式	又名白塔
	比丘尼首坐塔	长治市南王庄村龙泉寺外西北角	元至正年间	2.3	4		石		
	宗教寺塔	长治市北门外宗教寺遗址	明				砖石	覆钵式	
	开化寺三墓塔	高平县东北舍利山开化寺外					石		
双琉璃	海会寺双塔	阳城县东大桥村海会寺内							
		东塔又称东琉璃塔	唐末	20	8	7	砖体琉璃	楼阁式	宋代重修
		西塔又称西琉璃塔	明嘉靖四十年	50	8	10	砖体琉璃	楼阁式	
	舍利塔	长子县东南慈林山法兴寺内	唐咸亨四年		4	2	沙岩石	楼阁式	俗称石殿
	原起寺大圣塔	潞城县东北凤凰山原起寺殿西	宋元祐二年	17	8	7		楼阁式	俗称青龙宝塔
	七宝塔	平顺县西北大云寺前	五代·后周显德元年	7	8	5	青石	楼阁式	
	明惠大师塔	平顺县东北红霓村紫峰山下	唐乾符四年	4	4	1	石	亭阁式	
	慧峰塔	晋城县东南硖石山古青莲寺前	唐乾宁二年		8	单	石	经幢式	
琉璃	铁佛寺方塔	临汾县城内西南隅铁佛寺内　又名大云寺	唐贞观年间	30	4	6	砖体琉璃	楼阁式	1-5层方形 6层八角形
中华第一高塔	文峰塔	汾阳县城东 2 公里建昌村文湖广场	清康熙年间	84.97	8	13	砖	楼阁式	又名生肖塔
	舍利塔	芮城县北圣寿寺遗址	宋	48	8	13	砖	楼阁式	
双塔交影	临猗双塔	临猗县城内妙香寺遗址，双塔相距 50 米，东西相对，传说每年七月七夕弦月西下时塔影相交。							
		西塔又称白蛇塔	隋、唐	30	4	7	砖	楼阁式	宋时修葺
		东塔又称许仙塔	隋、唐	30	4	7	砖	楼阁式	宋时修葺
琉璃	飞虹塔	洪洞县东北霍山广胜上寺	汉	47.3	8	13	砖	楼阁式	现塔明政德10年至嘉靖6年重修
	雁塔	霍县南郊塬上	不详，明嘉靖四十二年重修	16	8	5	砖	楼阁式	
园形	泛舟禅师塔	运城市西北报国寺遗址	唐长庆二年	10	园		砖石	亭阁式	
	崇福寺塔	朔县东街崇福寺弥陀殿内	北魏天安元年	1.8	4	9	石雕	楼阁与印度窣堵坡式组合	

铁	关帝庙铁塔	运城市关帝庙内			8	3	铁	楼阁式	宽大如楼八面门窗
	龙兴寺塔	新绛县城内	唐	42.4	8	13	砖木	密檐式	
	释迦塔	永济县西南中条山万固寺内	北魏	54	8	13	砖	楼阁式	明万历14年重修
林	栖岩寺塔林	永济县中条山栖岩寺处有小砖塔25座，其中唐、五代各1，元2、明、清21座，均为禅师墓塔							
	栖岩舍利塔	永济县西南中条山栖岩寺处	宋	17	6	5	砖	密檐式	
回音建筑	普救寺舍利塔（又名莺莺塔）	永济县西北古蒲州城郊西厢村	唐	50	4	13	砖	楼阁式	现塔明嘉靖42年重修
	阿育王塔	代县圆果寺　又名圆果塔	隋仁寿元年	40	基长方	塔圆	砖	覆钵式	元至元13年重修
	二经幢	高平县东南5公里大粮山南麓定林寺佛殿前							
		弥勒出生宝塔	北宋太平兴国二年	4	8		石雕		
		佛经幢	北宋雍熙二年	4	8		石雕		
	尊胜寺经幢	五台山尊胜寺内	北宋大中祥符二年				石雕		

内蒙古自治区

特点	塔名	坐落地	始建年代	高（米）	平面角	层	建材	形式	备注
	万部华严经塔	呼和浩特市东郊辽代丰州故城西北白塔村	辽圣宗时期	50	8	7	砖木	楼阁式	又名白塔
	金刚座舍利宝塔	呼和浩特市旧城五塔寺内	清雍正年间	16.5			雕砖白条石琉璃	金刚宝座式	又名慈灯寺金刚宝座塔
双耳	双耳喇嘛塔	呼和浩特市旧城石头巷席力图召（意为首席达赖喇嘛寺）内	清康熙年间	15			白石	覆钵式	塔基高大
三	宁城三塔	昭乌达盟宁城辽中京城遗址内							
		大塔名大明塔	辽代中期	74	8	13	砖	密檐式	
		小塔	金正隆三年	25	8	13	砖	密檐式	
		半截塔	辽清宁三年						残
	五十家子塔	敖汉旗五十家子村西	金	41	8	13	砖	密檐式	
	释迦如来舍利塔	巴林右旗辽庆州遗址处(俗名白塔)	辽重熙十八年	49.48	8	7	砖	楼阁式	又名庆州白塔
双	林东双塔	巴林左旗辽上京城址							
		北塔	辽	6				密檐式	残
		南塔	辽	20	8	7	砖	密檐式	残

	莲花塔	包头市五当召，苏古沁独宫后佛殿项	清乾隆二十二年	3.4			铜铸鎏金	覆钵式	
双	百灵庙双塔	达茂联合旗百灵庙镇百灵庙前	清康熙四十五年				砖	覆钵式	
木	檀香木塔	土默特右旗寿灵庙后院太后庙内	明万历三年	2.5			檀木		
陶	十二连城陶塔	准格尔旗十二连城唐墓	唐				陶瓷	覆钵式	
	元宝山白塔	赤峰市小五家乡太营子村塔子山上	辽	15	8		砖	密檐式	
	黑水城大白塔	阿拉善盟额济纳旗达来呼布镇东南黑水城西北	西夏				砖	覆钵式	
群	黑水城塔群	额济纳旗达来呼布镇东南 35 公里戈壁中的西夏古城周边有喇嘛塔 30 余座，塔内大量文物被西方“探险队”所盗。							

辽 宁 省

特点	塔名	坐落地	始建年代	高（米）	平面角	层	建材	形式	备注
	无垢净光舍利塔	沈阳市皇姑区塔湾街	辽重熙十三年	50	8	13	砖	密檐式	
	皇寺墓塔	沈阳市皇寺（实胜寺）玛哈噶拉楼下	清雍正年间	葬莫尔根都尔吉喇嘛遗骨					
双	无量观双塔	鞍山市东 20 公里千山景区							
		玲珑塔　无量观南山上	唐	12.3	6	13	花岗石	密檐式	
		八仙塔　无量观内	清康熙年间	13	6	11	砖	密檐式	
	祖师塔	千山通往无量观的山道旁	清康熙年间		6	5	花岗石	密檐式	
	穹天道教塔	鞍山市千山无量观内	清宣统三年		6	11	砖	密檐式	
	真和尚塔	鞍山市东 20 公里千山景区龙泉寺途中碧水龙潭附近	清康熙二十年	10	6	9	砖	密檐式	悟彻大师墓塔
	大安寺宝塔	鞍山市千山景区东南大安寺							
	中会寺塔	鞍山市千山大安寺北中会寺							
	香岩寺塔	鞍山市千山香岩寺东侧山岩上	金	20	8	9	砖	密檐式	
	香岩寺东山双峰塔	鞍山市千山南部寺后	唐		6	7	砖	楼阁式	金代重修
三	析木城三塔	海城市南析木城羊角峪西山							
		金塔　大禅宝林寺内	辽	31.5	8	13	砖	密檐式	
		银塔　宝塔寺后山上	金		6	9	砖	密檐式	
		铁塔	金		6	7		密檐式	
双	崇兴寺双塔	锦州市北镇县城内东北，双塔东西对峙，相距 43 米。							

		东塔	辽	43.85	8	13	砖	密檐式	
		西塔	辽	42.63	8	13	砖	密檐式	
	广济寺塔	锦州市古塔区广济寺前	辽清宁三年	57	8	13	砖	密檐式	
	万佛堂圆筒塔	锦州市义县西北万佛堂村	明成化十年	3.4	圆筒形		石雕	伊斯兰教塔	
	永丰塔	大连市复县（复州）城内	辽		8	13	砖	密檐式	
	高尔山塔	抚顺市浑河北岸高尔山西峰	辽、金	20	8	7	砖	密檐式	
	嘉福寺塔	义县城内	辽开泰九年	42.5	8	13	砖	密檐式	
	龙山石塔	锦西县东北砂锅屯龙山上	金泰和六年	4.69	6	5	石	密檐式	又名白塔峪塔
	玲珑塔	兴城县西北 14 公里白塔峪	辽大安八年	43	8	13	砖	密檐式	
斜	绥中斜塔	绥中县前玉镇古城东	辽	10	8	残3	砖	塔身向东倾斜已达12度，大大超过意大利比萨斜塔斜度	
双	双塔岭双塔	绥中县双塔岭	辽乾统年间	双塔东西对峙，相距50米					
		东塔名天祚塔		24	8	9	砖	密檐式	
		西塔		10	6	5	砖	密檐式	上二层残
	辽阳白塔	辽阳市白塔公园内	金大定年间	71	8	13	砖	密檐式	
	秀峰寺塔	铁岭市东龙首山北峰慈清寺东	明弘治二年		8	9	砖		
	铁岭白塔	铁岭市	金大定十三年		8	13	砖	密檐式	
	白塔	铁岭市银岗书院外			6	9	砖	密檐式	
	郭祖塔	本溪市本溪县铁刹山乾坤洞边	明崇祯年间	道士郭守真明崇祯3年在铁刹山云光洞修炼并收度弟子被称为关东道教始祖					
	崇寿寺塔	开原县老城内	金正隆元年	45.82	8	13	砖	密檐式	
	八棱观塔	朝阳市西塔营子村北山八棱观	辽	34.4	8	13	砖	密檐式	
	摩云塔	朝阳市东凤凰山云接寺西侧	辽	32	4	13	砖	密檐式	又名云接寺塔
双	朝阳双塔	朝阳市内，双塔南北对峙							
		北塔　北塔街	隋	41.8	4	13	砖	密檐式	
		南塔　南街	辽		4	13	砖	密檐式	
双	大城子双塔	喀喇沁左翼蒙古族自治县大城子镇，双塔东西对峙							
		东为大塔	辽	30	8	9	砖	密檐式	
		西为小塔			6	5	砖	密檐式	
双	崇兴寺双塔	北镇县城内东北崇兴寺内，双塔东西相对，距40余米，形制相同							
		东塔	辽	43.8	8	13	砖	密檐式	
		西塔	辽	42.7	8	13	砖	密檐式	

	磨石沟塔	兴城县古城西北红崖子乡二道边村	金	残17.4	8	9	砖	密檐式	
	铁塔山塔	营口市盖县盖州镇东 2.5 公里铁塔山		10	8	14	石	密檐式	
	望儿山塔	盖县西南熊岳东站东望儿山顶	明末	6			砖	覆钵式	
双	精岩禅寺塔	喀左蒙古族自治县大城子镇东门外，大小两塔，东西并立							
		大塔	辽、金	30	8	9	砖石	密檐式	
		小塔	辽、金		6	5	砖		
	辽滨塔	新民县东北 25 公里公主屯乡辽滨村	辽	44	8	13	砖	密檐式	
	安昌岘舍利塔	锦西市北 35 公里安昌岘村	辽	18	8	7	砖	密檐式	
	懿州塔	阜新市蒙古族自治县绕阳河西岸塔营子屯	辽太平年间		8	13	砖	密檐式	
	瑞应寺塔	阜新市蒙古族自治县佛寺村					石	密檐式	

吉 林 省

特点	塔名	坐落地	始建年代	高（米）	平面角	层	建材	形式	备注
	农安辽塔	农安县（古龙州黄龙府）城内	辽圣宗年间	33	8	13	砖	密檐式	
	农安石塔	农安县万金塔塔基地宫出土，系辽代万金塔建筑模型，现藏吉林省博物馆	辽	0.965	4	3	灰砂岩雕	密檐式	
	灵光塔	长白（朝鲜族自治县）塔山上	唐	15	4	5	砖	密檐式	
双	洮安双塔	洮南（洮安）市德顺乡双塔村	清初	12.3			砖	覆钵式	双塔相距 20 米，形制同
	白塔	洮南市西南白海自然保护区查干湖畔　妙因寺外	清	12			砖	覆钵式	
	魁星塔（楼）	辽源市区福寿宫内	清光绪二十三年	69	8	9	砖木	楼阁式	

黑 龙 江 省

特点	塔名	坐落地	始建年代	高（米）	平面角	层	建材	形式	备注
	极乐寺塔	哈尔滨市南岗寺东院内	1934年		8	7	砖	楼阁式	
双	衍福寺双塔	肇源县茂兴大庙村衍福寺遗址，双塔东西对峙，相距 30 米，形制相同。							
		东塔	清太宗年间	15			砖	覆钵式	
		西塔	清太宗年间	15			砖	覆钵式	
	四方塔	齐齐哈尔市建华区清真寺窑殿	清康熙二十三年				砖	佛教伊斯兰教式组合	
	东极宝塔	黑瞎子岛北部极角	2012年10月	81	8	9	砖	楼阁式	青铜瓦铺檐

	石灯塔	宁安县渤海镇西南兴隆寺内	唐	6.4	8	单	玄武石	经幢式	
	东京城塔	宁安县南郊古寺前	唐		8		石		
	宝严大师塔	阿城县南白城	金大定二十八年	0.92	6	13	石		现藏省博物馆
	塔子城塔	泰来县辽代塔子城遗址西南	辽大安年间	15	8	残2	砖	密檐式	
	东极宝塔	黑龙江黑瞎子岛北部极角	2012年10月	81	8	9	砖	楼阁式	青铜瓦铺檐

江苏省

特点	塔名	坐落地	始建年代	高（米）	平面角	层	建材	形式	备注
	宏觉寺塔	南京中华门外牛首山南寺外	唐大历九年	25	8	7	砖	楼阁式	
	牛首山石塔	南京牛首山东峰舍身崖	明	3.69			石	覆钵式	
	宝公塔	南京中山门外钟山灵谷公园内	南北朝·梁武帝天监十三年		原8 现6	单	石	亭阁式	
	大报恩寺琉璃塔	南京中华门外大报恩寺内	明永乐十六年	84	8	9	琉璃	楼阁式	清咸丰年间毁
	鸡鸣寺塔	南京城北鸡鸣山东麓鸡鸣寺前	明洪武二十年		8	7		楼阁式	
	药师佛塔	南京城北鸡鸣山鸡鸣寺内	明洪武二十年 1990年重建	44.8	8	7	砖木	楼阁式	药师小塔由北京移至新筑大塔内
	栖霞舍利塔	南京栖霞山中峰西栖霞寺大佛阁右侧	隋仁寿元年	18	8	5	仿木白石	楼阁式	现塔五代重建
葬玄奘顶骨	三藏塔	南京市北京东路九华山公园覆舟山顶	1944年	20.3	4	5	砖	楼阁式	
斜	下定林寺塔	南京市江宁区方山西北麓	南宋乾道九年	14.5	8	7	砖	楼阁式	世界第一斜塔
	灵谷塔	南京市钟山灵谷公园内	1935年	60	8	9	铜筋水泥琉璃	楼阁式	
	诺那塔	南京市玄武湖樱洲上	现代		6	9	砖	楼阁式	
	海清寺阿育王塔	连云港市云台山下大村水库畔	宋天圣四年	40.58	8	9	砖	楼阁式	
三	南通三塔	南通市（古通州）。俗话："通州塔，四八八"。							
		支云塔　狼山上	北宋太平兴国年间	35	4	5	木	楼阁式	明成化18年重建
		光孝塔　天宁寺内	唐咸通年间		8	5	砖木	楼阁式	
		文峰塔　文峰路	明万历十年	39	8	5	砖木	楼阁式	又名五福寺塔
双	定慧寺双塔	苏州城东南定慧寺（罗汉院）塔院内，双塔间距不足20米，东西对峙。系宋时王文罕兄弟建。							
		东塔名舍利塔	北宋太平兴国七年	33	8	7	砖	楼阁式	
		西塔名功德舍利塔	北宋太平兴国七年	34	8	7	砖	楼阁式	

	北寺塔	苏州旧城北部平门报恩寺内	三国·吴赤乌年间	76	8	9	砖木	楼阁式	南宋绍兴年间重建
	大同塔	苏州报恩寺内北寺塔后方	元至正年间		6	单	石	亭阁式	
	尧峰山骨灰塔	苏州尧峰山上	清		4	单	石	亭阁与覆钵塔刹组合	
	甲辰巷砖塔	苏州相门内甲辰巷南端	唐	6.73	8	5	砖	楼阁式	
斜	虎丘塔	苏州阊门外虎丘山云岩寺内	五代·后周显德六年	47.5	8	7	砖	楼阁式	
	瑞光塔	苏州盘门景区内	三国·吴赤乌十年	53.6	8	7	砖木	楼阁式	
	楞伽寺塔	苏州西南上方山顶	隋大业四年		8	7	砖	楼阁密檐组合	
	普明塔	苏州城西枫桥镇寒山寺	明洪武年间重建	40	4	7	砖木	楼阁式	清末重修
	普同塔	苏州盘门开元寺内	明万历二十九年		4	5	砖	印窣堵坡式	
	龙光塔	无锡市锡惠公园锡山上	明正德二年	74.8	8	7	砖	楼阁式	
	念劬塔	无锡市西南浒山梅园内	1930年	18	6	3	砖	楼阁式	
	凝春塔	无锡市蠡园公园湖心岛上			6	5	砖	楼阁式	
	妙光塔	无锡市南门外	宋雍熙年间	30	8	7	木	楼阁式	
	宛山塔	无锡县宛山上	明嘉靖二十六年		6	5	石	楼阁式	
	文峰塔	无锡市区			8	5	砖木	楼阁式	
	文笔塔	常州市红梅公园	宋太平兴国年间	48	8	7	砖木	楼阁式	
现代最高佛塔	天宁宝塔	常州市天宁禅寺	2007年4月	153.79	8	13	砖	密檐式	
	文通塔	淮安县新西门大运河东侧	隋仁寿二年	22	8	7	砖	楼阁密檐组合	
	栖灵塔	扬州市西北蜀岗中峰大明寺	隋仁寿元年		4	7	砖木	楼阁式	1991年5月重建
	永寿寺塔	溧阳县西北永寿寺内	明万历三十六年		8	7	砖	楼阁式	
	文峰塔	扬州市南门外古运河（三湾子）南岸	明万历十年	52	8	7	砖木	楼阁式	
	古木兰院石塔	扬州市区石塔路绿化带中	唐开成五年	2	8	5	石	楼阁式	清乾隆年间重修
	白塔	扬州市瘦西湖莲性寺内	清乾隆年间	25.75			砖	覆钵式	
	普哈丁墓塔	扬州市城东古运河西岸河东墓亭中	南宋末年		距形	5	青石		伊斯兰教士
双	高邮双塔	高邮县运河畔　双塔东西对峙							
		东塔名净土寺塔	明万历年间	26	8	7	砖	楼阁式	
		西塔名镇国寺塔	唐僖宗年间	25	4	7	砖	楼阁式	清嘉庆15年重修
铁	甘露寺铁塔	镇江市东北江滨北固山后峰	唐宝历年间	13	8	原9现4	铁铸	楼阁式	两次雷击而残

	万佛塔	镇江市西北江心屿焦山上	现代	28	8	7	砖木	楼阁式	
	三宝塔	镇江市焦山定慧寺前		4	6	4	石	楼阁式	
骑街	昭关石塔	镇江市云台山北麓五十三坡上	元末	4.69			石	覆钵式	
	慈寿塔	镇江市西北金山寺山顶	明隆庆三年重建	40	8	7	砖木	楼阁式	清光绪年间重修
	僧迦塔	镇江市鼎石山	明万历年间	32.5	8	7	砖	楼阁式	重檐
	圌山塔	镇江市丹徒县圌山上	明崇祯元年		8	7	砖	楼阁式	原名报恩塔
身似棱形	方塔	常熟市大东门崇教兴福寺内	南宋建炎三年	60	4	9	砖木	楼阁式	
	聚沙宝塔	常熟市梅李镇东	宋元祐六年	残25.5			砖		东北向倾斜18°角
	凌霄塔	昆山县西北玉峰山（马鞍山）	南朝·梁天监十年		8	7	砖	楼阁式	
	妙峰塔	昆山县马鞍山东峰三茅宫前	宋治平二年		8	5	石	楼阁式	
	秦峰塔	昆山县东南千灯镇	南朝·天监二年	38.7	4	7	砖木	楼阁式	
	万佛石塔	吴县西泾村	元大德十年	8	4		青石	楼阁式	
	光福塔	吴县光福镇塔山上	南朝·梁大同年间	20	4	7	砖木	楼阁式	
	多宝佛塔	吴县木渎镇灵岩山灵岩寺内	南梁·梁		8	9	砖	楼阁式	南宋绍兴17年重建
	桥头石塔	吴县长桥镇宝带桥北端	南宋绍定五年	4.5	6	5	石	楼阁式	
	桥墩石塔	吴县宝带桥第27至28孔间墩上	南宋绍定五年	4.5	6	5	石	楼阁式	已毁，残体在省博物馆
	兴国寺塔	江阴县南街太平兴国教寺	宋太平兴国年间	37	8	7	砖	楼阁式	塔刹及顶层残毁
檐反翘	慈云寺塔	吴江县震泽镇遇迹桥畔	三国东吴赤乌年间		8	5	木	楼阁式	
	保圣寺方塔	高淳县东	三国东吴赤乌二年		4	7	砖木	楼阁式	
	南山教寺塔	泰州市南山寺东侧	北宋		8	3	砖	楼阁式	明崇祯5年重建
	永寿寺塔	溧阳县西北永寿寺内	明万历三十六年		8	7	砖	楼阁式	
	灵瑞塔	盱眙县营镇仁和集东湖中	隋	50		13	木	清康熙19年泗州连降70天暴雨，泗州连同塔沉入洪泽湖底	
	龙山宝塔	金坛县南2.5公里顾龙山上	清康熙四十年	40	8	7	砖木	楼阁式	
	万寿塔	丹阳县东郊转河北岸	明嘉靖年间	30	8	7	砖木	楼阁式	
	永昌塔	溧水县西北永寿寺内	明万历三十六年		8	7	砖	楼阁式	
	天池山塔	吴县	唐、宋年间	13	4	2	石	高台式	
	海藏禅院塔	吴县角（角字变体异读,方言）直镇	清乾隆三十年		6	7	砖	楼阁式	
	文星塔	高淳县东文庙前	清光绪十四年		6	7	砖	楼阁式	

	文峰塔	赣榆县	清光绪三年		8	4	砖		
	海春轩塔	东台县西溪镇南	唐贞观年间	20	8	7	砖	楼阁式	
	天宁寺塔	仪征县澄江桥西	唐景龙三年		8	7	砖木	楼阁式	木质件毁于战火
	净慧寺朦胧塔	建湖县西南朦胧镇	唐武德三年		8	3	砖	楼阁式	
	涟水月塔	涟水县	宋	残24	4	残6	砖	楼阁式	
	璜泾西塔	太仓县璜泾镇中学校园内	北宋正和元年重建	21	6	5	砖木	楼阁式	
	云山塔	太仓县浮桥镇长江口	明嘉靖年间	5	4	2	砖木	楼阁式	纪念击败倭寇事
	幻公塔	南通市狼山半山腰南麓	明嘉靖四十五年		4	7	砖	楼阁式	
	法轮寺塔	泰兴县西宝塔湾宝莲庵	清康熙二年		8	5	砖	楼阁式	
	云龙山塔	徐州市云龙山东麓	明万历年间		8	6	石	楼阁式	又名接引如来佛塔
	苏公塔	徐州市云龙山公园	现代		8	5	砖	楼阁式	
珍宝工艺	鎏金喇嘛塔	南京市博物馆藏品	南宋时制品	0.35			铜铸	覆钵式	1956年7月宏觉寺塔出土
珍宝工艺	七宝阿育王塔	南京市博物馆藏品	清乾隆时制品	1.2			铜质鎏金	阿育王塔式	2009年出土
珍宝工艺	阿育王塔	南京市长干里长干寺	北宋大中祥符四年铸造				铜质鎏金	宝箧印经式	现栖霞寺收藏
珍宝	大金涂塔	苏州市博物馆藏	五代乙卯制				铜质		1978年4月在瑞光塔第三层塔中心窨穴中出土
珍宝	小金涂塔	苏州市博物馆藏	五代乙卯制				铜质		
	聆风塔	张家港市城西香山	南宋宝佑年间	49.8	8	9	砖	楼阁式	2005年重修

浙江省

特点	塔名	坐落地	始建年代	高（米）	平面角	层	建材	形式	备注
	六和塔	杭州市钱塘江北岸月轮山上	宋开宝三年	58.89	8	外13 内7	砖木	楼阁式	又名六合塔
	白塔	杭州市钱塘江边闸口岭上	五代吴越末	10	8	9	白石	楼阁式	
	华严经塔	杭州市西湖孤山园林内	1914年	11.5	8	11	石	密檐式	西冷印社集资兴建
	小石塔	杭州市北高峰和葛岭间清涟寺玉泉池中							
	保俶塔	杭州市宝石山上	宋开宝元年	45.3	6	7	砖	楼阁式	又名应天塔、宝石塔、保所塔
体现现代工艺:有电梯,采用铜体最多,饰铜面积最大	雷峰塔（又名黄妃塔、西关砖塔）	杭州市南屏山下旧塔遗址	北宋开宝八年吴越国王钱俶因黄妃得子而建，2005年9月25日重建落成	71	8	7	塔体钢筋水泥中空铜件外饰	楼阁式	原塔公元1924年9月25日坍圮

三	灵隐寺三塔	杭州市西湖西北灵隐寺（亦名云林禅寺）内							
		东塔　大雄宝殿前	五代吴越国末期	10	8	9	石	楼阁式	塔刹残
		西塔　大雄宝殿前	五代吴越国末期	10	8	9	石	楼阁式	
		方塔　寺后山			4	9	砖	楼阁式	
	香积寺塔	杭州市城北湖墅古运河北岸	清康熙五十二年		8	9	石	楼阁式	
	定慧之塔	杭州市西湖西南大慈山大慈禅寺	唐咸通三年				石		
特	千官塔	杭州市烟霞洞正殿前	五代十国初期	2.8	8	7	石		高浮雕人像艺术
	理公塔	杭州市飞来峰下龙泓洞回龙桥旁	唐	9	6	7	石		印僧慧理
	三潭印月石塔	杭州西湖小瀛洲亭前湖中	宋元祐四年	2	方基　圆身葫芦顶，三塔分立				
	安乐塔	余杭县余杭镇东南安乐山上	吴越王钱镠兴建		6	7	砖	楼阁式	
	龙门塔	淳安县西界川乡龙且山南	明隆庆年间	24	6	7	砖	楼阁式	
	多宝塔	湖州市道场山巅	宋元丰年间	33	8	7	砖木	楼阁式	
	锦峰塔	湖州市西南东林山上	宋宣和年间	17.7	6	7	砖	楼阁式	
	含山塔	吴兴县含山乡善琏村含山上	宋元祐年间	38.5	8	7	砖	楼阁式	
	二灵塔	鄞县东南东钱湖畔二灵山	北宋		4	7	石	楼阁式	
	东化城寺塔	诸暨县枫桥镇紫微山上	宋元祐七年		4	7	砖木	圆柱式	
	天元塔	诸暨县南山乡杨家楼村	明		6	7	砖	楼阁式	
	灵石寺西塔	黄岩县头陀区潮济乡灵石山下	北宋乾德三年	26	6	7	砖	楼阁式	东塔毁
	庆善寺塔	黄岩市	南宋绍兴二十一年	30	6	5	砖	楼阁式	
	瑞隆感应塔	黄岩县东门外九峰山	北宋开宝年间						
双	宝胜寺双塔	平阳县钱仓镇宝胜寺前	北宋靖康元年	残 15	6	5	砖	楼阁式	双塔距 11.8 米，形同
	观音寺塔	瑞安县东郊万松山观音寺	北宋熙宁元年	38.27	6	7	石	楼阁式	
	隆山塔	瑞安县	宋		6	残 5	砖	楼阁式	
	延庆寺塔	遂昌县松阳区西屏镇西	宋太平兴国四年	残 37	6	7	砖木	楼阁式	
	湖镇舍利塔	金华县湖镇	宋		6	7	砖	楼阁式	
	龙德塔	浦江县城东龙峰山	北宋天禧元年	36	6	7	砖木	楼阁式	
	文峰塔	常山县塔山上	南宋乾道四年	29.5	6	7	砖	楼阁式	
	黄甲山塔	衢州市衢江北岸	明万历元年	41.9	6	9	砖	楼阁式	
	鸡鸣塔	龙游县郊鸡鸣山古姑蔑国民居苑内	明嘉靖年间	22	6	7	砖木	楼阁式	又名孟姜塔
	南峰塔	仙居县	宋	32	6	7	砖	楼阁式	

	文笔塔	温岭县	清宣统三年	25	6	5	砖	楼阁式	
双	三江口双塔	建德县东36公里古严州城三江口，双塔隔江相望，南北对峙							
		南为南峰塔	隋末唐初		6	7	砖	楼阁式	
		北为北峰塔	隋末唐初		6	7	砖	楼阁式	
	功臣塔	临安县功臣山上	五代·后梁贞明元年	25.12	4	5	砖	楼阁式	
	普庆寺石塔	临安县径山南麓普庆寺内	元至治二年		6	7	石	楼阁式	
	桐君山白塔	桐庐县富春江与天目溪交汇处桐君山上	宋景定元年	20	4	7	石	楼阁式	
	天封塔	宁波市大沙泥街	唐天册万岁元年至万岁登封元年	54.5	6	7	砖木	楼阁式	元至顺元年重建
	咸通塔	宁波市山西路庄家巷口	唐咸通年间	12	4	5	砖	楼阁式	
	七佛石塔	宁波市百丈路七塔寺山门前	清康熙二十一年	2.8	6	单	石雕	多宝塔式	七座塔
	心镜禅师真身舍利塔	宁波市七塔寺内	唐咸通十四年	1.5	圆	单	石	覆钵式	
	佛祖舍利塔	宁波市鄞州区宝幢镇阿育王寺内	晋太康三年发现	0.45					
	阿育王舍利塔	鄞州区宝幢镇阿育王寺舍利殿内正中	宋	7			石		塔内藏七宝镶木塔
	阿育王寺下塔	鄞州区宝幢镇阿育王寺阿育王塔西侧	唐	36	6	7	砖	楼阁式	元重建
铜	宝箧印经塔	宁波市鄞州区宝幢镇阿育王寺	五代·后周显德年间				铜铸	宝箧印经式	
	七石塔	宁波市鄞州区宝幢镇阿育王寺内		2	圆	单	石雕	多宝塔	
	五佛镇蟒塔	宁波市鄞州区东太白山小白岭	唐会昌年间	35.4	6	7	砖	楼阁式	又名圆英塔
	大安寺塔	义乌市绣湖公园内	北宋大观四年	23.42	6	5	砖木	楼阁式	
	钓鱼矶塔	义乌市江东街道塔下洲江畔	明万历年间	40	6	7	砖木	楼阁式	又名一峰塔
铁	双林铁塔	义乌市文化馆内	南朝·梁大同六年	残2	8	残3	铁铸	楼阁式	原为5层
	多宝塔	普陀县普陀山普济寺南玉堂街	元元统二年	30	4	连基台5	太湖石	楼阁式	又名太子塔
	天灯塔	普陀山佛顶山白华顶	清光绪三十三年						
	圆觉塔	普陀山洛迦山东部山岙	1987年	12.95	8	3	青石	楼阁式	又名四十八愿塔
	妙湛塔	普陀山洛迦山妙湛庵遗址	1990年	27.6	4	3	青石	楼阁式	又名五百罗汉塔
双	江心屿双塔	温州市北瓯江中孤岛二峰上，双塔东西对峙							
		东塔	唐咸通十年		6	7	石	楼阁式	
		西塔	宋开宝二年		6	残5	石	楼阁式	顶残无腰檐
三	嘉兴三塔	嘉兴市京杭大运河畔茶禅寺遗址前	唐初	15	8	9	砖	楼阁式	三塔横排间距6米
	壕股塔	嘉兴市南湖北岸勺园故址	五代	34	4	7	砖	楼阁式	现重建
	抟云塔	建德市寿昌镇新叶古村内	明末清初	18	6	7	砖	楼阁式	

	观音塔	东阳市甑山北麓白云风景区			6	9	砖	楼阁式	
	释迦塔	东阳市横店大智街大智禅寺前	1995年		6	7	砖	楼阁式	
塔套塔	飞英塔	湖州市内	唐中和四年至乾宁元年	36.3	8	7	外 内石	楼阁式	塔中套小石塔
	镇海塔	海宁县盐官镇东南海塘边	明万历四十年	50	6	7	砖	楼阁式	又名占鳌塔
	大善寺塔	绍兴市大善寺遗址处	南朝·梁天监三年	40	6	7	砖	楼阁式	
	应天塔	绍兴市南怪山（飞来山)上	东晋	30	6	6	砖木	楼阁式	顶层残
双	巾峰双塔	临海县东南巾子山顶							
	多宝塔	临海县东南巾子山							
	国清寺塔	天台县北天台山寺东侧小山上	隋开皇十八年	59.3	6	9	砖	楼阁式	南宋建炎三年重建
肉身塔	智者大师塔	天台县北天台山真觉寺塔院中殿	唐	7	6	2	青石雕	楼阁式	现代重建
铜	七佛宝塔	天台县国清寺大殿内	明	3	6	7	铜铸	楼阁式	
	七石塔	天台山国清寺内隋塔之西			圆	单	石雕	经幢式	
	四石塔	天台山国清寺内			圆	单	石雕	经幢式	
	曾一行禅师塔	天台山国清寺内，隋塔西北坡下							
	延庆寺塔	遂昌县松阳区西屏镇云龙山下	宋咸平年间	83		7			
	龙德塔	浦江县东龙峰山龙德寺处	宋天僖元年		6	7	砖	楼阁式	
	暨阳艮塔	诸暨城东北（俗称刺肚塔）	明万历十三年		6	7	砖	楼阁式	
	化成寺塔	诸暨枫桥镇紫微山东	宋元祐七年		4	4	砖	楼阁式	
	文峰塔	宁海县跃龙山	明	32	6	9	砖	楼阁式	
	镇东塔	宁海县	清乾隆四十年		6	5	砖	楼阁式	
	寿圣宝塔	长兴市水口镇顾渚山寿圣寺前	2008 年	68.99	上圆下方	9	砖木	多型组合	
	梵天寺经幢	杭州市凤凰山南麓	北宋乾德三年	15.67			石	经幢式	吴越国王钱俶建
	刹下塔	龙游县城北志棠乡塔下叶村	明万历年间	30.5	6	7	砖	楼阁式	
	龙洲塔	龙游县城东北新桥头	明隆庆年间	26.13	6	7	砖	楼阁式	又名文峰塔
	横山塔	龙游县城北16公里横山乡横山村	明嘉靖十三年	30	8	7	砖	楼阁式	

安徽省

特点	塔名	坐落地	始建年代	高（米）	平面角	层	建材	形式	备注
	思惠塔	合肥市（古庐州）	明正德十年		6	5	砖木	楼阁式	
	赭塔	芜湖市赭山广济寺后	北宋治平二年	20	8	外观7实5	砖	楼阁式	
	中江塔	芜湖市青弋江与长江汇口江岸路	明万历四十六年	35	6	4	砖	楼阁式	俗称黄鳝塔
	佛塔	繁昌县孙村镇马仁山竹林内		4	6	7	石	楼阁式	
	板子矶塔	繁昌县荻港长江中板子矶上	明万历四十年		6	残3	砖石	楼阁式	

	望淮塔	蚌埠市朝阳路淮河路口			8	7	砖	楼阁式	
	黄山塔	马鞍山市当涂县北郊宁芜公路东侧	南朝宋武帝刘裕所建	25	8	5	砖	楼阁式	
	金柱塔	马鞍山市当涂县西姑溪河入长江口处	明万历十七年	29.5	6	7	砖石	楼阁式	
双	敬亭山双塔	宣州城北敬亭山广教寺遗址前，双塔东西对峙							
		东塔	宋	20	4	7	砖	楼阁式	
		西塔	宋	20	4	7	砖	楼阁式	
	开元寺塔	宣州开元寺遗址陵阳山第三峰	晋代	34	6	9	砖	楼阁式	
	龙溪塔	宣州狸桥镇	三国·东吴赤乌二年		6	7	砖	楼阁式	
双	水西双塔	泾县城西泾水西岸白云山麓宝胜寺两侧，一大一小，左右对峙。							
		大观塔	北宋大观二年	45	8	7	砖	楼阁式	
		小方塔	南宋绍兴三十一年	残31.3	4	6	砖	楼阁式	
大高帽	文峰塔	泾县查济村			6	5	砖	楼阁式	无塔刹
	仙人塔	宁国市仙霞镇柘亭南冲	南宋绍兴十三年	26	4	7	砖	楼阁式	县志载始建于唐贞观年间
	大圣宝塔	广德县东大街天寿寺遗址	北宋崇宁元年	45	6	7	砖	楼阁式	又名天寿寺塔
	文峰塔	黄山市徽州区（歙县）岩寺　又名岩寺塔	明	37	8	7	砖	楼阁式	重檐
	翼峰塔	黄山市徽州区（歙县）北潜口镇紫霞山南麓	清嘉庆年间		8	7	砖	楼阁式	
	半截塔	休宁县			6	残4	砖	楼阁式	
	万峰塔	休宁县首村乡汪金桥村太阳坞山	明嘉靖年间	20	6	5	砖	楼阁式	
	新州石塔	黄山市徽州区（歙县）北郊	南宋建炎三年	4.6	8	5	石	楼阁覆钵组合	
	长庆寺塔	黄山市徽州区（歙县）徽城镇练江南岸西千山	北宋重和二年	23.1	4	7	砖	楼阁式	
	文昌塔	旌德县城内	清乾隆十一年	24	8	5	砖石	楼阁式	
	文峰塔	旌德县江村	现代		8	3	砖	楼阁式	仿古
	伟溪佛塔	祁门县胥岭乡	北宋元祐八年	23	6	5	砖石	楼阁式	
铜	慈光寺铜塔	黄山市黄山景区慈光寺内				7	铜铸		
	旋溪塔	黟县柯村旋溪河畔的山顶	清乾隆元年	23.3	6	5	砖木	楼阁式	
	云门塔	黟县东北碧山		10	4	5	砖	楼阁式	
	振风塔	安庆市迎江寺内	明隆庆四年	79	8	7	砖	楼阁式	
	普同塔	安庆市宜秀区花山中方寺新建大雄宝殿东侧山坡	明万历年间	6.45	6	5	花岗石	楼阁式	文革时破坏2007年修复

铁	千佛铁塔	安庆市大龙山西麓八方殿禅寺后山	2003年	11	6	9	铁铸	楼阁式	
	龙缘塔	安庆市杨桥镇鹿山村西北小龙山巅	2003年	26	6	7	花岗石	楼阁式	
	圆觉庵塔	安庆市罗岭镇风溪村东南柴山上	明崇祯二年	7.6	6	6	花岗石	楼阁式	
	普通塔	桐城市大关镇界河村公牛寨山下	明崇祯年间	3.5	4	4	花岗石	堆方锥	无腰檐
	望母塔	桐城市旧时西成门外			4	5	砖	楼阁式	清咸丰年间毁
	三宝塔	枞阳县浮山会圣岩东	明万历年间	7	6	7	石	密檐式	
	太平塔	潜山县彰法山上	晋咸和年间	35	8	7	砖	楼阁式	
	觉寂塔	潜山县野人寨三祖寺内	唐天宝四年	30	8	5级 7层	砖	楼阁式	
	兴化塔	潜山县西门外	晋咸和年间		元末被红巾军半毁，残部抗日战争时被国民党广西驻军炸塌取砖做防御工事				
	贯之和尚塔	潜山县天柱山景区佛光寺外	明万历三十年	2					文革时毁
	天生石塔	太湖县北15公里佛图山佛图寺后悬崖峭壁上，高10米，塔形上粗下细，奇巧天成。							
	真乘塔	太湖县老城内							文革时毁
	金井塔	太湖县北山区金井寺处			6	7	砖		
双	文峰双塔	宿松县城东南							
		老文峰塔　城东岳庙后	清乾隆三十七年		8	7	砖	楼阁式	
		新文峰塔　城南金钟山上	清道光二十六年		8	7	砖	楼阁式	文革破坏
	送子塔	又称半边塔，宿松县复兴镇长江中小孤山启秀寺前先月楼东侧五层塔身半边嵌入岩壁，刻石							
	奎文塔	望江县东郊宝塔河南岸	清道光五年		6	5	砖石	楼阁式	1967年被毁
	褒隐寺塔	望江县西北香茗山褒隐寺右侧	清乾隆后期	25	6	7	青砖	楼阁式	
	法云寺塔	岳西县响肠镇后冲法云寺内	晋咸和年间	残28	4	7	砖	楼阁式	又名千佛塔
双	池州双塔	池州市区，双塔隔东湖（现经济开发区）南北对峙							
		百牙山塔　市东北百牙山	明嘉靖十七年	34.3	6	7	砖	楼阁式	斜
		清溪塔　市东南下清溪山丘上	明万历二十九年	56	8	7	砖	楼阁式	又名妙因塔
双	东流双塔	池州市东至县东流镇南北两端							
		北为天然塔	清乾隆十年	36.6	6	5	砖木	楼阁式	
		南为秀峰塔　陶公祠侧	清乾隆二十四年	33.3	6	5	砖木	楼阁式	
	地藏肉身塔	青阳县九华山神光岭肉身宝殿内	唐贞元十三年	17	8	7	华贵木	楼阁式	内套石塔
	万佛塔	青阳县九华山回香阁芙蓉峰巅	2006年10月	33	8	7	全铜外包	楼阁式	
	谛听塔	青阳县九华山九子岩华严禅寺旁	南宋	9	4	7	石	朝鲜式	俗称白犬塔
	九子岩石塔	青阳县九子峰山顶幽谷内	唐、宋	2	圆	3	石		
	喇嘛塔	青阳县朱备镇九子岩上	明	2.88			石	覆钵式	塔座八角形
珍宝	三银塔	青阳县九华山文物馆藏	明代制作	0.76	8	7	银	楼阁式	其中一座清代制作

	净居塔	青阳县九华山甑峰净居寺旁	唐	3			石		
珍宝	阿育王塔	青阳县一座宋塔旧址地宫出土	五代十国时期	0.32	方形		铜铸	宝匣印经式	
	濡须塔	巢湖市	清道光八年	33	6	7	砖	楼阁式	
	鼓山塔	巢湖市东郊鼓山上	现代		8	7	砖木	楼阁式	
	龟山塔	巢湖市居巢区银屏镇龟山	明永乐年间		6	残2	砖	楼阁式	濒危
	文风塔	巢湖市西巢湖中姥山上	明崇祯四年	51	8	7	砖	楼阁式	又名望湖塔
	黄金塔	无为县城北 5 公里汰水黄金闸附近	北宋 咸平元年	35	6	9	砖	楼阁式	
双	六安双塔	六安市八景之一“双塔摩青”，南北对峙。							
		南门塔 黄大街西侧观音寺内	唐武德年间	27	6	9	砖石	楼阁式	俗称 南门锥子
		多宝庵塔　北外街东侧	唐初	21.6	6	7	大砖	楼阁式	北门锥子
	龙头塔	舒城县城东高阜上	明天启元年	20.7	8	7	砖	楼阁式	又名文峰塔
	万佛塔	舒城县西南 23 公里万佛湖畔	现代		6	7	砖	楼阁式	
	卧佛塔	庐江县汤池镇白云山二姑尖	2005 年	32	6	7	砖	楼阁式	
	白塔	金寨县			4	7	砖木	楼阁式	
内外壁红胎琉璃	万佛塔	蒙城县城内	唐贞观三年	38	8	13	砖	楼阁式	又名插花塔
	万寿塔	和县历阳镇黄墩村	南宋	23	6	7	砖	楼阁式	又名念徐塔
	文昌塔	和县城南	明万历二年	30	6	7	砖木	楼阁式	
	文峰塔	亳州市城东南	明万历年间	35	8	7	青砖	楼阁式	
	半塔	来安县城东北半塔集							
	文峰塔	阜阳市（古颍州）文峰公园内	清康熙三十四年	31.8	8	7	砖	楼阁式	
	三篷塔	阜阳市（古颍州）	明万历二年	9.93	6	3	砖	楼阁式	
	汉白玉佛塔	阜阳市颍上县城西五里湖尤家花园内	1923 年	3.3	4	7	汉白玉	楼阁式	
	千佛塔	定远县金山滴水寺风景区大雄宝殿石山峰顶	2012年	47	8	9	花岗石	楼阁式	塔式供奉千尊汉白玉鎏金诸佛雕像

福 建 省

特点	塔名	坐落地	始建年代	高（米）	平面角	层	建材	形式	备注
双	福州双塔	分别建于福州市内于山和乌山，东西相对。							
	白塔	原名定光塔 于山西麓白塔寺内	唐天佑元年	41	8	7	砖	楼阁式	明嘉靖 27 年重建
	乌塔	原名崇妙保圣坚牢塔 乌石山东麓	五代·后晋 天福六年	32.86	8	7	青色花岗石	楼阁式	

	罗星塔	福州市东南马尾港江心岛上	明天启间重建	31.5	8	7	石	楼阁式	
	闽江金山塔	福州市西郊乌龙江心礁岩上	宋	10	8	7	石	楼阁式	
双陶	千佛双陶塔	福州市东郊、闽江北岸鼓山涌泉寺天王殿前，东西对峙。							
		东塔名庄严劫千佛宝塔	北宋元丰五年	6.83	8	9	陶质仿木	楼阁式	
		西塔名贤劫千佛宝塔	北宋元丰五年	6.83	8	9	陶质仿木	楼阁式	
双	泉州双塔	泉州市西街开元寺紫云大殿前，双塔东西对峙，相距约 200 米。							
		东塔名镇国塔	唐咸通六年	48.24	8	5	花岗石仿木	楼阁式	
		西塔名仁寿塔	五代·梁贞明二年	44	8	5	石	楼阁式	
双	阿育王塔	泉州市开元寺天王殿前月台两侧	南宋绍兴十五年	5	4	3	石	阿育王塔式	
七	七佛石塔	泉州市开元寺内天王殿前庭中	明初	3 或 3.9	圆形多边形		石	印度窣堵波式	共 7 座
七	七佛塔	泉州市承天巷承天寺内	宋	3	圆或多边形		石	印度窣堵波式	共 7 座
四	承天寺塔	泉州市承天巷承天寺内	唐	4	圆	上小下大	石	大雄宝殿前	排列 4 座
	应庚塔	泉州市区崇福寺内	南宋	12	8	7	花岗石	楼阁式	实心
	定心塔	泉州市西街井亭巷内	明万历年间	4.5	8	6	砖石	楼阁式	又名城心塔
双	南普陀寺双塔	厦门市五老山下南普陀寺前			8	11	石	楼阁式	
	古林阁塔	厦门市圆博园杏林阁							
	婆罗门塔	同安县大轮山梵天寺钟楼后	宋元祐年间	4.5			石	经幢式	
	龙锁塔	霞浦县西北塔岗山顶	清康熙三十二年			7	石		实心
	吉祥塔	古田县南松台山顶	宋太平兴国四年	25	8	9	石	楼阁式	
	释迦文佛塔	莆田市南广化寺东侧	南宋乾道元年	36	8	5	石仿木	楼阁式	
	塔寺塔	莆田县	明嘉靖年间	20	4	5	石	楼阁式	
	东吴石塔	莆田县忠门乡东吴村	明万历四十六年	30	8	7	石	楼阁式	
	无尘塔	仙游县风山乡雌凤冠山上	唐咸通六年	14.22	8	3	石	楼阁式	
双	龙华双塔	仙游县七里山龙华寺东西两侧	宋大观年间	30	8	5	石	楼阁式	
	天中万寿塔	仙游县枫亭镇塔斗山上	宋嘉祐四年	10	4	5	花岗石	阿育王塔	又名摘斗塔
	瑞云塔	福清县东南小孤山上	明万历三十四年	30	8	7	花岗石仿木	楼阁式	
双	龙江桥双石塔	福清县龙江桥南端　左右并列	北宋政和三年	6	6	7	石	楼阁式	

	祝圣宝塔	福清县南门外水南村	北宋宣和年间	22	8	7	石	楼阁式	明初重建
	鳌江宝塔	福清县塔山村鳌江入海处山丘	明万历二十八年	26	8	7	花岗石	楼阁式	
	南山寺石塔	漳州市南山寺大雄宝殿前	唐开元年间	3	身圆形		石	多宝塔式	
	塔口庵塔	漳州市北桥塔口庵前	北宋绍圣四年	7	8	7	石	柱式	塔刹三层相轮
	聚佛宝塔	漳浦县赵家堡花园中	明		4	6	石	经幢式	
	毓秀塔	漳平县永福乡吕坊溪、李庄溪汇口	南宋末年	22	4	7	三合土	楼阁式	清乾隆43年重建
	圆觉塔	漳平县35公里的双洋	明万历三十年	20	8	7	砖木	楼阁式	
双	南平双塔	南平市东建溪、富屯溪汇流处两岸，东西对峙。							
		东塔　九龙岩上	明万历三十三年	30	8	7	青石	楼阁式	实心
		西塔　鲤鱼山上	同年	20	8	7	青石	楼阁式	实心
双	永安双塔	永安市南、北郊							
		南塔名登云塔　城南岭男山	明景泰三年	28	8	7	石	楼阁式	
		北塔名凌云塔　城北龟山	同年		6	7	砖木	楼阁式	
	侯官塔	闽侯县上街乡侯官市闽江滨山岗	唐长安二年	6.8	4	7	花岗石	密檐式	实心
	莲峰石塔	闽侯县祥谦莲峰村谢氏宗祠西	明	15	8	7	花岗石	楼阁式	
	陶江石塔	闽侯县塔林山寺遗址	南朝·陈泰建年间	10	8	7	石	楼阁式	实心
	仙塔	连江县城北门兜护国天皇寺	唐大中三年	残9	8	残2	花岗石	楼阁式	
	含光塔	连江县城东斗门山上	明万历十六年	23	8	7	砖石	楼阁式	
	昭明寺塔	福鼎县城西鳌峰山昭明寺内	南北朝·梁	25	6	7	砖木	楼阁式	明嘉靖13年重修
	巽峰塔	罗源县莲花山东	明万历三十三年	21	8	7	花岗石	楼阁式	实心
	联奎塔	永泰县城南浮头尾大桥头小山	清道光十一年	21	8	7	花岗石	楼阁式	
	东华山塔	永定县东北东华山崖上	清嘉庆四年		6	4	石	楼阁式	
	三峰寺塔	长乐县西南山顶	宋崇宁年间	27.4	8	7	石	楼阁式	
	古佛堂塔	将乐县东北4公里莒峡山上	唐		6	7	石	楼阁式	
三	仙境石塔	惠安县南埔仙境村并列三座	宋	4.5	上圆下方	3	石	经幢式	塔刹碑状
	圭峰塔	惠安县后龙峰尾村塔仔澳山	元	6	4	3	石	楼阁式	
	雁塔	安溪县城南门外西溪北岸	明万历二十五年	17	6	5	石	楼阁式	
	驷高石塔	德化县浔中乡世科村浐溪左畔	清嘉庆年间	14	6	5	石	楼阁式	
	祥麟塔	诏安县东南海滨麒麟山上	清嘉庆三年	29	8	7	石	楼阁式	又名腊洲塔

双	双阴塔	长汀县城关镇，双塔相距 200 米，是建于地下的风水塔，呈水井状							
		八卦龙泉塔　县公安局处	唐	深 16	8		石	塔身内径上宽下窄	
		府学阴塔　汀洲府学旧址	宋				石	塔身内径上窄下宽	
	文昌塔	南靖县南九龙江西溪北岸	明万历四十七年	50	8	7	砖石	楼阁式	
	石矾塔	云霄县漳江海口小岛石矾上	明	27	8	7	石	楼阁式	清康熙、嘉庆年间 先后重修
	海会塔	清流县东北梧地村	清乾隆元年	15	6	5	石	楼阁式	
	青云塔	泰宁县朱口南水口山巅	明崇祯五年	21	8	7	砖木石	楼阁式	
	溜石塔	晋江县溜石村	明万历年间	20	8	上13 下3	石	经幢式	
	六胜塔	晋江县石湖村金钗山上	宋政和年间	31	8	5	石	楼阁式	
	姑嫂塔	晋江县石狮镇东南宝盖山上	南宋 绍兴年间	21.65	8	5	花岗石	楼阁式	
	石塔	晋江县洛阳桥头	北宋 嘉祐四年	5.3	6	3	花岗石	楼阁式	实心
	石佛塔	晋江县洛阳桥头	北宋 嘉祐四年	4.83	身圆 筒状		仰覆 莲花	印式	实心
	九日山佛塔	南安县丰州镇金鸡山的九日山上	南朝・陈 武帝时		6		石	印度窣堵波塔式	
五	龙水岩五塔	南安县官桥镇竹口村龙水岩寺	宋	5	圆		石	经幢式	五塔并列 形制相同
	延寿塔	龙海县东南海滨太武山（太姥山）上					石		
	石矾塔	漳浦县梁山东麓海月岩南漳江入海口石矾上	清康熙年间	30	8	7	石	楼阁式	
	东门屿石塔	东山县城关镇东北海中东山岛上	明嘉靖五年	32	8	7	花岗石	楼阁式	实心
骑桥	龙门塔	龙岩市西郊麒麟山与溪尾山之间龙门潭中，有桥与塔相连，塔下流水	明万历十四年	12	8	3	石	楼阁式	
	见龙塔	龙岩市新罗区东城东宫下龙川河畔见龙桥旁			4	残 2	砖石	楼阁式	塔柱蟠龙 内立小塔
	挺秀塔	龙岩市东城津河溪口水中	明万历九年	26	8	7	石	楼阁式	
四	华藏寺墓塔	俗称支提寺，内有元代住持僧第三、九、十二代禅师塔三座，明代中兴大迁国师塔一座。							
	聚奎塔	邵武县和平镇东南	明万历四十四年	20	6	5	砖木石	楼阁式	

江西省

特点	塔名	坐落地	始建年代	高（米）	平面角	层	建材	形式	备注
	绳金塔	南昌市猪市街附近	唐天祐年间	59	8	7	砖木	楼阁式	清康熙 52 年重建
	安义塔	南昌市安义县	清光绪年间	28	8	7	砖	楼阁式	
	万寿塔	南昌市象湖公园							

	蜚英塔	南昌县武溪街以北麻丘宝塔小学旁	明天启元年	30	6	7	砖石	楼阁式	
红色外墙	红塔	景德镇市原浮梁县旧城西边土堆上	宋建隆二年	43	6	7	砖石	楼阁式	
	双峰塔	景德镇市勒功街东南双峰山	北宋天圣年间		6	7	青砖	楼阁式	
	西林寺宝塔	庐山西林寺遗址处	唐开元年间		6	7	砖	楼阁式	又名慧愿顾塔
	上方塔	庐山东林寺后山上	东晋·后秦	藏释迦牟尼 5 粒舍利子				覆钵式	尼泊尔高僧建
	天池塔	庐山大天池北圆佛殿东侧							
	恭乾禅师塔	庐山牯岭西南 4 公里金竹坪	明万历七年	3.5			石	覆钵式	
	诺那塔	庐山小天池山巅上	1935 年	4.5			石	覆钵式	
	大胜塔	九江市能仁寺大雄宝殿东南侧	唐大历年间重建	42.26	6	7	砖	楼阁式	
	锁江塔	九江市东北长江边山坡上	明万历十三年	35	6	7	砖	楼阁式	
	永福寺塔	波阳县城东永福寺东侧	宋天圣二年	40.5	8	9	砖木	楼阁式	重檐
	文星塔	戈阳县西南信江南岸红石山	明天启年间	15	8	7	砖石	楼阁式	
	古南塔	吉安市古南镇四龙桥西	元	30		9	砖		
	七祖塔	吉安市青原区郊河东乡青原山景区	唐天宝年间		6	7	木	楼阁式	净居寺后山塔殿内
	飞来塔	吉安市青原区郊河东乡青原山景区						楼阁式	
铜	祈福塔	吉安市青原区郊河东乡青原山景区	2006 年 4 月	10		9	青铜铸	经幢式	
	江仕澄塔	吉安市水港口	宋元丰五年		4	7		楼阁式	
	本觉寺塔	吉安县永和市上街之西	宋	25	8	9	砖	楼阁式	
	玉塔	高安县西南三湖贾家古村		30	8	7	砖	楼阁式	重檐
	文昌塔	新干县北八里龙安寺处	明万历二十三年	36.6	8	7	砖	楼阁式	
	报恩寺塔	永丰县西门外报恩寺东侧	明洪武二年	30	4	9	砖	楼阁式	
	荀子脑塔	泰和县城东龙头山上	明万历三十九年			9	砖	楼阁式	
	崇文塔	万安县罗塘湾南 3 公里赣江东岸粤王台之南	明成化年间		8	9	砖	楼阁式	
	花岗石古塔	资溪县境武夷山原始森林中悬崖峭壁顶端，年代待考，高 12 米，6 角 7 层，巨块石累迭							
	南塔（茅塔）	永新县城南红卫小学内	北宋庆历年间	16	4	9	青砖	楼阁式	
	东山文塔	安福县城内	北宋宣和年间	36	8	9	砖	楼阁式	
斜	慈云塔	赣州市内　又名舍利塔	北宋天圣元年	42	6	9	砖	楼阁式	府、县志载始建唐初
	玉虹塔	赣州市水西乡赣江西岸	明万历年间	30	6	9	砖	楼阁式	
	宝福院塔	石城县宝福院后	北宋崇宁元年	20	6	7	砖	楼阁式	
夹墙双道	水口塔	宁都县城南文明门外第一桥左边	明万历二十年		8	9	砖	楼阁式	

	朱华塔	兴国县横石村	明嘉靖二十九年			7	砖	楼阁式	
	兴国塔	兴国县	清	34	8	7	砖	楼阁式	
	龙珠塔	瑞金县西南赤珠岭	明万历三十年	20	6	7	砖	楼阁式	
	无为寺塔	安远县西门外大兴寺遗址	北宋绍圣四年	50	6	7	砖	楼阁式	
	大圣寺塔	信丰县孝义坊祝圣寺大雄宝殿后	北宋	50	6	9	砖	楼阁式	
	上乐塔	信丰县油山上	宋		6	残6	砖	楼阁式	
	大宝光塔	赣县宝华山寺内　又名宝华玉石塔	北宋元丰年间重建	4		7	玉石	楼阁式	
	临湖塔	湖口县石钟山			8	7	砖	楼阁式	
	镇明塔	湖口县东南鄱阳湖中鞋山	明万历八年	21	6	7	砖	楼阁式	俗称鞋山宝塔
	古航标塔	鄱阳湖中央长山岛高坡上		3	6	7	红石块	楼阁式	正下方设二个火灶
	风雷塔	德兴县三清山（少华山）景区	南宋乾道六年	3	5	6	花岗石干砌	楼阁式	
	西华塔	玉山县三清山王家岩附近	宋	7		7	麻石干砌		
	文成塔	玉山县十里外	清乾隆三十七年	20	6	7	砖木	楼阁式	
	玄寂禅师塔	吉水县龙华寺内	北宋太平兴国年间						
	文峰塔	临川市	2004 年		8	7	砖木	楼阁式	
	龙潭塔	上饶市西郊信江北岸	明万历年间	40	6	7	砖	楼阁式	
	五桂塔	上饶市信江北岸五桂山上	清嘉庆年间	17	8		青砖		
	回澜塔	奉新县潦水边	清	28	6	7	砖	楼阁式	

山东省

特点	塔名	坐落地	始建年代	高（米）	平面角	层	建材	形式	备注
最早石塔	四门塔	历城县柳埠村青龙山神通寺遗址东侧	隋大业七年	15.4	4	单	石	亭阁式	
异形	龙虎塔	历城县柳埠村白虎山下	唐	10.8	4	单	石	亭阁式	
异形	小龙虎塔	历城县柳埠村青龙山麓东山上	唐开元五年	3	4	6	石雕	亭阁密檐组合式	
异形	九顶塔	历城县柳埠村灵鹫山九塔寺遗址处	唐	13.3	8	单	砖	楼阁式	
林	神通寺塔林	历城县柳埠镇青龙山神通寺山后	宋、元时期	41 座僧师墓塔					
	报恩塔	历城县东南龙洞山鹫栖岩巅	北宋政和六年	10	4	7	石	楼阁式	
	大佛头造像雕刻塔	历城县佛慧山北佛头东壁	北宋景祐二年		4		雕刻	密檐式	

	辟支塔	长清县方山之北泰山西北麓灵岩寺内	唐天宝十二年	54	8	9	砖石	楼阁式	
林	灵岩寺塔林	长清县方山之北泰山西北灵岩寺西	唐至清代	灵岩寺住持僧墓塔 167 座，其型制多样					
	慧崇塔	长清县灵岩寺西塔林中	唐天宝年间	5.3	4	单	石	亭阁式	
三	石门三塔	青岛市崂山之石门山西法海寺外							
		圆通寺塔	元泰定年间						
		广通寺塔	明永乐年间						
		玉住寺塔	明永乐年间						
	华严寺塔	崂山县崂山东那罗延山华严寺前	明			9	砖		慈沾墓塔
林	大泽山墓塔林	平度县北 35 公里大泽山（古称九青山）智藏寺遗址东边密林深处，均为僧墓塔							
	文峰塔	龙口市			6	7	砖	楼阁式	
	滕州塔	滕州市塔寺路			8	9	砖	楼阁式	二、三层有平座
铁	岱庙铁塔	泰安市城内岱庙后院西侧	明嘉靖十二年	残3、9	6	13	铁		现仅存三层
铁	济宁铁塔	济宁市铁塔寺（原名崇觉寺）内	宋宗宁四年	23.8	8	9	铁	楼阁式	斜塔
	照公禅师塔	济宁市人民公园内	金明昌七年	10.5	8	13	石	密檐式	
塔叠塔	兴隆塔	兖州市兴隆寺内	隋开皇年间	54	8	15	砖	楼阁式	
塔刹为黄琉璃	太子灵踪塔	汶上县杨店镇宝相寺遗址	宋	45	8	15	砖	楼阁式	又名太子灵踪塔
铁	聊城铁塔	聊城市东关隆兴寺遗址	宋、金年间	15.8	8	13	铁	楼阁式	
	临清舍利塔	临清县西北运河东岸	明万历年间重修	60	8	9	砖	楼阁式	
琉璃	大寺村铁塔	寿光县祝家庄大寺村寺院旁	明		8	13	砖	楼阁式	琉璃装饰
	杨寨塔	淄博市	宋	25	8	7	砖	楼阁式	
	多佛塔	平阴县翠屏山顶	唐贞观四年	20	8	13	石	楼阁式	
	重兴寺塔	邹城市北	北宋	30	8	8	砖	楼阁式	
	抗日烈士塔	招远市齐山镇齐山上	1945年7月	15	6	5	砖石	楼阁式	

河南省

特点	塔名	坐落地	始建年代	高（米）	平面角	层	建材	形式	备注
外墙嵌褐色琉璃砖	佑国寺塔	开封市东北隅	北宋皇祐元年	54.66	8	13	砖体外嵌琉璃	楼阁式	俗称铁塔

塔叠塔	繁塔	开封市东南郊	北宋太平兴国二年	31.67	6	大3小7	砖	楼阁式	原名兴慈塔
	文峰塔	洛阳市老城区东南	宋	28.5	4	9	砖	楼阁式	
史载最高大、华丽	永宁寺塔基	洛阳市东汉魏洛阳故城永宁寺遗址处（魏永熙三年二月火焚）	原塔北魏熙平元年	90丈（277米）	4	9	木	楼阁式	塔基边长50米
中国最早佛塔	齐云塔	洛阳市西雍门白马寺内（汉代为木塔，后毁）	金大定十五年重建	50	4	13	砖	密檐式	始建东汉永平11年
国内最大	少林寺塔林	登封市西北少室山北五乳峰下少林寺之西	自唐至清历代寺僧师砖石墓塔240余座，式样繁多，造型各异。						
		坦然和尚塔	明万历八年	5	圆及多边形	7	石	覆钵异形	
		同光禅师塔	唐大历六年	8	4	单	砖石	亭阁式	
		菊庵长老灵塔	元至元五年		6	7	砖		
		彼岸宽公寿塔	清康熙五年	10	6	7	砖石	密檐式	
		西堂老师和尚寿塔	金正隆二年	6	4	单	砖	密檐式	
		中林禅师寿塔	元至元二十七年	9	6	7	砖	密檐式	
		弥陀佛塔	北宋元祐二年		长方形	2	砖	楼阁式	
		下生弥陀佛塔	同年		4	单	砖	亭阁式	
		月庵海公圆净之塔	元延祐三年	8	6	8	砖	经幢式	
	风台寺塔	新郑县西南风台寺	宋	27	6	9	砖	楼阁式	
	清林寺塔	新郑县北清林寺遗址	唐	2.61	4	单	石	亭阁式	
	温故寺塔	新郑县北30公里荆王村	宋	4	4	7	石	密檐式	
	卧佛寺塔	新郑县西北	明成化元年	25	8	7	砖	楼阁式	
双	佛胜寺双塔	浚县西北25公里翟村西南隅佛胜寺（又名福胜寺）内，双塔相距6米							
		东塔	唐开元十七年	3.45	4	8	石	密檐式	
		西塔	唐天宝年间	3.52	4	8	石	密檐式	
	玲珑塔	原阳县	宋崇宁四年	34	6	12	砖	楼阁式	
	崇福塔	商城县城关镇	唐	22	6	7	砖	楼阁式	明崇祯2年重修
	息影塔	商城县黄柏山法眼寺北	明天启七年		8	4	石	楼阁式	又名无念祖师塔
	泗洲塔	唐河县城关镇菩提寺内	北宋绍圣二年	47.33	8	11	砖石	楼阁式	
双	香严寺双塔	淅川县南40公里龙山岭	唐	15	6	7	大理石	楼阁式	二塔形同
	兴国寺塔	尉氏县南兴国寺遗址	北宋	20	6	8	砖	楼阁式	

	千尺塔	荥阳县东南 20 公里大周山圣寿寺遗址	北宋仁宗年间	15	6	7	砖	楼阁式	
双	冉村双塔	中牟县南 30 公里黄店乡冉家村	双塔相距 20 米，东西并峙于黄土岗上，形制相同						
		东塔	北宋晚期	18	6	残 4	砖	楼阁式	
		西塔	北宋晚期	30	6	7	砖	楼阁式	
	天宁寺塔	淇县城南良相村天宁寺遗址	唐开元九年	残 1.63	4	残 4 檐	石	密檐式	
	宝严寺塔	西平县东关柏城镇	北宋末	28.8	6	7	砖	楼阁式	
	鄂城寺塔	南阳县北 25 公里石桥村	隋大业十三年	23	6	7	砖	楼阁式	
	角龙塔	南阳市西郊卧龙岗上	清咸丰四年	11	6	7			
	里固塔	内黄县西南郊里固村	唐	2.78	4	5	青石	密檐式	
	高贤塔	太康县西北高贤集寿圣寺遗址	明正德十三年	33	6	7	砖	楼阁式	又名寿圣寺塔
双	永泰寺双塔	登封市西北少室山永泰寺内	唐代 明代	30	4	11	砖 砖	密檐式 楼阁式	
	净藏禅师塔	登封市西北会善寺山门西山坡上	唐天宝五年	9	8	单	砖	亭阁式	
法王寺五塔	法王寺隋塔	登封市西北嵩山玉柱峰半山法王寺内	隋仁寿二年	40	4	15	砖	密檐式	
	法王寺唐塔	登封市西北嵩山玉柱峰半山法王寺内	唐	10	4	单	砖石	亭阁式	
	三墓塔	登封市西北嵩山玉柱峰半山法王寺内	唐、宋			单	石	亭阁式	
国内最古砖质	嵩岳寺塔	登封市嵩岳寺内	北魏正光元年	41	12	15	砖	密檐式	
	延庆寺舍利塔	济源县北延庆寺内	北宋景祐三年	26	6	7	砖	密檐式	
	盘谷寺塔	济源县西北15公里盘谷寺后	明				砖		
	天王寺塔	辉县	元	21	6	7	砖	楼阁式	
	白云寺塔	辉县西 25 公里太行山白云寺后	元				石		
	妙乐寺塔	武陟县西南 8 公里妙乐寺遗址处	五代·后周	20	4	13	砖	密檐式	
	三圣塔	沁阳县城天宁寺内	金大定十一年	30	4	13	砖	密檐式	
	大云寺塔	沁阳县大云寺大殿后	金		4	13	砖	密檐式	
	胜果寺塔	修武县西南隅胜果寺内	北宋绍圣年间	26.15	8	9	砖	楼阁式	
	百家岩寺塔又名孝女塔	修武县方庄镇桑湾村北	唐，金代重建	20	8	9	砖石	楼阁式	旁有瑞云和尚千层方塔
塔体上大下小	天宁寺塔	安阳市天宁寺内（又名文峰塔）	五代·后周广顺二年	38.65	8	5	砖木	楼阁式	塔刹为覆钵式小塔，高 10 米
	修定寺塔	安阳县清凉山南麓修定寺遗址处	唐	残高 9.5	4	单	砖	亭阁式	顶残

	乾明寺塔	安阳市文峰区冠带巷乾明寺	五代·周显德年间	12			白条石	覆钵式	俗称小白塔
百八十九塔	灵泉寺塔群	安阳县南 25 公里的宝山上	南北朝·东魏武定4年始至宋末开凿的灵泉寺石窟209处中有浮雕石塔185座；灵泉寺遗址尚存北齐和唐代墓塔4座						
	明福寺塔	滑县城内明福寺遗址处	唐宝历二年	40	8	7	砖	楼阁式	
珍宝工艺	琉璃舍利塔	密县博物馆藏品	宋	0.98	4	7	陶质	密檐式	密县打虎亭古墓中出土
	洪谷寺塔	林县西南 15 公里洪谷寺遗址	北齐天保年间	15.4		7	砖	密檐式	
	惠明寺塔	林县北申村惠明寺天王殿前	北宋政和年间	16.65	6		石	楼阁式	
	圣寿寺塔	睢县西南 35 公里阎庄村西北	宋	22	6	9	砖	密檐式	
	崇法寺塔	永城县东北郊崇法寺遗址	北宋绍圣年间	40	8	9	砖	楼阁式	
	寿圣寺塔	商水县西北 35 公里寿圣寺遗址处	北宋明道二年	41.5	6	9	砖	楼阁式	
	文明寺塔	许昌市东南隅文明寺遗址	五代·后周广顺二年	52	8	13	砖	楼阁式	明万历24年重修
	文峰塔	许昌市东南魏都区	明万历四十二年	52	8	13	砖	楼阁式	
	乾明寺塔	鄢陵县西北郊乾明寺内	北宋	38.3	6	13	砖	楼阁式	
	大悲观音大士塔	宝丰县大小龙山间香山寺内	北宋熙宁元年		8	9	砖	密檐式	系楚庄王的三女舍利塔
	大普门寺塔	宝丰县东南香山大普门寺内	明嘉靖年间		8	9	砖	楼阁式	
	北泉寺塔	确山县西北郊秀乐山北泉寺内							
夏至正午无影	悟颖塔	驻马店市汝南县南关外	北宋	20	6	9	砖	楼阁式	俗称无影塔
	宝严寺塔	驻马店市西平县宝严寺内	北宋	28.8	6	7	砖	楼阁式	
	普照寺塔	驻马店市平舆县普照寺外	金	14	6	7	砖	楼阁式	
	福胜寺塔	邓州市城区大十字街西南福胜寺内	北宋天圣十年	38.28	8	7	砖	楼阁式	元末前13层
	七祖舍利塔	临汝县东北风穴山风穴寺	唐开元二十六年	22	4	9	砖	密檐式	贞禅属禅宗北系旁宗
林	风穴寺塔林	临汝县东北风穴山风穴寺周边有元、明、清各代僧师墓塔83座							
下方上8角	法行寺塔	临汝县城内法行寺遗址处	宋、金时期	30	上8 下4	9	砖	密檐式	两种平面角组合
林	灵山寺塔林	宜阳县西 8 公里凤凰山灵山寺东	明、清僧师砖石墓塔10余座						
	宝轮寺舍利塔	三门峡市（陕县）老城东宝轮寺遗址处	金代	26	4	13	砖	密檐式	
半面塔	玄天洞石塔	鹤壁市淇河北岸玄天洞玄天寺遗址	明正德年间	12	4	9	砖	楼阁式	塔体平面长方形

	佛顶尊胜陀罗尼经石幢	登封市西北 6 公里嵩山嵩岳寺内	唐代		8		石	经幢式	
	云台山双塔	焦作市东北 30 公里云台山风景区							
		大塔			8	9	砖	密檐式	
		小塔			方	5	砖	楼阁式	

湖 北 省

特点	塔名	坐落地	始建年代	高（米）	平面角	层	建材	形式	备注
	石榴花塔	武汉市龟山汉阳公园内	宋	4	6	3	青石	楼阁式	
双	洪山双塔	武汉市武昌大东门外洪山							
		灵济塔　宝通寺后	元大德年间	45.6	8	7	砖石	楼阁式	又名洪山宝塔
		无影塔　洪山西南麓	南宋咸淳六年	11.25	8	4	石	楼阁式	又名兴福寺塔
	胜象宝塔	武汉市蛇山西端黄鹤矶头	元至正三年	9.36			砖石	覆钵式	又名五轮塔
	东方寺塔	黄石市西南郊东方山东方寺旁	明成化年间重建						
	照北塔	十堰市瞿家湾回龙寺左前方	明						
	万寿宝塔	荆州市（沙市）南郊荆江大堤象鼻矶上	明嘉靖二十七年	40	8	7	砖石	楼阁式	皇帝为毛太妃 60 大寿而建
	天然塔	宜昌市东郊长江北岸	晋	42	8		砖石	楼阁式	
	青云塔	黄冈县黄州镇南江滨钵盂峰上	明万历二年	43	6	7	砖石	楼阁式	
	大圣寺塔	红安县七里坪柳林河畔	宋	40	6	13	砖	楼阁式	
重檐	柏子塔	麻城县西 10 公里九龙山上	唐德宗时	32.7	6	7	砖	楼阁式	
	五祖塔	黄梅县东山五祖寺大满塔院前	唐仪凤年间	5			石	覆钵式	
	十方佛塔	黄梅县东山五祖寺花桥下路旁	北宋宣和三年	6.36	8	7	青沙岩石	楼阁式	
	释迦多宝如来佛塔	黄梅县东山五祖寺前一天门处	北宋宣和三年	5	8	5	灰沙岩石	楼阁式	
	四祖毗卢塔	黄梅县西山四祖寺西侧山坡上	唐永徽二年	15	4	单	砖石	亭阁式	又名慈云塔
	众生塔	黄梅县西山山腰	唐	8	6	单	石	覆钵式	
	高塔寺塔	黄梅县城东南隅	北宋天禧四年	50	8	13	小青砖	密檐式	俗称乱石塔
	郑公塔	广济县东北太白湖滨	唐初	30	8	7	砖	楼阁式	
变体塔身	文风塔	钟祥市（古郢城）东郊龙山上	唐广明元年	26			砖	覆钵式	又名白乳高僧塔

铁	玉泉 棱金铁塔	当阳县西 15 公里长板坡玉泉寺东	北宋嘉祐六年	17.9	8	13	铁铸	楼阁式	
	兴文塔	五峰县南门外稻场坳山上	清同治八年	30	6	7	砖	楼阁式	
	连珠塔	恩施县东清江峡口之上五峰山巅	清道光十一年	30		7	石	楼阁式	
	多宝佛塔	襄樊市西 13 公里广德寺大殿后	明弘治七年	17			砖石	金刚宝座式	
	舍利宝塔	浠水县北30公里大灵山上	北宋元丰七年	4.86	6	5	沙岩石		
	小溪塔	宜昌市宜昌县南							
	九宫山塔	通山县东南九宫山道教九王庙东南，南宋淳熙年间建							
	元明塔	鄂州市郊莲花山	元		4	11	砖	楼阁式	现重修
	文峰塔	咸宁市							
	文峰塔	应城市西北京山							
	陆水塔	蒲圻县西北 36 公里长江南岸赤壁（石头关）山上			8	7	砖	楼阁式	
	东山宝塔	荆门市东宝山上	隋开皇十三年	33.3	8	7	砖石	楼阁式	历代保修
	升天塔	荆门市北辰门外	明崇祯末年		4	3	石木	楼阁式	
异	三笔形塔	江陵县荆州古城南门内	明	纪念明代文学流派“公安派”首领袁氏三兄弟，砖筑					
	文笔塔	京山县新市镇山川坛	清光绪八年	33	6	7	砖	楼阁式	又名 文峰宝塔
	鸣凤塔	长阳县	清同治二年	30	8	7	砖石	楼阁式	
	凌云塔	宣恩县城南明珠山上	清同治五年	16.4	6	7	青石	楼阁式	
	云联塔	松滋县老城镇宝塔山上	清道光二十八年		6	5	石木	楼阁式	
	兴山宝公塔	谷城县承恩寺附近	清	7	6	3	石	楼阁式	

湖南省

特点	塔名	坐落地	始建年代	高（米）	平面角	层	建材	形式	备注
	飘峰塔	长沙县开慧乡双华村飘峰山峡谷口	清光绪元年	25	6	9	花岗石	楼阁式	
	敬字阁石塔	邵阳市	清	10	6	6	石灰石	楼阁式	
	北塔	邵阳市资水之北	明万历元年	26	8	7	砖	楼阁式	
琉璃	东塔	邵阳市人民广场左侧东塔山	南宋	27	8	7	砖	楼阁式	每层塔檐绿琉璃瓦
特	猴子塔	邵阳市西区九井湾后山	清乾隆三十九年	15	6	7	砖	楼阁式	实心，塔顶大理石雕猴，高 0.7 米
	慈氏塔	岳阳市西南洞庭湖滨	唐开元年间	39	8	7	砖石	楼阁式	
	凌云塔	岳阳县鹿角镇中洲乡宝塔村	清道光四年	30	8	7	麻石	楼阁式	
	永怀塔	酃县西郊湘山寺处	清康熙二十四年		6	7	砖石	楼阁式	实心

	东塔	桂阳县东鹿头山上	明嘉靖十年	25	8	7	砖石	楼阁式	又名鹿峰塔
	南塔	郴州市南文明山	宋		8	7	砖石	楼阁式	
	文昌塔	祁阳县东郊高阜上	明万历初年	26		7	砖	楼阁式	
假七层	回龙塔	零阳县永州镇潇水东岸	明	30	8	5	砖石	楼阁式	3、4层重檐
	接龙塔	衡阳市城南接龙山	清康熙年间		4	5	方石	楼阁式	又名白骨塔
	擒龙塔	桃江县桃花江与资江汇流下游	清道光十四年	20		7	麻石	楼阁式	纪念屈原
	镇江塔	沅江市东南小口塞湖朱家咀	清乾隆四十七年	23.95	6	外7内3	石砖木	楼阁式	
	凌云塔	沅江县城东南万子湖洲上	清乾隆五十八年	33.5	8	7	麻石	楼阁式	
	凌云塔	株州市攸县西 10 公里马鞍山	清嘉庆年间	28	8	7	石	楼阁式	
	凌云塔	耒阳市北 4 公里耒水岩畔	清康熙五十八年	30	8	7	石	楼阁式	又名青龙塔
	蜚云塔	澧县城东澧水之北	明天启三年	21	8	7	花岗石	楼阁式	
	梯云塔	石门县二都乡澧水南岸	清道光三十年	40		7	砖石	楼阁式	
	青云塔	新田县南关村翰林山上	清	30	8	7	砖石	楼阁式	
	乌龙塔	湘阴县北首乌龙咀湘江滨	清嘉庆四年	28	8	7	麻石	楼阁式	又名状元塔
	惜字塔	望城县茶亭乡潭家村	清道光十年	15	6	5	花岗石	楼阁式	
	珠晖塔	衡阳市湘江东岸耒河口	清光绪二十六年	35	8	7	砖石	楼阁式	
	字纸塔	衡南县斗山桥乡冲玲村	清光绪年间	20		7	石	楼阁式	
	秀峰塔	蓝山县龙溪、毛俊两乡交界处	明万历年间	17	8	7	砖		实心
	传芳塔	蓝山县城东	明嘉靖年间	38	8	7	石	楼阁式	
	耒雁塔	衡阳市北湘江畔	明万历十九年	36	8	7	砖石	楼阁式	
	吴公塔	东安县南 12 公里紫水河畔	清乾隆十四年	28	8	7	砖	楼阁式	
	新化北塔	新化县北资水西岸	清道光十三年	42	8	7	砖石	楼阁式	
	花瓦寺塔	常德市宜万乡花瓦岗	五代		8	7	砖	密檐式	实心
	三台塔	益阳市龟台山东北对岸孟家洲	明万历三十八年	40	8	7	砖	楼阁式	
	闷马塔	隆回县高田乡	元	20	8	5	砖石	楼阁式	
	石期文塔	东安县石期市东湘江河湾巨石上	清乾隆十三年	24	8	7	砖石	楼阁式	
	文星塔	宁远县南 15 公里下灌村西泠江畔			8	5	青砖	楼阁式	
	文昌塔	洞口县回龙洲北侧	清咸丰十年	43	8	7	砖石	楼阁式	
	笔支塔	茶陵县荣华山洣茶二水汇合处	明嘉靖八年	10			石	楼阁式	
	崇文塔	大庸市白龙泉乡宝塔岗村	清乾隆十八年	25	6	7	砖木	楼阁式	
	起元塔	醴陵县	清咸丰元年	30	6	11	石	楼阁式	

	培元塔	常宁县桐黄乡大立村	清同治三年	30	4	7	砖石	楼阁式	
	培文塔	济阳县龙伏乡培文村	清同治八年	15		8	砖石	密檐式	
	培风塔	临湘县西北龟山上	清乾隆年间	33	8	7	石	楼阁式	
	培英塔	永顺县南猛洞河谷“不二门”风景区				7	青石		
	万名塔	湘西自治州凤凰县沱江畔			6	7	砖石	楼阁式	
	见相塔	衡山南岳庙西北南台寺外，为唐天宝二年日本僧人希迁（又名石头和尚）墓塔							
	三生塔	衡山掷钵峰下福严寺前里许，为七祖道坊的慧思禅师墓塔							
	铁经塔	常德市湖滨公园	北宋	4.33	重1520.8公斤，结构20层，雕铸精致				

广东省

特点	塔名	坐落地	始建年代	高（米）	平面角	层	建材	形式	备注
琉璃	六榕寺花塔	广州市朝阳北路六榕寺内	南北朝·梁大同三年	57.6	8	9	砖	楼阁式	宋绍圣4年重建
	六祖瘗发塔	广州市红书北路光孝寺内（六祖唐高僧慧能）	唐仪凤元年	7.8	8	7	砖	楼阁式	
双铁	光孝寺双铁塔	广州市光孝寺大殿后，双塔形制相同，东西对峙							
		东铁塔称涂金千佛塔	五代·南汉大宝十年	7.69	4	7	铁铸	楼阁式	
		西铁塔（原残，已修复）	五代·南汉大宝六年	7.69	4	7	铁铸	楼阁式	
圆柱形	怀圣寺光塔	广州市珠江边怀圣寺内	唐	36.3	圆柱		砖石	伊斯兰教建筑形式	
	文塔	广州市黄埔区长州镇	清	18	6	3	砖木	楼阁式	
	赤岗塔	广州市海珠区赤岗山	明万历四十七年	50	8	外9 内17	砖	楼阁式	
	兰圃石塔	广州市解放北路兰圃园	清康熙四十年	7	6	7	石	楼阁式	原在华林寺1965年移此
	琶洲塔	广州市东南琶洲海鳌寺旁	明万历二十五年		8	9	青砖	楼阁式	
	莲花塔	广州市珠江口狮子洋南岸番禺县莲花山主峰上	明万历四十年	50	8	9	砖	楼阁式	
四	肇庆四塔	肇庆市西江南北两岸各立二塔，隔江相望							
		崇禧塔　江北跃龙岗	明万历十三年	57.5	8	9	砖木	楼阁式	
		元魁塔　江北	明天启三年						
		巽峰塔　江南乌榕岗	明天启四年						
		文明塔　江南镇塘岗	明万历十六年						
墙涂银朱灰	三元塔	肇庆市德庆县德城镇东白沙山上	明万历二十七年		8	9	砖	楼阁式	黄绿琉璃檐

	三元塔	湛江市海康县雷城东南三元塔公园	明万历四十一年	57.4	8	外9 内17	砖木	楼阁式	又名启秀塔
	三影塔	南雄县城内浈江河畔	宋大中祥符二年	50.2	6	9	砖	楼阁式	又名延祥寺塔
	珠矶巷塔	南雄县北 10 公里珠矶巷南门旁	元至正十年	3.36	多种形角		7	红沙岩石	
	上朔塔	南雄县大塘镇上朔村五指山	清	26	6	7	砖	楼阁式	
	许村塔	南雄县黄坑镇许村	明	残 21	6		砖	楼阁式	
	文隆塔	从化县豸岭上	明万历四十七年			7	砖	楼阁式	
	文昌塔	从化县棋杆镇小坑村	明	23	4	6	砖石	楼阁式	
	水坑塔	龙门县龙华镇水坑村	清乾隆元年	28.5	6	3	砖木	楼阁式	
	腾辉塔	汕头市郊下蓬镇鸥上村	清乾隆二年	20.3	6	7	砖	楼阁式	
铁	释迦文佛塔	佛山市祖庙路祖庙内	清雍正十二年	4.6			铁铸	阿育王塔式	
	灵照塔	曲江县马坝南 4 公里南华寺内	唐先天年间	29.6	8	5	砖	楼阁式	又名海会塔
	澹归舍利塔	仁化县南丹霞山海螺峰大明岩	清康熙二十九年	2	6		石		
	华林寺塔	仁化县闻韶乡下徐村	宋	19.6	6	7	砖	楼阁式	
	云龙寺塔	仁化县董塘区安岗村云龙寺	唐乾宁至光化年间	残 13	4	残 5	砖	楼阁式	
	嘶溪寺塔	仁化县董塘镇瑶坑村	唐末宋初	21	4	7	砖	楼阁式	
	文峰塔	乐昌县河南乡凤凰山上	宋	19	8	7	石	楼阁式	又名南塔
	龟峰塔	乐昌县城区龟峰寺遗址	明嘉庆十九年	15.9	8	7	砖	楼阁式	
	文峰塔	英德县城北江边	明天启年间	45.3	8	7	砖	楼阁式	又名文笔塔
	蓬莱寺塔	英德县浛洸镇北蓬莱寺遗址	唐咸通年间	残 20	6	5	砖	楼阁式	
	一心村塔	翁源县一心村	清康熙五十二年	22.6	8	5	砖	楼阁式	
	文阁塔	翁源县江尾镇长江村	清光绪十六年	17.6	6	3	砂石	楼阁式	
	阳城文塔	阳山县阳城镇	明崇祯元年	40.4	8	9	砖	楼阁式	
重檐	泗洲塔	惠州市城西之西湖西山（俗名玉塔）	唐	37	8	外7 内13	砖	楼阁式	又名大圣塔
	文笔塔	惠州市桥西区	清初	20.29	8	5	砖	楼阁式	
	凌云阁塔	博罗县横河区沙上乡石湖	清道光二十八年	21.7	6	4	砖	楼阁式	
	骊光远耀塔	博罗县麻陂区山坡上	清嘉庆十五年	残 20	8	4	砖	楼阁式	
	仙塔	龙川县塔下村韩江上游河畔	北宋宣和二年	25	4	7	砖石	楼阁式	
	正相塔	龙川县佗城镇南正相寺旁	唐开元三年	30.1	6	7	砖	楼阁式	
	龟峰塔	河源县南郊龟峰山上	唐	16	6	7	砖	楼阁式	塔刹残
金漆木雕	千佛塔	潮州市甘露坊开元寺文物陈列室内	明嘉靖年间雕刻	3.43	6	7	樟木	楼阁式	

	凤凰塔	潮州市东南郊韩江与涸溪汇流处	明万历十三年	46.74	8	7	砖	楼阁式	又名涸溪塔
	雁塔	潮州市西北郊西湖畔				7	砖	楼阁式	
四	阿育王塔	潮州市开元寺大雄宝殿月台前	明	4.2	4		石	阿育王塔式	共4座，分立于庭院四隅
	文光塔	潮阳县棉城镇中心	南宋绍兴元年	53.3	8	7	砖石	楼阁式	
	大癫祖师塔	潮阳县西北 18 公里铜盂乡灵山	唐长庆四年	2.8	钟形	单	石		又名舌镜塔
	祥符塔	潮阳市峡山镇龟山上	北宋大中祥符年间	21.06	8	7	土石	楼阁式	
	晴波塔	潮阳市海门港	清光绪九年	16	8	7	土石	楼阁式	
	涵元塔	潮阳市榕江南河渔京渡口	明天启七年	53	8	7	砖	楼阁式	又名龟山塔
铁	千佛铁塔	梅州市东山岭上	五代·南汉大宝八年	7		7	铁铸	楼阁式	现藏千佛石塔内
	千佛石塔	梅州市东山岭上	1996 年落成	36	8	9	花岗石	楼阁式	底层藏千佛铁塔
	元魁塔	梅县松口镇 4 公里松北乡铜琶村凉扇岌临梅江的山咀上	明崇祯二年	42	8	8	砖	楼阁式	
	宝光塔	高州县西南鉴江西岸	明万历四年	62.68	8	9	砖石	楼阁式	
	文光塔	高州县高川镇镇头岭	清嘉庆二十一年	30.5	8	7	砖	楼阁式	
	艮塔	高州县高州镇东门岭	清道光六年	21.37	8	6	砖	楼阁式	
	青云塔	顺德市神步山上	明万历二十九年	45	8	7	砖	楼阁式	原名神步塔
	桂洲文塔	顺德市桂洲振华乡	清乾隆五十七年	34.2	6	7	砖	楼阁式	
	旧寨塔	顺德市大良镇东南太平山	明万历二十八年	35.58	8	7	砖	楼阁式	又名太平塔
	龙兴寺石塔	兴会县第一中学校园内	隋、唐	3.94	8	6	石	楼阁式	
	镇山宝塔	新会县圭峰山南麓玉台寺旧址	元	2.76			红沙岩	覆钵式	
	北山石塔	阳江县城东北山顶	南宋宝祐年间	18.52	8	9	花岗石	楼阁式	实心
	狮雄山塔	梅州市五华县东郊五华河畔狮雄山	明万历四十年	35.5	8	外10 内7	花岗石	楼阁式	
	联珠塔	五华县大坝区梓皋坝心琴江小山上	清嘉庆十七年	24	8	5	砖石	楼阁式	
	象塔	东莞市博物馆内（原在资福寺遗址）		3.8	8	单	花岗石	亭阁式	
	金鳌洲塔	东莞市金鳌洲	明天启四年	40	8	9	砖	楼阁式	
	凤西塔	大埔县三河镇	清		6		土木	楼阁过街式组合	
	路亭古塔	蕉岭县北 7.5 公里路亭岗	清嘉庆二十二年	34	8	7	砖石	楼阁式	
	龙门塔	南澳县海中虎屿上	清道光十六年	20	8	7	石	楼阁式	
	玉华塔	惠来县神泉镇	清乾隆十八年	26.4	8	7	砖	楼阁式	实心
	谢道山塔	海丰县南 5 公里谢道山上	明崇祯二年	残 23.5	8	7	石	楼阁式	

	奎光塔	南海县樵山白云洞口白云湖畔	明	19	4	3	砖	楼阁式	
	乌犁塔	普宁县洪阳镇西南山丘上	清乾隆七年	31.7	8	7	土砖石	楼阁式	原名培风塔
	黄岐宝塔	揭阳县北黄岐山	明	残 20	8	5	花岗石	楼阁式	
	魁岗文塔	三水县河口镇东魁岗上	明万历三十年	42.3	8	9	砖	楼阁式	又称雁塔
	阜峰花塔	中山市石鼓镇烟墩山	明万历三十六年	24.5	8	7	砖石	楼阁式	红柱、黄葫芦刹、绿琉璃檐瓦
	白石塔	新会县圭峰山玉台寺后山岩下	清康熙二十二年	5	6	7	石	楼阁式	
	周所塔	始兴县南 8 公里处	明万历年间	残 27	6	7	砖	楼阁式	
	河婆塔	揭西县河婆镇横江河畔	清嘉庆年间	残 28	8	7	砖	楼阁式	
	保厘塔	开平县东牛牯坑山上	清乾隆六十五年	13.5	8	5	砖	楼阁式	
	文笔塔	开平县龙胜棠红大红间坊后山	清嘉庆二十五年	12.5	8	外2 内3	砖	楼阁式	
	华表塔	和平县合水区彰丰洞乡水口	清道光十三年	16	6	3	砖石	楼阁式	
	飞来寺塔	阳春县永宁镇沙田村	清	14.4	8	7	砖	楼阁式	
	仙人塔	曲江县新塘村一山岗上	北宋	残 26.62	8	残 6	砖	楼阁式	
	双峰塔	吴川县文塔乡文塔小学内	明万历二十七年	21	8	7	砖石	楼阁式	
	登云塔	徐闻县民主路东方红路口	明万历四十三年	36.4	8	7	砖	楼阁式	
	田宝塔	澄海县上华镇龙田村	明万历七年	11.64	6	5	砖	楼阁式	清同治 3 年重建
	文笔塔	廉江县良垌区东桥村石桥上	清乾隆年间	17	6	3	砖	楼阁式	
	文塔	罗定县泷江河北岸罗定大桥西	明万历三十九年	39	8	7	砖	楼阁式	
	文峰塔	罗定县李龙区石牛山旁山丘上	清康熙五十五年	14.7		3	砖石	楼阁式	
	文昌塔	高明县城内	明万历十七年	30	8	7	砖	楼阁式	
	灵龟塔	高明县东南龟峰上	明万历二十九年		8	7	砖	楼阁式	
	文明塔	高要县西江南岸镇塘岗上	明万历十六年	45	6	外7 内13	砖石	楼阁式	
	巽峰塔	高要县西江南岸新兴江口乌榕岗	明天启年间	39.2	8	外7 内13	砖	楼阁式	
	文明塔	饶平县三饶镇塔山上	清康熙三十七年	17	8	7	砖	楼阁式	
	蛇塔	饶平县柘林镇海港外海中大礁上	清	5.5	8	7	石	楼阁式	
	龟塔	饶平县柘林镇旗头港小门水域中小屿上	清	12	8	7	石	楼阁式	
	镇风塔	饶平县柘林镇东北风吹岭西麓	明至正十三年	20	8	7	花岗石	楼阁式	临海风口
	题雁塔	化州县长岐镇犀湾村	清同治十二年重建	16	8	3	原木后砖	楼阁式	木塔毁於台风

	白塔	新丰县丰城镇西南 10 公里梅坑镇横岭上	清道光年间		6	5	砖石	楼阁式	
	新兴花塔	新兴县天堂区内洞洞口	清乾隆十九年	24	8	7	砖	楼阁式	
	合水塔	连平县忠信镇柘陂村	明初	22	6	7	砖	楼阁式	
	凌风塔	平远县石正镇潭头村潭头山上	清嘉庆元年		8	7	砖石	楼阁式	
	沈所塔	始兴县西 5 公里塔岗岭上	清嘉庆年间		6	9	砖	楼阁式	
	龙津石塔	深圳市宝安县沙井村河畔	南宋嘉定十三年	2			石	多宝塔式	
	凤凰塔	深圳市宝安县福永凤凰岩岭下村	清	20	6	6	砖石	楼阁式	
	西丽湖塔	深圳南山区西沥水库东			8	7	砖	楼阁式	
	花塔	兴宁县城北 12 公里黄坡、罗冈、大平三河汇集的合水湖中小岛上	明正德年间	20	8		砖	楼阁式	
	慧光塔	连州（连县）城内	南朝·宋泰始四年	35.84	6	9	砖	楼阁式	

广西壮族自治区

特点	塔名	坐落地	始建年代	高（米）	平面角	层	建材	形式	备注
三	漓江三塔	桂林漓江风景区							
	普贤塔	桂林市内阳江漓江汇流处象鼻山顶	明	14				覆钵式	
	木龙洞石塔	桂林市漓江西岸叠彩山东麓木龙洞外	唐	4.3			巨石雕成	覆钵式	
	宝塔山寿佛塔	桂林市东南漓江与小东江之间小山（宝塔山）上	明	13.3	8	7	砖	楼阁式	
	舍利塔	桂林市桃花江南岸民主路仁寿巷北	唐	12.83		3	砖	楼阁覆钵式组合	
	妙明塔	全州县西湘山湘山寺遗址又名无量寿佛塔	唐咸通十五年	26	8	7	石	楼阁式	北宋元佑七年增建到七层
	桂平东塔	桂平县东郊寻江畔	明万历年间	50	8	9	砖	楼阁式	
	灵虚塔	靖西县东宾山上	清初	12	6	3	砖		
	龙象塔	南宁市青秀山							
	凤凰塔	南宁市凤凰山							
斜	归龙塔	崇左县左江江心右岛上	明天启元年	25	8	5	砖石		
	文峰塔	贵港市东 5 公里郁江罗泊湾	清嘉庆二十三年	30	8	9	砖	楼阁式	
异	河泊石塔	桂林市西北郊光明山芦笛岩外	明	塔身底层为石鼓，上迭 18 棱柱，再上石鼓 4 楼柱，顶为 4 角盔，刹为葫芦					
	祥光塔	梧州市西锦屏山巅	清道光二年	31	6		砖	楼阁式	又名允升塔

	文江塔	武鸣县渡头桥畔	清道光六年	40	8	7	石	楼阁式	
	蓉峰塔	宁明县城西田间	清道光年间	44.44		5	砖	楼阁式	
	文辉塔	来宾县城西红水河北岸	明万历年间	20	8	7	砖石	楼阁式	
	文昌塔	合浦县廉州镇南山丘上	明万历四十一年		8	7	砖	楼阁式	
	承露塔	横县峦城镇高村龟山上	明万历四十二年	39	8	7	砖	楼阁式	清同治12年重建
	榜山文塔	隆安县城东榜山巅	清光绪二十年	23.8	外6 内8	外3 内6	砖	楼阁式	
	板麦石塔	崇左县江洲乡板麦村山坡	明万历四十年	5	6	8	青石		
	荔浦塔	荔浦县荔浦河西岸	清乾隆四十八年	33.38	8	7	砖木	楼阁式	原名文塔
	文塔	藤县蒙河边和平乡都坡村紫薇山顶	清嘉庆二年		4	3	砖		
	瑞光塔	富川瑶族自治县明城南郊富江畔	宋	28	6	7	砖	楼阁式	明嘉靖间重建
	桂宫塔	那波县城东北岩湖中	清光绪二十二年	14	6	3	砖	楼阁式	

海南省

特点	塔名	坐落地	始建年代	高（米）	平面角	层	建材	形式	备注
	明昌塔	海口市振东区白龙乡下洋村	明万历年间	34	4	7	砖石	楼阁式	1937年侵琼日军修机场而毁
	文峰塔	海口市秀英区业里村	清光绪二十七年	9			石		
	妙贞塔	海口市五公祠内		1.62	4		石雕		
	常住宝塔	海口市长流镇新民村（那秋）	北魏			3	石		
	千佛光明塔	海口市海港路龙湖公园湖中寺佛殿内		3.8	圆柱体，绕塔35层千尊坐佛绘像，顶2层4角亭阁，内设灯火，昼夜长明。				
	涅磐塔	琼山市石山镇儒符村	宋	2.6	4	5	石	楼阁式	又名儒符石塔
	文峰塔	琼山市石丁村桥南高埠处	清乾隆十一年						道光5年重建
	见龙塔	定安县定城镇仙沟龙滚坡上	清乾隆十六年	25	8	7	砖	楼阁式	又名仙沟塔
	文笔塔	文昌市东海岸清澜港白士尾海滨	清光绪九年	20	8	7	砖	楼阁式	俗称白士尾塔
	斗柄塔	文昌市铺前镇七星岭主峰上	明天启五年	20	8	7	砖	楼阁式	
	聚奎塔	琼海市塔洋镇卫生院内	明万历三十三年	20	8	7	砖石	楼阁式	
	玄达先师塔	琼海市长坡镇多异岭							
	万福观音塔	琼海市博鳌区鳌岭	2004年落成	55	8	7	砖	楼阁式	
双	美郎双塔	澄迈县美亭乡美郎村	双塔相距20米，俗称姐妹塔。						

		姐塔	宋	9.96	6	7	石	楼阁式	
		妹塔	宋	13	4	7	石	楼阁式	
	文峰塔	澄迈县马村镇文大村北	明崇祯六年	10.5	4	9	石	楼阁式	
	青云塔	万宁市万城镇山尾岭上	清康熙五年	25	8	7	砖	楼阁式	又名文魁塔
	迎旺塔	三亚市（古崖州）崖城镇（市区）	元	30	8	7	砖	楼阁式	清咸丰元年重修
	文峰塔	三亚市崖城镇（市区）	清乾隆四十三年					1980 年被当地人炸毁	

四川省

特点	塔名	坐落地	始建年代	高（米）	平面角	层	建材	形式	备注
	宝光寺塔	成都市新都区宝光寺内	唐中和年间	30	4	13	砖	密檐式	
双	石经寺双塔	成都市东南 19 公里石经寺	明正统年间	双塔大小及形制相同，石结构，覆钵式					
	金堂白塔	金堂县淮口镇塔山上	南宋宝祐年间	33	4	13	砖	楼阁式	
特	释尊无量宝塔	金堂县三觉山三觉上寺后	明洪武三十一年		8	6	石	楼阁式	全塔由 8.4 万座小石塔组成
	普照寺海会塔	都江堰市（灌县）青城山下	清			3	石	楼阁式	
	宝光寺念佛堂舍利塔	成都市新都区宝光寺内念佛堂	清光绪三十二年	5.5	6	3	三块整石雕砌		
	云岩寺转轮藏木塔	江油县窦圌山下	唐			3	木		
	桂香塔	江油县	清	28	4	7	石	楼阁式	
	报恩塔	泸州市开福寺	宋	32.28	8	7	砖石	楼阁式	
	云龙塔	江油县	清	27	8	9	石	楼阁式	
	三台北塔	三台县	清	20	6	9	砖石	楼阁式	
	龙护舍利塔	德阳县	元至正二年	33	4	13	砖	密檐式	
	江北白塔	纳溪县江北	清嘉庆二十三年	35	6	7	砖	密檐式	
	大旺寺白塔	眉山县大旺寺内	唐	6	4	13	砖	楼阁式	
	罗扬白塔	高县罗扬镇	清道光十六年	23 2	6	7	砖石	楼阁式	
铁	铁塔寺铁塔	阆中县东门铁塔寺	唐天宝四年	5		8	铁铸		
	滕王阁石塔	阆中县嘉陵江边玉台山	东晋	8		3	石	覆钵式	
	阆中白塔	阆中县嘉陵江边绝壁上	明、清	29			砖石	密檐楼阁式组合	
	渠县白塔	渠县三汇镇	清道光年间	53		8	砖石	楼阁式	
	转轮经藏塔	江油县窦圌山下云岩寺	南宋淳熙八年	10.3	8	3	木	楼阁式	又名飞天藏木塔
	转轮经藏塔	平武县龙安镇报恩寺华严殿	明正统五年	11	8	7	金练楠木	楼阁式	

	巴中白塔	巴中县	清道光十年	43	8	13	砖石	楼阁式	
	塔坪寺塔	江北县塔坪寺内	南宋 绍兴十六年	14.4	4	7	石	楼阁式	
	善济塔	遂宁市郊卧龙山广德寺	唐建中元年	22	4	7	砖石	楼阁式	宋元佑年间 改建
双	资中双塔	资中县							
		圆塔			圆	5		楼阁式	
		方塔			4	7		楼阁式	
林	云峰寺塔林	纳溪县石棚乡方山	唐	现存历代僧人墓塔十数座，均石构，幢式					
	怀远塔	高县	清末		8	7	砖	楼阁式	
	文峰塔	合川县	清嘉庆十五年	55	8	13	砖石	楼阁式	
	三元白塔	内江县	清嘉庆年间	62	8	10	砖	楼阁式	
	崇庆白塔	崇庆县西北 8 公里白塔山顶	隋	20	4	7	砖	楼阁式	
	广安白塔	广安县南郊渠江聋子滩上	南宋嘉泰、开禧年间	35	4	10	砖石	楼阁式	
	报恩寺塔	荣县北 30 公里河包场外	南宋绍兴二年	18	4	9	石	楼阁式	
	荣县白塔	荣县	宋末	38	4	11	砖	密檐 楼阁式 组合	
	丹棱白塔	丹棱县西郊	明万历三十三年	27.5	4	13	砖	密檐式	
	崇嘏塔	邛峡县临邛镇西 24 公里火开乡崇姑山	清同治年间	15	8	5	石	楼阁式	
	白鹤山塔	邛峡县临邛镇西 4 公里白鹤山	北宋宣和二年	17.89	6	9	砖	楼阁式	
	鹫峰白塔	蓬溪县赤城镇鹫峰寺	南宋嘉泰四年	32	4	13	砖	楼阁式	
	登瀛塔	筠连县	清道光三年	38	8	7	砖石	楼阁式	
	凌云宝塔	古蔺县	清	21	6	7	石	楼阁式	
	云阳塔	云阳县城内小山半坡上	清末	21	8	6	砖	楼阁式	
	千佛崖 浮雕塔	通江县千佛崖第 36 号龛内	唐初		方	7	石壁上 浮雕	楼阁式	
	威远塔	威远县	明、清		6	5	砖石	楼阁式	
	笔塔	盐亭县	清光绪十四年	30	6	7	砖	楼阁式	
	文山古塔	开江县	清嘉庆二十二年		8	9	砖	楼阁式	
	文明塔	岳池县银塔乡灵溪河畔	清嘉庆二十三年	30	6	12	压石	密檐式	
	崇霞宝塔	苍溪县陵江镇东嘉陵江畔塔山顶	明天启六年	20	6	9	砖石	楼阁式	
	回澜塔	万县市	清末		8	13	砖	楼阁式	
	回澜塔	富顺县旭阳镇沱江大佛岩	清道光二十六年	59.6	8	9	砖石		又名镇江塔
全国 第二 高	回澜塔	邛崃县东南南河江心洲上	清同治六年重建	75.48	6	12	砖	密檐式	又名镇江塔

	石塔寺 石 塔	邛崃县西 45 公里高何镇高兴村石塔寺	南宋乾道八年	17.8	4	13	红沙岩	密檐式	
琉璃	兴贤塔	邛崃县东南 25 公里观音场内丁字口	清道光八年	16.5	6	3	陶瓷	亭阁式	周身花卉佛像，又是字库
	无际禅师塔	安岳县石鼓乡木门寺塔亭内	明	4.49	8	5	石		
双	宜宾双塔	宜宾市东金沙江、岷江、长江汇流处的合江门，双塔隔江南北对峙。							
		白塔，三江口北岸观斗山	明隆庆三年	35.8	6	8	砖石	楼阁式	又名东雁塔
		黑塔，三江口南岸七星山	明嘉靖末年	30.7	8	7	砖石	楼阁式	
	旧州塔	宜宾市宜宾县西北旧州坝	宋大观四年	30	4	13	砖	密檐式	
	灵宝塔	乐山市东凌云山灵宝峰凌云寺侧	明	38	4	13	砖	密檐式	
	万年寺金刚宝座塔	峨眉山主峰东观心坡下万年寺殿	明万历年间	16			砖	金刚宝座式	殿穹窿顶无梁
紫铜	华严塔	峨眉山报国寺内	明	7	8	14	紫铜铸	多型组合	
	白塔	南充市东郊鹤鸣山	宋建隆年间	39.56	4	13	砖	密檐式	
	奎光塔	都江堰市（灌县）城边	清道光十一年	50	6	17	砖	楼阁密檐式组合	
	文光塔	都江堰市（灌县）	清道光十六年	45	6	17	砖	楼阁密檐式组合	
	简阳白塔	简阳县南关沱江畔圣德寺	南宋	36	4	13	砖	楼阁式	
	白塔	甘孜南部无量河上游稻城亚丁藏寨						覆钵式	
	塔堆	甘孜州甘孜县甘孜寺外	共有108塔围立于园形六级高坛上						
	塔堆	甘孜州新龙县拉日玛乡扎宗村方形塔堆，聚集白塔113座							
	塔墙	甘孜州理塘县长青春科尔寺依山势而建塔墙，共计白塔260余座							
	塔墙	甘孜州康定县草原中心塔公寺四周台阶式双道塔墙，共计白塔500余座							
	龙兴舍利宝塔	彭州市北大门龙兴寺遗址	1985年新建	81				金刚宝座式	仿印度菩提迦瑕城佛陀迦瑕塔
	镇国寺塔	彭州市九陇镇九陇山湔江西岸	北宋至和与嘉祐年间	38	4	13	砖	密檐式	又名福昌塔
	正觉寺塔	彭州市北 20 公里红岩乡	北宋天圣元年	28	4	13	砖	密檐式	
	龙兴塔	彭州市龙兴寺	明弘治年间	34.5	4	17	砖	密檐式	早年毁

贵州省

特点	塔名	坐落地	始建年代	高（米）	平面角	层	建材	形式	备注
五	湘山五塔	遵义市区湘山风景区湘山寺山门前两旁五座七级楼阁式古塔，结构大体相同，风格因建造时代不同而异，各具特色。							
三	秦溪三塔	黎平县熬市镇秦溪村							
		白塔 又名凌云塔 田坝中	清乾隆年间	28	8	5	砖	楼阁式	民国戊午年重修

		文笔塔 岭东南山巅300米处			6	5	砖	楼阁式	
		小塔　岭东南							
	文峰塔	都匀市剑江西岸西山公园	明万历年间	33	6	7	石	楼阁式	清道光20年重建
	安顺白塔	安顺县西秀山	元泰定三年	12	6	7	石	楼阁式	实心塔
	鹿鸣塔	仁怀县城南社稷坛	清雍正十三年		6	7	石		光绪5年迁建
	紫云文笔塔	紫云县城东南1公里亘旦坡顶	清道光二十四年		8	9	石	楼阁式	
三	大方三塔	大方县城东、南、西分立							
中西合璧	联璧塔	大方县城东万松山	清嘉庆二十三年	1979年在石塔上建转播台发射铁塔，1983年重建铁塔，在石塔上安装发射天线桅杆，成为中西合璧塔。					
		玉皇塔　县城南玉文山	清乾隆元年	14.1	6	7	石		又名奎峰塔
		扶风塔 县城西大街文惠小学内	清嘉庆二十三年	15	4	5	石		民国11年始重修
	钟灵塔	金沙县							
	观文塔	黔西县水西公园绣球山顶	清雍正四年	25	8	7	石	楼阁式	
	万昌塔	福泉市黎山乡							
	武笔塔	盘县		10	8				
铜	万佛铜塔	贵阳市南门外甲秀楼南观音寺内	明末	2			铜铸		
双	凤冈双塔	凤冈县城							
		北塔　又名文风塔	清康熙年间	27.73		7	砖石	楼阁式	清光绪18年续建20年竣工
		文峰塔	清咸丰年间	21	8	7	砖木	楼阁式	
	文笔闹堂石塔	紫云苗族、布依族自治县城内	清雍正八年	17		7	石	楼阁式	实心

云南省

特点	塔名	坐落地	始建年代	高（米）	平面角	层	建材	形式	备注
双	昆明双塔	昆明市内　双塔东西相峙							
		东寺塔　市东林街	清光绪八年重建	36	4	13	砖	密檐式	
		西寺塔　市东寺街南段	唐	36	4	13	砖	密檐式	
	官渡金刚塔	昆明市东郊官渡街上	明天顺二年	17.13				金刚宝座式	俗称穿心塔
	定风塔	昆明市北郊黑龙潭山顶	清咸丰二年			7	青石	楼阁式	

	观音山塔	昆明市滇池西岸观音山	明			7	砖	楼阁式	
	妙湛寺塔	昆明市	唐		4	13	砖石	密檐式	
双	大德寺双塔	昆明市华山东路祖遍山巅	明成化九年	20	4	13	砖	密檐式	双塔同形
	红塔	玉溪市红塔山上	元	32	8	7	青石	密檐楼阁式组合	清道光19年重建
双	通海双塔	通海县	清末	9	4	7	砖石	楼阁式	双塔同形
	焕文古塔	石屏县异龙湖西冒合山上	清乾隆年间		4	7	砖	楼阁式	
	千佛塔	陆良县城内大觉寺前	元	15	6	7	砖		
	曼飞龙白塔	西双版纳州景洪市大勐龙乡曼飞龙寨	傣历565年（1204）	16.29	共9塔，中央大四周小，傣族式。				
	姐勒金塔	德宏傣族景颇族自治州瑞丽县勐卯镇东南姐勒寨，清同治年间始建，由17座塔组成，居中主塔高10米，四周16小塔，傣族式							
	瑞丽金塔	瑞丽城	由9座各自独立的覆钵式石塔拼聚一座园形基座上，不高						
	芒市金塔	芒市	金字塔形七级台基上立一大金塔，四周分级围立小石塔，傣族式						
	熊金塔	潞西县风平大佛殿内	清				砖	傣族式	
	曼殊曼塔	潞西县风平大佛殿内	清				砖	傣族式	
	树包塔	潞西县芒市镇第一小学	明末清初	8	6		砖		原名铁城之塔
	八角亭塔	勐海县城西 14 公里景真山上	傣历1063年	15.42			砖木	泰族式亭式组合	清康熙40年
双	勐海双塔	又称曼磊大佛塔　勐海县中心佛寺内，双塔南北对峙，是典型的傣族佛塔							
		北塔	清	20			砖石	傣族式	
		南塔	清	15			砖石	傣族式	
	曼垒母子塔	勐海县东南曼垒村后山顶	距今千余年历史	母塔9 子塔6			砖石	傣族式	
	塔景恩塔群	勐海县南 24 公里勐混村后山	1739年	主塔20	四周8小塔高13.6米			傣族式	
	大勐龙塔龙	景洪县60公里处大勐龙	无考	27	6	7	砖		塔四周围墙塑八条龙
	雀山凌云塔	景东彝族自治县	明正统年间	20	6	7	砖石	楼阁式	
	宝相寺塔	剑川县石钟寺石窟北 5 公里	明	4	4	4	石	密檐式	
	金华山白塔	剑川县西郊金华山上	清光绪二年重建	13	4	7	石	密檐式	
	灵宝塔	剑川县永丰河畔	清乾隆十六年	18	4	9	石	密檐式	乾隆48年重建
	文峰塔	剑川县	不详	15	4	9	砖石	楼阁式	
	舍利佛塔	剑川县石宝山海云居古寺旁	清	10			石	覆钵式	
	巍山白塔	巍山彝族回族自治县城南坝子	清乾隆五十二年	20	4	9	砖	密檐式	

双	圆觉寺双塔	巍山彝、回族自治县圆觉寺山门前	明	10	4	9	砖	密檐式	双塔同形
	虹溪文笔塔	弥渡县东文笔山上	清乾隆十二年	20	4		砖石		
	景坎佛塔	陇川县南16公里处	明万历三十八年	由居中高20米大塔及四周高10米8座小塔组成，饰鎏金塔尖					
	红龟山文笔塔	凤庆县红龟山	明末清初	40	4	16	砖	密檐楼阁式组合	
	广南文笔塔	广南县玉屏山峰顶	北宋仁宗时期	6.7			砖		
	制风塔	邓川县城北罗旭山上	清光绪十二年		4	13	砖石	密檐式	
	镇水塔	洱源县罗坪山小溪旁	清末	5	4	4	石	密檐式	
	文笔塔	洱源县凤羽镇东山上	清	15	4	单	石	尖锥式	
双	凤羽留佛双塔	洱源县凤羽区凤翔镇官道旁	清末	4 3.98			砖	覆钵式	
	火焰山塔	洱源县三营乡北1公里东山	南宋绍兴二十五年	10	8	7	砖	密檐式	1996年倒塌
	制风塔	洱源县右所乡元井村西山		17	4	12	砖	密檐式	
三	大理三塔	大理县西北崇圣寺附近	三塔鼎足矗立于苍山之麓，洱海之滨。						
		中大塔名千寻塔	唐南诏保和时	69.13	4	16	砖	密檐式	
		南小塔	五代	40	8	10	砖	密檐式	
		北小塔	五代	40	8	10	砖	密檐式	
	弘圣寺塔	大理市西南郊弘圣寺遗址	唐	40	4	16	砖	密檐式	
	蛇骨塔	大理市下关市北羊皮村	唐	41	4	13	砖	密檐式	又名佛图塔
	佛舍寺塔	大理市下关市北羊皮村	唐	39	4	13	砖	密檐式	蛇骨塔附近
	海东镇龙塔	大理市洱海东岸控色村	明	12	4	7	砖	楼阁式	假窗、实心
特 上大 下小	磬锤塔	大姚县西郊文笔峰上（又名白塔、大姚白塔）	唐天宝年间	18	基8角，中8角柱上为庞大圆锥形。				
	楞严塔	宾川县西北40公里鸡足山金顶寺前	唐	41	4	11	砖	密檐式	
	宾川宝塔	宾川县		35	4	13	砖	楼阁式	
双	饮光双塔	宾川县西北40公里鸡足山华首门前两侧	明	3	4	3	石	楼阁式	双塔形制相同
	尊胜院白塔	宾川县西北40公里鸡足山	明嘉靖年间				砖	覆钵式	
四	紫金山四塔	楚雄（彝族自治州）麟城镇西		10					
	福塔	楚雄县鹿城东山	明代	59	8	9	砖	楼阁式	2003年重建 2004年竣工
特	文笔塔	建水县（属哈尼族彝族自治州）玉屏山	清道光八年	31.4			方砖	八面体尖锥形	
	崇文塔	建水县寺庙内	清道光八年	36	4	15	砖	密檐式	
	秀峰塔	云龙县宝丰乡象鼻岭上	明	6.31	圆	6	石	印窣堵波式	
	白塔	迪庆州香格里拉县佛屏山松赞林寺外	清康熙年间				砖	覆钵式	
	金塔	丽江市郊蛇山巅	唐	覆钵式，其一侧筑有白塔墙					
	指云寺塔墙	丽江玉龙县拉市乡海南村秣度山前	2006年	指云禅寺通道东侧排筑346座白塔					

西藏自治区

特点	塔名	坐落地	始建年代	高（米）	平面角	层	建材	形式	备注
八	布达拉宫八灵塔	拉萨市玛布日山（红山）灵塔殿内，塔皆金皮包裹，宝石镶嵌。							
		五世达赖罗桑嘉措灵塔	1690 年 2 月	14.85	耗用黄金 119082 两			覆钵式	
		七世达赖格桑嘉措灵塔						覆钵式	
		八世达赖强白嘉措灵塔						覆钵式	
		九世达赖隆朵嘉措灵塔						覆钵式	
		十世达赖灵塔						覆钵式	
		十一世达赖灵塔						覆钵式	
		十二世达赖灵塔						覆钵式	
		十三世达赖士登嘉措灵塔	1934-1936 年	14	耗用黄金 18800 两			覆钵式	
	法王禅定宫白塔	玛日山（红山）绝顶						覆钵式	
三	三白塔	玛日山（红山）西北部半山腰						覆钵式	
三	伦布拉康三银塔	拉萨市西北哲蚌寺措钦大殿						覆钵式	
十三	十三银塔	哲蚌寺措钦大殿四楼佛祖释迦牟尼像两旁						覆钵式	
九十	九十余座灵塔	拉萨市东达孜县甘丹寺宗喀巴及历代甘丹赤巴遗体和历世格鲁派教主遗体藏塔						覆钵式	
三	帕邦喀寺三塔	拉萨市北郊帕邦喀寺（巨石宫）山门外，三塔并列一排						覆钵式	
	阿底峡衣冠塔	拉萨市西南曲水县聂当区卓玛拉康内	阿底峡（982-1054）系扎护罗（今孟拉加国）国王的次子，精通佛学。					覆钵式	
银	空住佛银塔	拉萨市西堆龙德庆县楚布寺大殿内		高 10 米				覆钵式	
七	热振寺七塔	拉萨市东北林周县邦多镇热振寺外					七塔并列	覆钵式	
群	桑耶寺塔群	拉萨市东南扎囊县雅鲁藏布江北岸桑耶寺内外分布十六座覆钵式塔，其中彩色（红、白、绿、黑）砖塔4座、整石雕作唐塔5座，余为砖筑塔。							
塔墙	桑耶寺一千零八塔	桑耶寺四周 1008 米长的围墙顶上间距一米就立一座小喇嘛塔，总共 1008 座							
四	乌策大殿四塔	桑耶寺乌策大殿四角，东北绿塔、西北黑塔、东南白塔、西南红塔，象征四天王							
五	桑耶寺五石塔	寺旁，建于唐代宗时期，高 10 米，巨石凿刻，覆钵式，塔脖子瘦长，造型竣秀							
铜	印度铜塔	桑耶寺第一殿内	印度迎奉	高 9.4 米					
铜	释迦佛铜塔	桑耶寺第二殿内		高 8 米					

林	山南佛塔塔林	拉萨市拉萨山有造型优美、形制特异，数量很多，大小高低不一的明、清时期的佛塔，在塔的台基下部做成地宫，朝拜僧众可从地宫进入塔内，塔身圆筒形。							
	宗喀巴灵塔	达孜县卓山之巅甘丹寺内	1419 年						
群	拉（那）当寺塔群	日喀则县郊	南宋端平二年	寺内塔院有塔数座，其中最大的名几米罗布桑查塔					
十九	萨迦寺十九铜塔	萨迦县萨迦寺佛殿及大经堂边部佛桌香案上，元代铸造，铜质，各种形状的喇嘛塔。							
三	松卡三石塔	嘉黎县松卡石山上						覆钵式	
双	昌珠寺双塔	乃东县昌珠寺，双塔南北相对						印度窣堵波式	
	赞塘寺高塔	乃东县赞塘村（又名玉意拉康）赞塘寺后，相传为松赞干布衣冠冢，覆钵式							
	敏珠林寺大白塔	杞囊县敏珠林寺							
六	历代班禅六座灵塔	日喀则县南尼色日山下的扎什伦布寺	寺内有四世至九世班禅的灵塔，塔身包裹银皮，镶嵌各色宝玉，灿烂辉煌，光彩夺目。其中，四世班禅灵塔，高 11 米，共用黄金 2700 多两，白银 33000 多两，铜 78000 多斤，绸缎 9000 尺，塔身用银皮包裹，镶嵌宝玉、松石及内地所制精美玉器等。						
特	白居寺塔（藏名贝考曲登或班根曲得）俗称白科塔或万佛塔	江孜县城内，塔座由五层四面八角即平面呈亚字形合筑，台座内空，为大小不同的佛殿和房间，上筑单檐园形塔体，再上立喇嘛塔，形体庞大、气势恢宏。	明永乐十二年	高43米	4角8方12个折角形层层内收迭起五层楼	11层	砖石	印度、尼泊尔、克什米尔和中国内地佛教艺术形式的综合	塔肚直径20米，高13米，空腔圆柱形。内设佛殿和房间。
三	象泉河三塔	扎达县象泉河畔古格王国遗址处	唐末至五代时期	10					
世界海拔位置最高	绒布寺白塔	定日县中尼边境珠穆朗玛峰下北坡绒布寺外，海拔位置 4980 余米						覆钵式	
	六世班禅金塔	清乾隆 45 年，六世班禅额尔德尼罗布藏巴勒垫伊喜，赴京祝乾隆 70 寿，不久因病圆寂，帝下旨用檀香木棺装殓，供于安定门外西黄寺，另赐赤金七千两造金塔一座，上嵌满珠宝，后将班禅遗体移置塔中，次年春金塔运回西藏安放。							
	日吾其金塔	日喀则昂仁县日吾其乡	明洪武二十三年	35	多边折角台座“亚”字形			覆钵式	尼泊尔风格
	卡玛多塔林	昌都地区类乌齐县西 25 公里 317 国道右侧	塔林依山傍水，古木参天，风光秀丽，传说过去有 108 塔，后毁。现修复塔数十座，既有要求严格的 8 佛塔，又有方形怪塔，在苍松翠柏林中，有座经堂，堂后为巨大的玛尼堆。						

陕西省

特点	塔名	坐落地	始建年代	高（米）	平面角	层	建材	形式	备注

	大雁塔	西安市和平门外慈恩寺内	唐永徽三年	64	4	7	砖	楼阁式	武则天长安年间重修
	小雁塔	西安市南荐福寺内	唐景龙元年	43	4	13	砖	密檐式	
	翰林书院塔	西安市碑林博物馆前街道花园内			4	7	砖	楼阁式	
	佛牙塔	西安市南五台	隋开皇年间	46	4	7	砖	楼阁式	
	宝庆寺华塔	西安市南门内书院门街北侧	唐大和、开成年间	23	6	7	五色砖	楼阁式	
	圣寿寺塔	西安市南 40 公里终南山南五台圣寿寺内	隋仁寿年间	20	4	7	砖	楼阁式	
双	华严寺双塔	西安市长安区少陵原半坡华严寺遗址处，双塔东西对峙							
		东为华严宗初祖杜顺禅师塔又名无垢净光塔	唐贞元十九年	13	4	7	砖	密檐式	
		西为华严宗四祖清凉国师塔又名大唐清凉国师妙觉塔	唐贞元十九年	7	6	5	砖	楼阁式	
三	兴教寺三塔	西安市长安区少陵原兴教寺西慈恩塔院内							
		玄奘墓塔（立塔院正中）	唐开成四年	21	4	5	砖	楼阁式	
		玄奘大弟子窥基墓塔（右陪侍）	唐开耀二年	7	4	5	砖	楼阁式	
		玄奘大弟子圆测墓塔（左陪侍）	北宋正和五年	7	4	5	砖	楼阁式	
	香积寺双塔	西安市长安区香积村香积寺内							
		西塔名善导塔	唐神龙二年	33	4	11	砖	密檐式	上二层残
		东塔名净业灵塔	唐		4	5	砖	亭阁式	善导墓塔
	太平寺塔	岐山县西街	宋元祐三年	30	8	8	砖	楼阁式	
	护国真身塔（法门寺塔）	扶风县北 10 公里法门寺内	唐元和年间	45	8	13	砖	楼阁式	明万历 7 年重建
	炜风塔	扶风县	清	25	8	9	砖	楼阁式	
	武功塔	武功县城内	北宋	40	8	7	青砖	楼阁式	
	耀县塔	耀县城北	宋		6	9	砖木	楼阁式	
	万佛寺石塔	耀县西下高埝乡赵家坡万佛寺内	金	2.62	4	10	整石雕凿		
	万佛寺塔	耀县西下高埝乡赵家坡万佛寺内	宋	20	6	9	砖	密檐式	
	凌霄塔	榆林县榆林镇东南山岗	清	40	8	13	砖	楼阁式	
铁	孤山铁塔	府谷县西北 20 公里孤山堡南屏山上	明	5	4	12	铁铸	楼阁式	
	延安宝塔	延安市东延河畔土山上	明	44	8	9	砖	楼阁式	
	灵寺宝塔	延安市南泥湾北红土窑半山上	明	4.1	6	2	石		
	薛家沟石塔	延安市甘谷驿 17.5 公里后薛家沟	明万历三十五年	5.5	6	7	石		

琉璃	唐家坪琉璃塔	延安市甘谷驿北唐家坪	明崇祯二年	6.3	6	7	砖体以绿、黄、蓝琉璃饰面	楼阁式	塔刹残
	万佛洞舍利塔	延安市东北延河清凉山中	宋	洞内东屏石柱，正面镌刻舍利塔一座，高13层，楼阁式					
可登铁塔	千佛铁塔	咸阳市北杜镇	明万历十八年	33	6	10	砖	楼阁式	
	薄太后塔	礼泉县东25公里薄太后（汉文帝母）村寺内	唐末五代时	40	4	7	砖	楼阁式	
	邠县塔	彬县西街紫微山下	唐贞观年间	50	8	7	砖	楼阁式	
	泰塔	旬邑县北街	宋嘉祐四年	56	8	7	砖	楼阁式	
	文峰塔	三原县安乐乡中王堡木塔寺	明万历二十二年	20	6	3	砖木	楼阁式	
密檐式最高	崇文塔	泾阳县永乐店南4公里处	明万历十九年	79.19	8	13	青砖	密檐式	
	三阳寺塔	高陵县东南郊高陵中学内	宋、辽	53	8	13	砖	密檐式	
八色宝玉石雕刻并镶	姚泰三藏鸠摩罗什舍利塔	户县东南20公里圭峰山下草堂寺内	唐	2.33	8	单	玉	亭阁式	俗称八宝玉塔
	八云塔	周至县西南郊	唐	42	4	11	砖	楼阁式	
	楼观塔	周至县东南塔峪村	唐	32	8	7	砖	楼阁式	原名大秦景教古塔
	仙游寺法王塔	周至县秦岭黑水峪口	隋仁寿元年	35		7	砖		
	大秦寺塔	周至县大秦寺大殿东侧	宋末明初	32	8	7	砖	楼阁式	
	刘合宅衣钵塔	周至县楼观台旁		9	6	3	砖	楼阁式	
	高陵塔	高陵县		38	8	13	砖	楼阁式	
	大荔文峰塔	大荔县城东	明	26	8	7	砖石	楼阁式	
	渭南文峰塔	渭南县	明	30	4	9	砖	楼阁式	
	下吉古塔	渭南市北30公里下吉镇	唐		4	10	砖	楼阁式	
	富县塔	富县西北西山坡上	唐	32.8	4	10	砖木	楼阁式	
	直罗塔	富县西直罗镇柏山寺外	唐		8	10	砖	楼阁式	
	柏山寺塔	富县西直罗镇柏山寺内	唐	43.3	8	11	砖	楼阁式	
双	东龙山双塔	商县城东大赵峪乡龙山村，双塔屹立东龙山上，相距300米							
		南塔	明			7	砖	楼阁式	
		北塔	明末	24	8	7	砖	楼阁式	
	万凤塔	洛川县土基镇鄜城村	唐	40	8	13	砖	楼阁式	
	百良镇塔	阳县	唐		4	11	砖	密檐式	

	永平古塔	永寿县西北武陵山上	北魏	残 18	8	残4	砖	楼阁式	
	金龟寺塔	礼泉县阡东镇照关村	清乾隆二十一年	45	8	10	砖	楼阁式	
	邠州大塔	邠州	宋	28	8	7	砖	楼阁式	
	崇寿寺塔	蒲城县崇寿寺西北角	唐		4	13	砖木	楼阁式	
双	蒲城双塔	蒲城县城内，南北相对							
		唐塔　南寺原名慧彻寺塔	唐贞观元年	39	4	11	砖	楼阁式	
		宋塔　城内北街北寺	宋绍圣三年	38	4	13	砖	密檐式	
	澄城塔	澄城县	唐		4	9	砖	楼阁式	
	精进寺塔	澄城县东街	五代	38	4	9	砖	楼阁式	
	瀛湖塔	安康市瀛湖畔翠屏山			6	5	砖	楼阁式	
	水陆庵塔	蓝田县东 10 公里普化镇王顺山下							
	丰阳塔	山阳县西花龙山麓		51	6	原9 今6	砖		
	净明寺塔	汉中市东关	南宋庆元四年	15	4	11	砖	密檐式	
	开明寺塔	洋县南城墙边开明寺遗址	宋		8	13	砖	密檐式	
	开元舍利塔	洋县城区开元广场	唐开元年间	30	4	13	砖	密檐式	
	铜川塔	铜川市西北印台山麓	宋	15	6	7	砖	密檐式	
	盘龙寺花塔	志丹县义正乡庙岔村盘龙寺遗址	明成化十一年	5.73	6	7	花岗石	经幢式	

甘肃省

特点	塔名	坐落地	始建年代	高（米）	平面角	层	建材	形式	备注
	白塔	兰州市白塔公园内	元	17	8	7	砖	覆钵密檐组合	
	白衣寺塔	兰州市内原白衣寺处	明崇祯四年	20	8	13	砖	密檐式	
三	永昌三塔	永昌县北海子湖风景区，从城北 1 公里至 5 公里区域，与金川河相连。							
		观河楼塔 城北 1 公里北海子	明	20	6	7	砖	楼阁式	又名金川寺塔
		圣容寺塔 城北 5 公里北海子	唐	12	4	7	砖木	密檐式	在湖与金川河之间
		毛不拉塔 金川河北岸长城边山顶	唐	21	4	7	砖	密檐式	与河南岸山顶圣客寺塔相望
	舍利塔	平凉市	唐	30	4	13	砖	楼阁式	
	明塔	平凉市东郊	明正德年间	30	8	7	砖	楼阁式	
	崆峒山塔	平凉市西 15 公里崆峒山塔院旁	明		8	7	砖	楼阁式	又名凌空塔

双	双塔寺造像塔	华池县葫芦河支流豹子川王台村，双塔东西并列，红沙岩打制迭砌，下大上小，整体呈圆锥形							
		东塔	北宋	12	10	11	石	楼阁式	
		西塔	北宋	11	8	11	石	楼阁式	
	脚札川万佛塔	华池县紫坊畔脚札川	宋末金初	残 9	8	9	整石雕		
	东华池塔	华池县东北 60 公里东华池靠山岭	宋	26	8	7	砖	楼阁式	
	白马石造像塔	华池县白马川东岸第一台地	宋末金初	残 5	6	7	石		
	环县塔	环县北 1 公里环江东岸第二级阶地	宋	22	8	5	砖	楼阁式	
	张掖木塔	张掖县城第一中学内	隋开皇二年	32.8	8	9	砖木	楼阁式	
铜	张掖铜塔	张掖县博物馆藏	元代制作	0.3 至 0.4			铜	覆钵式	多件
	金刚宝座塔	张掖县城内	明				砖木	金刚式	
	弥陀千佛塔又名大佛寺土塔	张掖县西南隅	西夏崇宗永安元年	20			土木	覆钵式	
	炳灵寺塔	永靖县西 50 公里炳灵寺上寺院	宋	5			石	覆钵式	
石雕泥塑	炳灵寺石窟五塔	永靖县西 50 公里黄河北岸积石山峭壁上	北周、隋、唐、宋、元	石雕方塔一座，泥塑塔四座，均为单层塔。					
	护国寺感应塔	武威县（古凉州）护国寺	西夏						
	罗什塔	武威县北大街	唐	32	8	12	砖	楼阁式	
	金城寺塔	庆阳县南肖金镇肖金坝上	宋		8	6	砖	楼阁式	
	塔儿湾佛塔	合水县塔儿湾子	唐宋	12	8	13	红沙岩	密檐式	
	麦积山舍利塔	天水县麦积山顶	隋仁寿二年	9.4			砖		
	栗亭白塔	徽县栗川乡郇家庄东台地	宋	25	8	10	砖石	密檐式	细长高峻
三	拉卜楞寺三塔　夏河县城西曼达拉山、龙山间，大夏河拉卜楞寺内外								
		小白塔　河南亲王府侧	清康熙四十八年				砖	覆钵式	
		贡巴塔　贡巴仓内	同年	10			砖	覆钵式	
		大白塔　中山街附近	同年				砖	覆钵式	
	马蹄寺石窟塔林	肃南裕固族自治县马蹄山千佛洞北段	南北朝·梁	林内众多覆钵式塔，造型相似，大小不一，塔基多为“亚”形须弥座，另有一些浮雕石塔					
	湘乐塔	陇东地区宁县城北	宋	30	8	7	砖	楼阁式	
	政平砖塔	宁县城南政平镇	唐	19	4	7	砖	楼阁式	
珍宝	释迦文尼得道塔	甘肃省博物馆藏	南北朝·宋元嘉五年	0.446	圆锥	单	石	覆钵式	1969 年酒泉城内出土
	土塔	敦煌县莫高窟顶	北宋	10.4	4	单	土筑	亭阁式	

	鸣沙山方塔	敦煌县城东 6 公里鸣沙山上	唐	10	4		砖木	楼阁式	木件已残
花	双花塔	敦煌县莫高窟东城子湾	宋乾德四年	9	8	单	土	亭阁式	两塔同形
	白马塔	敦煌县西党河西岸沙州故城内	东晋十六国·后泰	12			砖土	覆钵式	鸠摩罗什的马
双	莫高窟双塔	敦煌县城东南 25 公里莫高窟洞门前					土	覆钵式	共 2 座
	慈氏塔	敦煌县莫高窟前果园内	宋	5.5	8	单	泥木	亭阁式	全名老君堂慈氏之塔
	王道士墓塔	敦煌县莫高窟对面（王园篆道士）	1931年			单	砖泥	覆钵式变体	
	政平塔	宁县南 30 公里政平镇	唐	19	4	7	砖木	楼阁式	
	圆通寺塔	民乐县北 25 公里六坝城堡内		23.35	4		砖土	覆钵式	
八	塔儿寺八土塔	安西县东南 40 公里戈壁滩桥子乡锁阳城堡遗址城垣东北塔儿寺处	塔下曾出土半截唐碑				土坯		其中一大塔高约 10 米

青海省

特点	塔名	坐落地	始建年代	高（米）	平面角	层	建材	形式	备注
群	塔尔寺塔群	湟中县鲁沙尔镇西南塔尔寺内							
		大银塔　大金瓦殿前	明嘉靖三十九年	12.5			砖	覆钵式	
		如意八宝塔	清乾隆四十一年	6			砖	覆钵式	八塔并列形制相同
		过门塔	清康熙五十年				砖	过门式	
		菩提塔堆	清康熙五十年	26	四级基台分列大小塔159座		砖	覆钵式	塔合计160座
		太平塔							
		塔尔寺塔上塔	此塔造型独特，下部为象牙镂花雕刻的汉式墙池，四面各有一座双层楼阁城门，中间四层方台，逐层缩小，饰以八宝法物浮雕图案。塔座顶上为一藏式圆塔。汉藏造塔艺术形式的混合使用，体现了民族文化的交流融合。						
	天文塔	西宁市西南铁山中塔尔寺内	清	大方形台基和塔座各二层			砖	覆钵式	
	宁寿塔	西宁市北山顶峰	清	13	6	5	砖	密檐式	又名北寺塔
	德令哈塔	德令哈市			8	5	砖木	楼阁式	四级高大基台

特	藏娘塔	玉树州长江上游通天河畔藏娘村	北宋天圣八年	30	五级基台第一级一面巨大佛祖塑像西面并列8座小喇嘛塔		砖	金刚宝座式	
八	结古八塔	玉树县结古镇结古寺前					砖	覆钵式	2010年4月14日，玉树州发生7.1级地震，八塔中有二座倒塌
四	瞿昙寺殿香趣四塔	乐都县南20公里山沟中	明洪武年间	9	4				共4座

宁夏回族自治区

特点	塔名	坐落地	始建年代	高（米）	平面角	层	建材	形式	备注
双	银川双塔	银川市							
		北塔　名海宝塔　市北郊	无考 推测 东晋·后秦	53.9	亚字形	9层11级	砖	楼阁式	又名赫宝塔
		西塔名承天寺塔老城区	西夏天佑垂圣元年	64.5	8	11	砖	楼阁式	相当北宋皇佑2年
	田州塔	平罗县南姚伏乡（古田州）	无考	38	6	8	砖	楼阁式	清乾隆48年重修
双	拜寺口双塔	银川市西北45公里贺兰山拜寺口，双塔东西相峙，间距百余米							
		东塔	西夏	45	8	13	砖	密檐式	
		西塔	西夏	45	8	14	砖	密檐式	
	拜寺口方塔	银川市西北拜寺口山洞	明	30		11	砖	密檐式	
双	武当庙双塔	石咀山市平罗县武当山武当庙，又称寿佛寺							
		多宝塔　庙内	清	20	4	5	残	楼阁式	
		佛塔　山上	清	28		7			
双	涝坝沟石刻双塔位于石咀山市大武口区西北，贺兰山涝坝沟北侧砂砾岩崖壁上，浮雕并立								
		西塔	西夏	2			刻石	覆钵式	
		东塔	西夏	1.8			刻石	覆钵式	
	缨络宝塔	固原县城东乌云寺后山	明嘉靖三十年	26	8	7	砖	楼阁式	

	李俊塔	永宁县李俊镇金塔村	明	31.52	8	13	砖木	楼阁式	
	镇河塔	灵武县东南郊	明	33.6	8	11	砖	楼阁式	
林	一百零八塔	青铜峡市峡口山黄河西岸陡坡上	元	按1、3、5、7、7、9、9、11、13、13、15、15排12行成三角阵形				覆钵式	
	华严宝塔	中宁县东北20公里恩和乡华寺村	明	25	8	7	砖	楼阁式	
	鸣沙洲塔	中宁县鸣沙镇北	西夏	残	8	原13 现6	砖	楼阁式	
特	宏佛塔	贺兰县东北潘昶乡	元	25	8	3	砖	密檐式	塔刹与塔身等高
双	韦州双塔	同心县东北韦州老城区内							
		喇嘛教墓塔	元	10			砖	覆钵式	
		康济寺塔	元	40	6	13	砖	楼阁式	明万历9年重修

新疆维吾尔自治区

特点	塔名	坐落地	始建年代	高（米）	平面角	层	建材	形式	备注
	镇龙塔	乌鲁木齐市内红山上	清乾隆五十三年	12	8	9	砖石	楼阁式	
	莫尔佛塔	喀什市东北原罕诺依古城内	唐	12.8	上圆 下方		草泥土坯和砖		
土	台藏塔	吐鲁番市阿斯塔那（意三堡）村	公元6至7世纪高昌时代	20	方		土筑	阿育王塔式	残
	苏公塔	吐鲁番市东南郊	清乾隆年间	44	圆		黄色方砖	圆柱式	又名额敏塔
	塔木和塔什残塔	鄯善县鲁克沁使力克普沟口	唐贞元七年	原高50残20					
双土塔	卡尕吐热双塔	哈密市东北4公里土城内	无考	8		2	土筑		双塔相距10米
双	楼兰古城双佛塔	巴音郭楞蒙古族自治州若羌县罗布泊西岸　楼兰古城遗址内东侧	汉	大塔残10.4小塔残3	圆		土、木、柳条筑	圆柱式	残
三	苏巴什佛寺三塔	库车县23公里确尔达格山南麓苏巴什佛寺遗址东、西、北三处		20					
双连体	克孜尔尕哈土塔	库车县西10公里公路旁	汉	15	圆		土筑	圆锥形	古烽隧遗迹
	千佛洞塔	吉木萨尔县千佛洞北佛龛上山丘		11.5	4	6	砖石	楼阁式	

群	锡克沁千佛洞塔群	巴音郭楞蒙古族自治州焉耆回族自治县西南30公里处	唐	千佛洞前后两座大殿，殿间院中一座夯土所筑之塔，塔西北有六角形基座穹庐顶式塔一座；中大殿和东大殿后又有六座土塔遗址，塔基尚存，并有六角壶门					

香港特别行政区

特点	塔名	坐落地	始建年代	高（米）	平面角	层	建材	形式	备注
残	魁星塔	新界元朗屏山上璋围北俗称文塔	明洪武年间	原20 现9	6	原7	砖	楼阁式	现存3层
	白塔	宝莲禅寺胡文虎花园内	现代		8	7	砖	楼阁式	

澳门特别行政区

特点	塔名	坐落地	始建年代	高（米）	平面角	层	建材	形式	备注
	普同塔	美副将大马路花园普济禅院后山丘上	明崇祯五年		4	单	麻石	窣堵波式	
	妈阁塔	半岛东南妈阁庙内			6	7	砖	楼阁式	

台 湾 省

特点	塔名	坐落地	始建年代	高（米）	平面角	层	建材	形式	备注
	慈恩塔	本岛中部浊水溪支流的玉山和阿里山间日月潭畔玄奘寺后	1950年	25	6	9	砖	楼阁式	属南投县
	超升灵塔	新竹县南部狮头山上	清	13	8	5	砖	楼阁式	
	中兴塔	高雄市凤山镇北澄清湖畔	清末	43	8	7	混凝土	楼阁式	
三	开元寺三塔	台南市大北门外	三塔同建于一基座上，排列成“品”字形布局，全国罕见						
		一大塔　居中	清康熙年间		6	5		楼阁式	
		二小塔　前两侧	同年		6	3		楼阁式	
	莲花宝塔	台南市南溪畔竹溪寺东	清			5	砖	楼阁式	
	大佛寺塔	彰化县老城东八挂山大佛寺	现代						
	天祥塔	花莲县北境立雾溪谷内东段天祥风景区	现代		8	7	砖	楼阁式	
	昭忠塔	苗栗县大湖乡	1952年5月		4	7			纪念抗日救国先烈罗福星
双塔	龙虎塔	高雄市九如四路	1976年	21	8	7	钢、泥、砖、木	楼阁式	旅游风光景物
	海印寺塔	金门县太武山海印寺内			8	7	砖木	楼阁式	
	海印寺石塔	金门县太武山海印寺内	宋	3	4	5	石	楼阁式	
	文台宝塔	金门县金城镇武帝古庙南山崖上			6	5	花岗石	楼阁式	实心，无门窗
	茅山塔	金门县金城镇水头西海路一段南丘							
	水尾塔	金门县金宁乡慈湖双鲤古地北侧							
	落星塔	金门县金沙镇后江湾叶章湖南岸							
	慈恩塔	台湾省南投县日月潭沙巴兰山上	1950年		6	9	砖	楼阁式	塔额蒋介石手书